吉田修一論

現代小説の風土と訛り

酒井信

左右社

吉田修一論　現代小説の風土と訛り

目次

吉田修一作品の舞台マップ

1『橋を渡る』対馬市
2『平成猿蟹合戦図』五島市福江
3『悪人』呼子
4「続　横道世之介」ハウステンボス
5『悪人』佐賀バイパス
6「最初の妻」諫早市
7『国宝』鼠島公園
8「破片」星取
9『国宝』唐八景公園
10『悪人』三菱重工 長崎造船所 香焼工場
11『悪人』深堀町
12『悪人』カトリック深堀教会
13『悪人』交差点
14『横道世之介』蚊焼
15「キャンセルされた街の案内」軍艦島（端島）
16「キャンセルされた街の案内」高浜町野々串港
17『横道世之介』高浜海水浴場
18『横道世之介』長崎県亜熱帯植物園サザンパーク野母崎
19 樺島灯台
20『長崎乱楽坂』稲佐山の集落
21『長崎乱楽坂』稲佐
22 メトロ書店 本店
23 好文堂書店
24 雲龍亭 浜町店
25 三八ラーメン 本店
26『国宝』銅座のドブ川の眺め
27『国宝』桃太呂 銅座店
28 美輪明宏の実家のあった場所・本石灰町
29 カステラ本家福砂屋 本店
30『国宝』丸山公園
31『国宝』史跡料亭花月
32『国宝』福地櫻痴生誕の地碑
33 吉田修一母校　長崎市立仁田佐古小学校
34「洋館」東山手洋風住宅群
35『最後の息子』東山手
36「破片」中新町からの港の眺め
37 吉田修一母校　長崎市立大浦中学校
38 長崎市立小島中学校
39『7月24日通り』丸尾神社
40 吉田修一母校　長崎県立長崎南高等学校

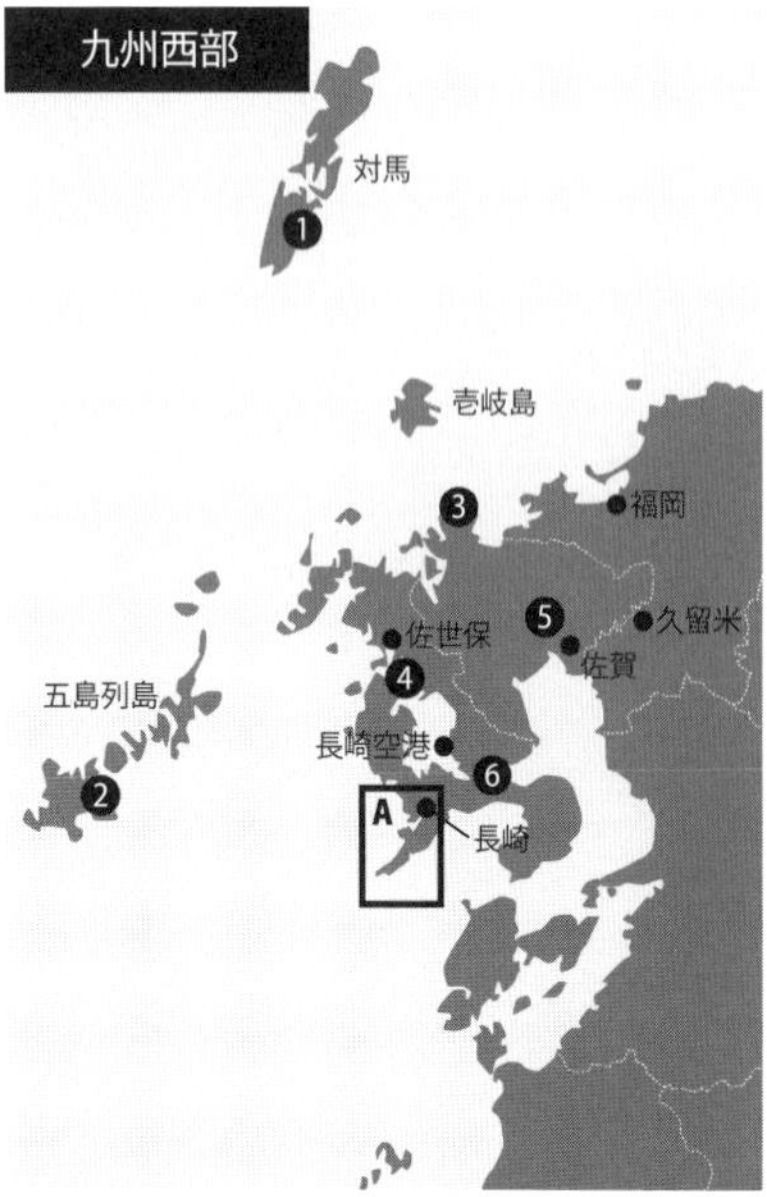

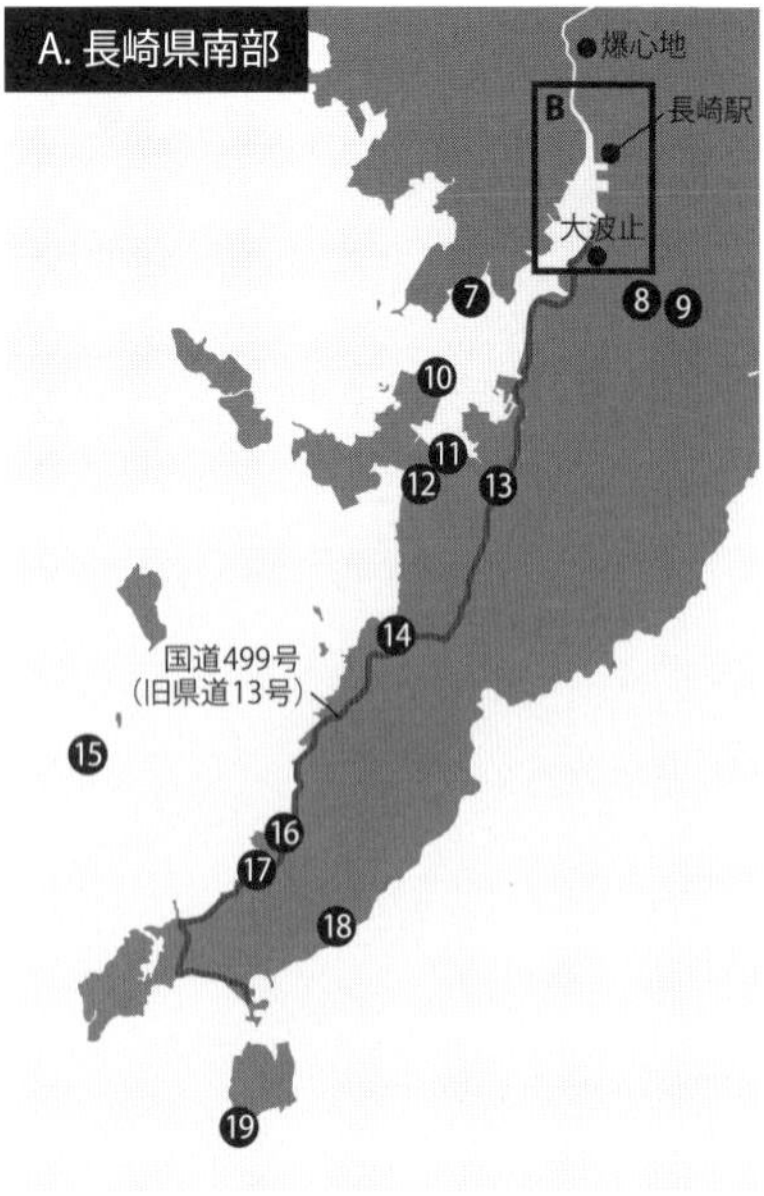

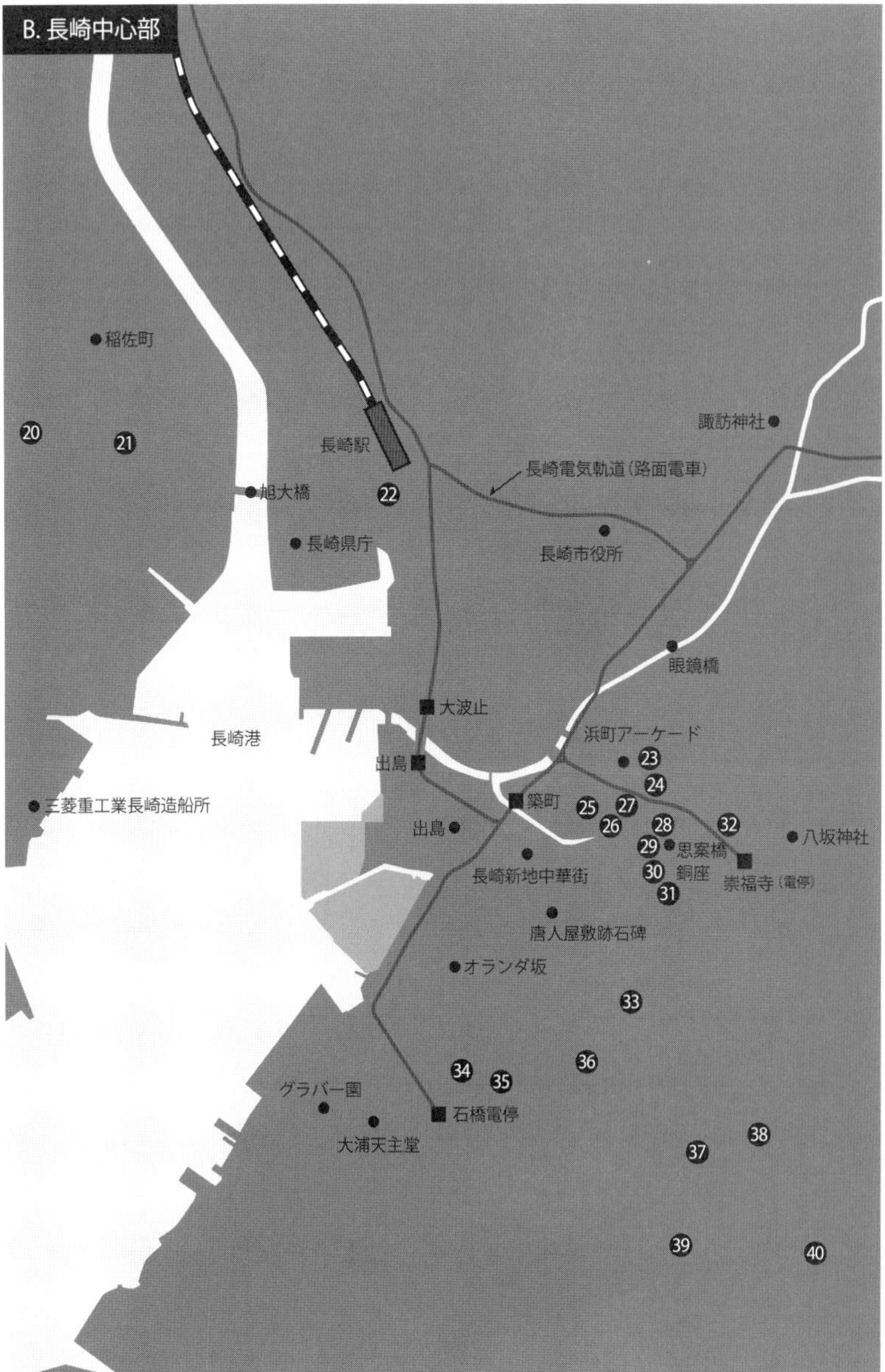

B. 長崎中心部
稲佐町
20
21
長崎駅
旭大橋
22
長崎県庁
諏訪神社
長崎電気軌道（路面電車）
長崎市役所
眼鏡橋
大波止
長崎港
浜町アーケード
出島
23
24
三菱重工業長崎造船所
築町
25
27
26
28
32
八坂神社
出島
29
思案橋
長崎新地中華街
30
銅座
崇福寺（電停）
31
唐人屋敷跡石碑
オランダ坂
33
36
34
35
グラバー園
石橋電停
大浦天主堂
38
37
39
40

吉田修一と著者が通った長崎県立長崎南高等学校

はじめに

吉田作品の匂い

1

「人間は他の哺乳類よりも植物に似ている」と、江藤淳は「土が枯れる話」と題したエッセイの中で述べている。私たち人間は、どんなに自然を征圧して文明を築いても「土からなにかを吸い上げて生きているということ」の意味を、よく考えてみる必要がある、と。このような考え方は、アスファルトやコンクリートで土が覆われ、「人間の植物化」よりも「人間の動物化」の方が危惧される現代でも有効だろう。

私たち人間の多くは他の哺乳類と比べても、それほど自由に生活空間を変えながら生きているわけではない。どちらかと言えば、植物のように限られた土地に根を生やし、養分を吸い上げるように、その土地に固有の「なにか」を吸い上げながら、限られた場所で限られた生を享受している。たとえとして考えると、ここで江藤がいう「土」とは、必ずしも土地や場所を意味するだけではなく、親しい人間関係やコミュニティの中でのコミュニケーションの総体といえるだろう。

どんなに電気や上下水道やガスなど生活インフラが整備され、鉄道や高速道路などの利便性も高まり、ウェブ上のコミュニケーションへの依存度が高まったとしても、場所の移動に様々な制約のある人間にとって、寝起きする場所を毎日のように変えたり、交友関係を日々変化させることは難しい。また育児から介護まで、家族を単位として相互扶助的に関わる行為にも行動範囲上の制約がある。

どんなに遊牧民のように自由に場所を変えながら働いている人でも、仕事が終われば、同じ家に帰ることを好むだろう。どんなに大金持ちでもホテルで暮らし続けるよりも、豪邸を構えることにこだわるし、日雇いの仕事を転々としながら簡易宿泊所で寝起きする人々も、同じ宿泊所に長く滞在することを好む。

私たち人間の多くには無意識レベルの欲求として、「植物」のように土地に根を生やして生きることを選択する傾向があると考えられる。江藤がいうように、程度の差こそあっても、人間は限られた場所で、土に根を生やすようなコミュニケーションに依存することで、はじめて人間らしい文明や風土を築くことができる存在なのだと思う。

かつて哲学者の和辻哲郎は、人間の存在というのは、イマヌエル・カントやマルティン・ハイデガーなどが考えたような抽象的な時間ではなく、具体的な「風土」に根ざしたものだと述べている。ヨーロッパの哲学者は、とかく人間を個人として把握し、外界の自然を、人間がコントロール可能な対象として描きたがる。しかし人間というのは、個人としてよりも、群れる集団として、外界の自然の気まぐれに怯《おび》え、その偶然性と折り合いを付けながら、その土地の風土に適した生活を、文明として構築してきたのではないだろうか。

このような和辻の考えは、欧米の現代思想の枠組みを、日本の文化的な風土の分析にそのまま当てはめがちな、日本の思想や文学に携わる人々への問題提起として、今日も有効であろう。特に文芸批評を含めた文学というのは、IT革命やグローバル化が進展した現代でも、未だに人間が「土からなにかを吸い上げて生きているということ」の意味を、地に足を付けて考える学問といえるのではないだろうか。

例えば、開高健は日本の風景が近代化していく中で、失われていく風景を優しく撫でるように、土地から湧き出た人々の感情を掬い取ろうとしてきた作家であった。『日本人の遊び場』や『最後の晩餐』に代表される彼の旅を基にしたエッセイには、人間の生活空間の均質化に抗うべく、人間の臭いが強く染みついた場所に足を運び、その土地から湧き上がって来る人間の存在の痕跡を「強い筆圧」で記録するような力強さがある。

　釜ヶ崎で暴動があったときのことである。警官隊と住人たちがおしあいへしあいひしめきあって、たがいに血の雨を降らしあっている混沌のまっただなかを、四十がらみの女がなにやら叫びつつ走っていた。左手で娘の手をひき、右手に風呂敷包みをかかえ、必死になって叫んでいた。「どうだ、どうだ、石どうだ。一コ十エンでっせ。石買いはりまへんか。ええ石でっせ。一コ十エンでっせ！……」

　人びとはなぐりあいをやめ、十エン払って女から石を買うと、てんでにそれを投げてふたたびなぐりあった。女は翌日も乱闘の現場にあらわれて石を売った。石はやっぱり〝ええ石〟であったが、一夜あけると一コが十五エンになっていたという。

　まるで西鶴の『世間胸算用』を地でいったような話だが、事実あったことである。〈中略〉もし女が山谷にあらわれておなじことをしたら、どうなるだろうか。おそらく警官隊と住人の両方から、「ナメるな」といって、袋叩きにされるにちがいないのである。そこに〝東京〟気質と〝大阪〟気質の決定的なちがいがある。

　そして、私はといえば、血まみれになって狂ったように走りまわりながらもちゃんとポケットから十エンだして女から石を買ってやった釜ヶ崎住人たちが好きである。その寛容とその優しさにうたれる。また、その徹底ぶりと、なんとも人を食ったそのユーモアに、うたれる。〝ええ石でっせ〞というのはいいじゃないか。

開高健「食いだおれ」『日本人の遊び場』所収

釜ヶ崎の土地の匂いと、そこに住む人々の血の通った熱気が瞬時に舞い上がって来るような一文である。「血の雨を降らしあっている」暴動の最中に、娘を連れながら石を売る、しかも翌日は値上げして売る、という「四十がらみの女」の不気味さとたくましさが、地に足の付いた「笑い」を誘導する。ノンフィクションのように釜ヶ崎の暴動を社会問題として描いたのでは、生活保護の受給者への同情や、日雇いの仕事で暮らす人々の苦労が際立ち、社会科学的な文脈に絡め取られて、生きた釜ヶ崎の人々の姿が埋没してしまうだろう。

「どうだ、どうだ、石どうだ」という語呂が良く物騒な言葉に続いて、「一コ十エンでっせ」、「ええ石でっせ」と女の商魂と生活の切実さが露わになる時、釜ヶ崎で生きる石売りの母子の存在が、実に人間らしく生命に満ちたものとして煌《きら》めくのである。

「ええ石」も何も、ただの石である。それを「一コ十エン」で売るのだから、瞬間、なぐりあいも止まるだろう。そして石を使った「より血なまぐさい暴力」を、母子は助長した上で、翌日には、しれっと「一コ十五エン」に値上げするのである。母子にとっても、血なまぐさい暴動の最中に命懸けで「石の売り子」をやっているのだから、値上げをしたくなるのは当然である。

冗談半分で石を買って投げれば、大怪我になるし、怪我人が出れば、母子が逆恨みされて袋叩きにあうかも知れない。そういうリスクも承知で、女は袋叩きにあわないための保険として、自分の娘を連れて来ている。そこには抜け目がなく、あざとい打算がある。「四十がらみの女」は釜ヶ崎で娘を育てて生き抜くために、手段を尽くし、袋叩きにされるリスクを金に換えながら、たくましく生きているのだ。

母子の父親は何処で何をやっているのだろうか。あるいは、「血の雨」の中を左手で連れられ、母に従っている娘はどういう気持ちなのだろうか。娘も母が必死に生きていることをわかった上で「石売り」に付き合っているのだろうか。母子の間に情は通っているのだろうか。

あまりに瞬時に流れ去る出来事に、行間に疑問を挟む余地がない。このような真面目な話を骨抜きにするような道化のような存在を通して、既存の価値観をひっくり返すところに生じる「笑い」は、シェイクスピアの作品が内包する意味での「ユーモア」を想起させる。日本風の言い方をすれば、先の母娘は、義太夫狂言にでも登場しそうな人々で、そこには喜劇と悲劇が背中合わせになった「笑い」が感じられる。

「このようなことは大阪だけにしか起らないことである」とも開高健は述べている。洒落と生活が表裏一体で結びついた場所こそが、大阪の釜ヶ崎と呼ぶ他ない場所なのである、と。

開高自身も「この短い挿話のなかに〝大阪〟が煮つめられ、濃縮されて、その精髄のすべてがいきいきと語られている」と自画自賛である。引用文の冒頭三〇〇文字足らずの文章の中に、開高が生きた時代の「釜ヶ崎」や「大阪」に根を張った人間の生きた生活の匂いが、コンパクトに濃縮され、表現されている。

冒頭で引用したエッセイの中で、江藤淳は「土が枯れはじめると、その上で生活している人間もひねはじめる」とも述べている。つまり「土が枯れる」問題は、環境問題のように自然科学や社会科学上の問題というよりも、先の釜ヶ崎の「石売り」の母娘のように、土地に根を張って生きる人間の「匂い」や「気質」に関わる人文科学的な問題なのだ、と。

江藤淳のエッセイにもまた、土地から湧き上がるような感情的な臭いがあり、その土地に根を張るような論理がある。

吉田修一も旅を題材としたエッセイを多く書いているが、江藤がいうように「人間が土からなにかを吸い上げて生きている姿」を取材しながら、「小説の種」を植える場所を探しているように思える。私が吉田修一の作品を読むときに思い浮かべるのは、「土が枯れる話」で江藤がいう「なにか」である。

例えば葛飾北斎は「神奈川沖浪裏」の中で、名も無き漁師たちが、高波に揉まれ、船にへばり付いて漁をしながら、神奈川の漁村で「なにか」を養分として吸い上げながら生きている姿を描いている。現代を生きる私たちも、どんなに生活の利便性が高まり、住環境が快適で衛生的なものになったとしても、土地に固有の「匂い」や「気質」を漂わせながら、限られた場所に根を張り、そこから「なにか」を養分として吸い上げながら生きているのではないだろうか。

現代を生きる文学者が言葉で捉えるべきは、依然として、「土」から湧き出てくる「なにか」なのだと私は考える。

2

現代的な土地と人間の関係に思いを巡らせると、私たちは地縁や血縁など前近代的な「しがらみ」から、どれだけ自由になったのだろうか、と疑問に思ってしまう。それは生まれ育った土地や、血縁とは無関係であるかのように、標準語で軽口を叩き、東京の人間らしく、時間に追われながら生活をしている自分自身に対して、思い出したように抱く疑問でもある。

幼少期から青年期にかけて私たちの生活世界を拘束していたのは、もっと泥臭く、下世話で、理不尽な「しがらみ」ではなかっただろうか。そしてこのような「しがらみ」は都市生活を送る現在でも、都会で暮らす人たちの無意識の奥底にどっしりと根を張り、何気ない価値判断やとっさの言動を左右しているのではないだろうか。

一昔前であれば、地縁や血縁に頼ることで、高等教育を受けるための学費を掻き集めたり、地元の仕事を斡旋してもらったり、年頃の結婚相手を見つけたり、家を建てたりすることは、珍しいことではなかった。学資ローンや住宅ローン、就職や結婚のマッチングサービスなど、様々な「しがらみ」を代替するサービスが登場する以前は、人々はまだまだ地縁や血縁の「しがらみ」から自由ではなかったし、それを、福田恆存が「消費ブームを論ず」でいうところの「附合《つきあ》ふ切掛《きっか》け」や「よすが」として楽しんでいた。

もちろん「しがらみ」を代替するサービスが普及し、個々人の信用情報が数値化されて管理される現代社会では、自分を含め、ありふれた人生を謳歌する人々にとって、地縁や血縁など「しがらみ」が持つ強度は高が知れている。

親族で揉め事になるほどの財産や家督を相続できる人は限られているし、『八つ墓村』や『犬神家の一族』など横溝正史の作品のように、数世代にわたる地縁や血縁の複雑な「しがらみ」が、「祟《たた》り」と見間違われるほどに、血なまぐさい事件を引き起こすことは、現代では起こり難い。ただ「高が知れていたはず」の地縁や血縁の「しがらみ」が、にわかに「怒り」や「怨嗟《えんさ》」のしこりを作り、時に一線を越えて、もっと自由に生きることができたはずの人々の運命を呑み込むことは、現代でも稀に起きる。

ひっきりなしにやってくるヨーヨー屋の客の応対に追われていると、あっという間に時間は過ぎる。文治がどこかで拾ってきた義和という若者は、とっさの計算に弱く、二回、三回、と後払いで客に新しいつり針を渡しているうちに、その料金が分からなくなる。おくんち初日、駿は義和に頼まれて、十回分までの料金が一目で分かる表を作ってやり、その紙をブリキの水槽の裏に貼ってやった。

義和はちょっとでも客足が途切れると、つい最近まで入っていたという暴走族の話をする。〈中略〉暴走族だと自慢するやつに限って、大した男ではないのだ。そして、そんな大した男でもない若者にしか、文治はもう「兄さん、兄さん」と慕われなくなっている。〈中略〉

店先に、明生が立っていた。行きかう見物客たちから背中を押され、肩をぶつけられながら、辛うじてそこに立っている姿は、串のようにひょろ長い。

まさか自分の同級生が、こんな場所でヨーヨー屋をやっているとは思ってもいなかったようで、首を傾げじっとこちらを見つめている。〈中略〉

三年ほど前、中学校近くのアパートで人殺しがあった。殺されたのは明生の母で、殺したのは父親だった。凶器は台所の包丁だった。一度では殺し切れず、男は何度も何度も、もう意識のない女のからだを切りつけた。別れ話が原因だった。あと一日早ければ、今ごろ明生は、どこか遠い町で母親と暮らしているはずだった。

情けない男だという噂が広まった。女のほうに情夫がいたという話もあった。隣の部屋で息子が寝ていた。男は息子も殺そうとした。無理心中するつもりだった。血まみれの母親を見て、息子は口がきけなくなった。無責任な噂に限度はなかった。似たような暴力沙汰でも、三村の家に漂うそれとは何かが違った。三村の家で流れるのが熱い血なら、そこで流れたのは冷たい血だった。

事件後、明生は祖父に引き取られた。学校の教師からは転校を進められたが、年老いた祖父に別の土地で暮らす余力はなかった。

「あけぼの荘」の子。これがこの界隈での明生の名前だ。

吉田修一『長崎乱楽坂』

吉田修一は、このような理不尽な「しがらみ」を、短文で表現することができる作家である。ありふれた別れ話が、思い付きで起きたかのような心中未遂に発展し、冷たい血が流れた後、無責任な噂が残された息子の人生を不自由なものにしていく。「あけぼの荘の子」というわずか七文字のあだ名が、明生が囚われている「しがらみ」の冷淡さを物語っている。そこには心中未遂そのものよりも残酷な「粘質の悪意」が感じられる。

精神分析の知見では、愛情の反対の感情は嫌悪ではなく、無関心であると考えられる。交友関係の選択肢が少なく、無責任な噂が滞留する田舎では、地縁や血縁と結びついた「しがらみ」が、愛憎を超えて「無関心」に変わっていくことは容易ではない。

スマートフォンが普及し、SNSなどウェブ上でのコミュニケーションが一般化した現代では、愛憎の表現や無責任な噂はデータとして蓄積され、拡散される。そして「忘れられる権利」など無関係に、狭い人間関係の中をぐるぐると回遊してしまう。

現代でも殺人やその未遂事件は、統計上、親しい関係の中で起こる確率が高い。また現代でも変わらず、恋愛や婚姻とは、多くの場合、相手が背負っている地縁や血縁と結びついた「しがらみ」を引き受け、分かち合うことを意味する。しかしその「しがらみ」に血が通った感情が生まれ、土地に根ざして地盤が強固なものになればなるほど、そこには愛情だけではなく、「憎しみ」が通うリスクも生じる。

『長崎乱楽坂』は、長崎の坂の町で暮らす、やくざの一家の凋落を描いた作品である。昔ながらのやくざの一家に生まれた駿は、中学生ながら、長崎のお祭りの屋台でヨーヨーを売らされている。ハレの日の屋台とはいえ、客も金を誤魔化したり、針を手で持ってヨーヨーを釣ったり、次々と不正を働くため、思ったよりも儲からない。

やくざのしのぎが、的屋に近いものとなり、文治が連れてくる若者も暗算すらできず、見るからに「大した男」ではないため、ヨーヨー屋の商いにすら苦労する。中学生の駿にとって、一家の凋落の気配は、お祭りの屋台の仕切りの「ゆるさ」を通して、身にしみて実感されるのである。

先の引用文はやくざの世界の「熱いしがらみ」と対比させながら、痴話げんかの延長でにわかに起きる無理心中を「冷たいしがらみ」として描いた一節である。「学校の教師からは転校を進められたが、年老いた祖父に別の土地で暮らす余力はなかった」という一文が付されることで、そこには事件そのものが持つ「熱いしがらみ」だけではなく、事件後の日常に「冷たいしがらみ」が存在していることが伝わってくる。

保護者である祖父がその土地から動けない以上、明生は「あけぼの荘の子」という七文字を背負い、大人になるまで同じ場所で生き続けなければならない。

この一文は、やがて長崎のやくざ一家が、死者や怪我人が出るような「熱いしがらみ」に巻き込まれるだけではなく、全国規模のやくざ組織の再編の動きの中で、経済的に干されていくような「冷たいしがらみ」にも巻き込まれていくことを、駿や明生のような中学生の姿を通して予見的に物語っている。

吉田修一の犯罪に関わる小説は、現代文学らしい仕方で、このような土地や血縁の「しがらみ」が、にわかに一線を越えて、人の運命を絡め取り、本来はもっと自由に生きることができたはずの人間を拘束していくような「粘質の時間」を描くことが多い。

蜘蛛の巣に囚われた虫が、懸命に足掻いて生き残ろうとするように、地縁や血縁の「しがらみ」の網の目に囚われた人間も、シビアな現実に直面して、人生の選択肢が狭まっていく中でも、なお懸命に生きようとする。このような人間の生への執着を捉える時、吉田修一の小説が持つ「現実感」は加速度的に高まっていく。

「あけぼの荘の子＝明生」も暗い記憶を引き摺って生きるのではなく、やがて「爺ちゃんが私立の日大付属のデザイン科の学費を出してくれるかもしれない」という期待を抱くようになる。「名古屋で車の部品工場を営んでいる親戚のところに養子で入り、工場の跡継ぎになれるかも知れない」という微かな望みもあり、明生は懸命に「冷たいしがらみ」から脱出し、人生を切り開いて行こうとする。

この一節が先取っているように、吉田修一はその後の作家としてのキャリアの中で、意図的に週刊誌やワイドショーで注目されるような犯罪事件を題材として、新聞や週刊誌の連載小説を書いてきた。特にメディアの餌食となって「消費」される前後の「当事者たちの人生」を、事件に至る人間臭い「しがらみ」の中で描き、内容の上でも販売冊数の上でも成功を収めてきた。

一九九七年に文學界新人賞でデビューした吉田にとって転機となったのは、書き下ろしで出版され、山本周五郎賞を受賞した『パレード』（二〇〇二年）である。その後、朝日新聞夕刊連載の『悪人』（二〇〇六～二〇〇七年）、週刊新潮連載の『さよなら渓谷』（二〇〇七年）、週刊朝日連載の『平成猿蟹合戦図』（二〇一〇～二〇一一年）、読売新聞連載の『怒り』（二〇一二～二〇一三年）と「犯罪小説」

の新聞・週刊誌上での連載の系譜が続く。ドラマ化された『平成猿蟹合戦図』以外は、すべて映画化され、国内外で映画賞も多く受賞している。

先に引用したのは『パレード』と『悪人』の間に書かれた『長崎乱楽坂』（二〇〇四年）の一節である。この小説は文芸誌「新潮」に連載されていたが、「犯罪小説」の方法論を模索していた形跡が垣間見える作品でもあり、小説執筆の方法論の上で、吉田修一の転機となった作品といえる。二〇一七年元旦から二〇一八年五月まで朝日新聞朝刊で連載された『国宝』は、長崎のやくざの息子・喜久雄が歌舞伎役者の女形となる話ではあるが、いくつかの設定が重複していることから『長崎乱楽坂』の続編と読み取ることもできる作品である。

一般に文章は手で書くだけではなく、足で書くものだと言われる。小説家というよりは、新聞や論壇誌に文章を書く人ほど、「足で稼げ」と言われる傾向がある。

ただ夜討ち朝駆けでスクープを狙うような取材記事に限らず、作家にとっても「足で書く技術」は必要なものである。排気ガスや人糞の臭いを風景の中に織り込み、吐息や体臭が感じられる距離で人と関わり、時に唾液や血液や精液が混じり合うような人間関係を築きながら、言葉を掻き集めることは、作家や批評家を含めた文学者にとって立派な取材である。

「足で書ける作家」の作品には、その作家の生理に根ざした匂いがあり、その作家が言葉を介して人間や風景と関わった身体的な記憶が読者に伝染しやすい。

旅に関するエッセイを好んで吉田修一が書くのも、おそらく「足で書く力」を鍛えているのだと思う。吉田の作品にも、開高健の作品と似たような意味で、足で稼ぐ作家らしい「足の裏の臭い」

が立ち込めている。

3

「小説を書くとき、僕はまず場所ありきなんですね。場所が定まらないと書けない」と吉田修一は述べている。「これまでのぼくの小説はどれもそうなんですが、場所がとても重要です。『パーク・ライフ』だったら日比谷公園、『東京湾景』であればお台場、『春、バーニーズで』だったら京王線沿線。いつも場所にこだわって書いてきました」（「楽天ブックス　著者インタビュー」二〇〇五年一月六日）とも。

同様の発言は、他のインタビューでも繰り返されており、吉田は、作品の舞台となる場所を決めた上で、その場所にどういう人間が出てきて、どのように振る舞うかを想像することで、小説を書き進めるのだという。

どんなに近代社会が成熟して、利便性の高い住環境が整備され、空調の効いた清潔な部屋で快適な生活が送れるようになったとしても、私たちが古代の人々と同様に、限られた土地でその土地の風土に影響されながら生活していることは確かである。

江藤がいう「人間が土から吸い上げるなにか」というのは、文明や風土に関わるような「なにか」である。言い換えれば、それは近代化の進展で土地から個性が剥奪され、風景がならされていく中でも、近代の文学者たちによってテキストの中に記録され、伝承されてきた「なにか」である。

長嶋有によると、吉田修一は私生活でも短いスパンで「何度も引越をする」らしい。心配になって「なにかあったのか」と思い、会って話してみると、「けろっ」としているのだという（「文藝」「特集・吉田修一」二〇〇五年・冬号）。エッセイの記述によると、吉田は「大学進学のために上京してからは、一年も同じところに住めば長いほうで、半年、数ヶ月単位で引っ越しを繰り返していた時期もある」という。「ざっと思い出せるだけで、荻窪、千歳烏山、池袋、駒沢、学芸大学、板橋、中野坂上、花小金井、与野、下北沢、三軒茶屋、桜新町、下高井戸、と、懐かしい場所がいくらでも出てくる」（「翼の王国」「空の冒険」April 2017）らしい。

おそらくこのエピソードは吉田が、様々な土地に根を張った、多様な作品を発表していることと関係している。吉田は「土からなにかを吸い上げて生きていることの意味」を問いかけながら、ノマド（遊牧民）のように生活の場を転々と変えることで、それぞれの土地から固有の小説の養分を吸い上げ、小説の舞台として様々な「場所」を描いているのだと思う。

「僕は長崎に生まれていなかったら、小説は書いてないかもしれないですね」（「文藝」「気がついたら居候」二〇〇五年・冬号）と、吉田修一は語っている。一見すると、愛郷心にあふれたコメントで、長崎駅前に銅像でも立ちそうなリップ・サービスである。

その一方で、長崎について印象を問われると「哀しい感じ」と述べた上で、「もの哀しい町といっても、たとえば葬式の最中なんかに、無性に可笑しいときってあるじゃないですか、ああいう感じなんです。哀しいのに可笑しいみたいな」（同前）と説明している。つまり吉田にとって長崎は「もの哀しい」と「可笑しい」という両極端なニュアンスを合わせ持つ場所だということになる。

一般論として長崎の山の起伏の激しさは、そこに住む人々の感情の起伏の激しさと関係していると言われる。吉田修一の作品が内包している「哀しいのに可笑しいみたいな」感情の起伏の激しさも、長崎という土地に根ざした気質や風土と、少なからず関係しているのだと思う。

吉田は、長崎に対する「思い入れ」があるかと問われると、長崎を出たときはどうということもなく「もういいや」という感じだったらしい。しかし離れてみると「やっぱり懐かしかった」と、両義的な回答をしている。ただ個人的な思いは別にして、作家としては「あそこがないと今小説書けてないですし、やっぱり（思い入れは）ありますね」と答えている。

他の作家と比べると吉田修一は、自分の生い立ちについて多くを語らない「覆面レスラー」のような作家である。知名度やインタビューの数の多さを考えると、著者が自身について開示している情報はそれほど多くない。吉田自身もインタビューで「世の中で一番苦手なのが、自分のことを聞かれることなんですよね」（「ダ・ヴィンチ」「［対談］吉田修一×朝井リョウ」二〇一六年一〇月号）と述べている。

小説の中でも吉田は二〇一六年の『橋を渡る』で、珍しく自己をモデルにしたと思しき「吉尾健一」という作家を登場させている。しかし初登場の緊張のせいか、「吉尾」はミステリアスなままである。「どんな二十代を過ごしてきたのか知らないが、再会したとき、吉尾は小説家になっていた。大きな文学賞を取り、これまでに作品のいくつかは映画化もされている」と自慢するように説明されるが、「自己が何者であるか」を問い返すような描写はない。

ただ先の「文藝」の「特集・吉田修一」のインタビューや対談では、自己の特集ということもあってか、珍しく自己の生い立ちについて話し、「重い覆面」の下の生々しい表情をちらつかせている。吉田が自分が通った小学校や中学校の情報やエピソードを公表しているのは、この「文藝」の特集号ぐらいである。

またこの特集号には森山大道が撮影した「吉田修一が覆面を半分脱いだ」という趣の生々しい写真が多く掲載されている。表紙にはゴールデン街と思しき酒場で、香辛料の匂いが漂って来そうなオリエンタルな雰囲気を醸し出しながら、寝大仏のように放心している吉田の「際どい写真」が採用されている。

他にもジャケット姿で飲み屋の前に立った写真など、良く言えば、渡辺謙がやくざ役を演じたような佇まいであり、見方によっては、高田馬場あたりの多国籍料理のオーナーシェフのように見える。香ばしいナンを焼いてくれそうではあるが、スパイスへのこだわりは強そうである。

鎖国時代に開港していた名残なのか、私が知る限り、長崎には「バタ臭い顔」の人が相対的に多い。例えば私の長崎出身の友人は、九〇年代半ばの上野で「偽造テレフォンカード」をイラン人から買っているところを警官に見つかり、警察署に連行されたところ、バタ臭い顔が災いして、「君、日本語上手いから通訳して」と、販売グループのリーダーであると勘違いされたらしい。夏場に長崎のガソリンスタンドに行くと、バタ臭い顔の従業員が多いので、思わず「油は中東の親族からの直輸入ですか？」と聞きたくなってしまうことも少なくない。

イラン出身の友人に聞いた話では、中東では髪の毛が薄くならないと一人前の大人であるとは見なされないらしい。おそらく吉田修一の作家としての成熟は、そのエキゾチックで国籍不詳の「ミステリアスな外見」にも現れているように思う。

そしてこのような吉田修一のエキゾチックで成熟した佇まいは、作家の外見だけではなく、『太陽は動かない』や『ウォーターゲーム』など近年の骨太のハードボイルド小説にも色濃く漂っている。吉田修一の作品の大きな魅力の一つは、その多国籍的な人物の造形と、風景の描写にある。

長崎を舞台にした作品の多さや、インタビューや対談の発言内容を踏まえると、吉田の多文化混交的な作風は、生まれ育った長崎で培われたものである考えるのが自然だろう。

作品の舞台としても、長崎を選択することの多い吉田修一にとって、生まれ育った場所はどのような意味を持ち、現代日本を代表する作家となった現在の作風にどのような影響を与えているのだろうか。

この本では吉田修一の作品の細やかな描写やインタビューの分析を基にして、作家の無意識に迫るような批評を試みたい。

小島の山の斜面と吉田修一が通った長崎市立佐古小学校（現・仁田佐古小学校）

第一章

吉田修一の「風土」

一　長崎

1

観光船が停泊する長崎港を背にして路面電車の線路を横切り、復元された出島から中華街に向かい、銅座から思案橋にかけて広がる薄暗い歓楽街を潜り抜けると、かつて日本三大遊郭に数えられた丸山に行き着く。大人の足で一五分ほどの道のりである。

美輪明宏（丸山明宏）の実家はこのあたりで、戦前はカステラの福砂屋本店の近くで「世界」という屋号のカフェ兼料亭を経営していた。丸山明宏は「女優引退宣言」をしてから美輪明宏に改名しているが、それまでは「丸山」という地名を背負って「ふるさとの空の下に」や「ヨイトマケの唄」など、長崎を舞台とした唄を唄っていた。

丸山を過ぎると山の斜面に沿って坂道と階段道が入り交じった路地が広がり、観光地とは雰囲気の異なる庶民の生活の場となる。吉田修一の初期の中編「破片」のモデルとなった実家の酒屋や、戦前から駄菓子屋兼タバコ屋を営んできた私の実家は、このような傾斜に沿って広がった路地の一角にある。

吉田が作家としてデビューする前の話で、偶然に過ぎないが、吉田の実家の酒屋がある道は、私にとっては長崎南高校から下校する道の一つであった。「一つ」というのは、この辺りの路地は複雑に入り組んでいて、気分や天気によって下る道を変えていたからである。

この一帯は地元では、大ざっぱに「小島」と呼ばれる場所で、観光客が訪れることはほとんどない地域である。市街地まで坂道と階段道を下ると、歩いて一〇分～三〇分ほど。坂道と階段道を上り下りする体力さえあれば、その利便性は高く、傾斜に沿って、木造の民家が犇《ひし》めくように軒を連ねている。

夜に長崎港の対岸から眺めれば、その裾野に位置する市街地のネオンの海の上に浮いた文字通りの「小島」のようで、斜面に沿って密集した住宅地は、角度によっては、かつて炭鉱夫が世界一の人口密度で住んだ軍艦島が、陸に乗り上げて山に突き刺さったような形にも見える。『最後の息子』に収録されている吉田修一のデビューから間もない頃の三篇の中編は、吉田自身も自己の小説の原型と位置付ける重要な作品であるが、吉田の実家に近い「小島」近辺を舞台にしている。

「文藝」のインタビューで吉田修一は、「作業員系の人がよく出てくるのは、バイト経験のためか？」という質問に対して、珍しく実家の酒屋の雰囲気に触れながら次のように説明している。

吉田修一が実家の酒屋の様子について詳細を語っているインタビューは、思いの他、少ない。

うちが酒屋だったんで、店先で立ち飲みっていうのがあって、夕方になると土木作業員のお兄さん連中が飲みに来てたんですよ。そういう人たちにいろんなこと教わって育ちましたから違和感はないですね。なので逆にいわゆるサラリーマンに囲まれると緊張します。〈中略〉もし世界を大きくブルーとホワイトの二つに分けるとすると、僕は間違いなくブルーの中で生まれ育っているんです。まわりを見回してみるとうちは酒屋ですし、おじさんやまわりの感じもそうだし、だから、変わった人と言われると、ちょっとショックだったりする（笑）。

長崎に限らず、九州北部の酒屋には店の中で乾き物をつまみながら、店内で買った酒を飲むことができる「角打ち」という場所がある。四角の枡に口を付けて飲むと、反対の角を額で打つため「角打ち」と呼ぶらしい。酒屋に付設した立ち飲みスペースという雰囲気の場所である。

近年では少なくなったが、私の記憶では、昭和の終わり頃までの長崎では、夕方になると、様々な作業服を着た大人が、酒屋に集まって酒を飲んでいた。昔はビール瓶を返しに行くとお金がもらえたので、お使いで酒屋に行くと、店の人や作業服の大人たちがつまみのさきイカやお菓子をくれたり、機嫌良く遊んでくれることがあった。

私の実家でも昔は駄菓子とタバコを売っており、酒屋と同じように仕事終わりの作業着の大人がタバコを買い、乾き物も物色するので、酒屋と似たような雰囲気があった。夏から秋にかけて、長崎では「精霊流し」や「長崎くんち」など大きな祭りの準備が町内毎にはじまるが、こういう祭りの時には、仕事終わりに「角打ち」に集まるような大人たちが大活躍する。

初期の中編「破片」の中では、吉田の実家の酒屋をモデルにしたと思しき一節が記されている。

夕方になると、店には仕事を終えた左官の兄さん連中が、コップ酒を呑みにやってくる。現場から直接来るため、夏の夜などは、男たちの汗と、口から漂うアルコールの息で、店の中はむせ返るような匂いになる。しばらくすると、自分たちの匂いに耐えられなくなるのか、一人二人とグラスを持って外へ出る。そして、ビールケースや一升箱に座り、坂下からの風に涼みながらグラスを傾け始める。

黙って呑んでいる分にはいいのだが、酔いが廻ってくると、店の前の坂道を通る若い女たちにちょっかいを出したりするものだから、しょっちゅう町内の婦人会から、父親は文句を言われていた。

岳志はもちろん兄の大海もそうなのだが、そんな兄さん連中に、子供の頃からすっかり馴染《なじ》んでいた。週に一度は必ず真吾兄ちゃんの家へ行き、たまっている漫画本を貰っていたし、駄菓子屋では当たるまで籤《くじ》を引かせてもらった。たまに競艇で大当たりした時など、欲しい物を全部書き出せと言われて、バスケットボールやらシューズやら、一式揃えてもらったこともある。

真吾兄ちゃんにしろ、他の男たちにしろ、話す内容はと言えば、行きつけのキャバレーに新しく入った女のことか、翌週行われる競艇の予想くらいのもので、焼酎を立ち呑みしているからといって、店先を通りかかる女に襲いかかるわけではない。

ただ、小学校の頃、岳志は同じクラスになった女の子から、こんなことを言われたのを覚えている。

『あんたの家の前、夕方になったら怖ろしゅうして、通られんようになる』

岳志には何が怖ろしいのか、ピンと来なかったが、たぶん汗臭いままの男とか、泥や埃に汚れた男の姿が、女には怖ろしいのだろうと思った。そしてそれは、今も心のどこかに残っている。

吉田修一「破片」『最後の息子』所収

このような酒屋の「ブルー」に彩られた風土の中で、吉田修一という作家は生まれ育っている。

現在は柔和な外見で、ガンジーが陶芸家になった「アーティスト」のような雰囲気があるが、新人賞の発表から芥川賞の受賞ぐらいまでのデビューから間もない頃の吉田の写真を見ると、先の「破片」の引用文で描かれていたような「兄さん連中」のような気合いの入った元ヤンキー風の気配も感じられる。

デビュー作の「最後の息子」では、一見すると温和そうに見える「ぼく」が詩集を読んでいる時に、「ちょっかい」を出してきたおかまの閻魔ちゃんにぶち切れて、顔面に強烈な蹴りを入れ、マンションの廊下を引き摺った後に、長いコンクリートの階段から突き落とすシーンが描かれている。

このような日常の中で振るわれる犯罪と紙一重の暴力の描写は「flowers」など初期の吉田作品に多く見られる大きな特徴である。吉田の生々しい暴力の描写に触れると、「あんたの家の前、夕方になったら怖ろしゅうして、通られんようになる」という「破片」の女の子の言葉が、長崎の酒屋の風景と共に思い浮かぶ。

もし吉田が地元の酒屋を継いで長崎に残っていたとすると、ぱっと見た目でわかるようなヤンキーではなかったと思う。『悪人』の祐一のように、老人たちの送り迎えをする優しさを持つが、カー雑誌の特集ページで紹介されるほど車の改造に凝って、近所にエンジン音で迷惑をかける類いの「ロールキャベツ男子（外見は草食系ながら、中身は肉食系）」のようなヤンキーになっていたと思う。若き吉田修一の写真と作風には、作品の中の生々しい暴力描写と連動する「危うさ」を感じることもできる。

前述の「文藝」のインタビューによると、吉田は幼稚園の頃、口げんかが強く「この子にはこれを言えば一番傷つく」と、「その子が一番気にしているようなことが、本当にさっと浮かんで」いたという。吉田の小説では、登場人物の強みよりも、弱みが炙り出されるように描かれることが多い。これは吉田修一という『悪人』の著者らしい、他人が「一番傷つく」ことが「さっと浮かぶ」才能に拠るのだろう。

『長崎乱楽坂』の中には、吉田修一の子供時代の思い出を踏まえたものなのか、「他人を傷付けること」の限界を試すサディスティックでアブノーマルな小学生の描写がある。

梨花は、休み時間、駿がハーモニカを吹けば自分も横で吹き、グラウンドへ縄跳びに行けば慌ててそのあとを追ってきた。あるとき駿は、「俺の女になるや?」と梨花に訊いた。二人中庭で縄跳びの練習をしているときだった。最初きょとんとした梨花だったが、それでも意味を解したらしく素直にコクリと肯いた。

駿は回していた縄をとめ、「よし、じゃあこれで打たれても泣かんやったら、俺の女にしてやる」というと、二本に纏めた縄で、鞭のように梨花の脹ら脛を打ちつけた。もちろん梨花は猫のような悲鳴を上げた。しかし、かかしのように一本足で立ったまま、その痛みをぐっと堪えた。

始業のチャイムが鳴り、教室へ戻る廊下で、「これで梨花、もう駿くんの女やろ? 泣かんやったもん」と訊く。前を歩いていた駿は振り返りもせず、「まだあれだけじゃ足らん」と冷たく答えた。

授業中、机の下で駿が梨花の太股をつねるようになったのはその日からだった。三日もすると、梨花の太股には青痣ができた。それでも駿はやめなかった。

『長崎乱楽坂』

小学生同士とはいえ、「痛み」の限界を試すことで、愛情を測るような描写は、際どく、エロティックである。かつてフロイトは、幼児にも、代替された形で性的な欲求が存在することを記して、人々の批判を浴びたが、吉田修一の子供の描写にも、小説らしい表現に代替されたエロスが横溢している。

このような「性の芽生え」を捉える描写が妄想だとしても、「俺の女になるや?」という類いの妄想を抱く吉田修一が、長崎の小学校時代は学級委員だったらしい。近所でも「吉田さん家の子が行くんなら行けば」みたいに言われる子だったという。

「世話焼きで、いろいろなことが気になる子供で。クラスに馴染んでない子がいると、ちょっかい出してみたり」とも吉田は述べているが、「ちょっかい」が「二本に纏めた縄」を使った「猫のような悲鳴」を伴うものだったとすれば、学級委員として問題であろう。当時の長崎の坂の町のいかがわしい「教育環境」が推測できる。

吉田の小説には、不器用で、上手く社会に馴染んでいない人々が登場し、作者が「ちょっかい」を出すように、トラブルや失踪や犯罪が起きることが多い。また第三者に濡れ衣や汚名が着せられ、当事者たちの感情が不器用に炎上し、様々な行き違いが生じるというストーリー展開も多い。このような創作の欲望の源泉は、先の引用文のようなサディスティックでアブノーマルな「ちょっかい」と「性の芽生え」にあるのかも知れない。

「小学校四年のころ、同じクラスに、いつも一人でポツンといる女の子がいて、その子が気になってしょうがなくなって、ちょうど学芸会で劇をやることになったから、僕がその子を主役にしたんです。女泥棒の役で（笑）〈中略〉その日を境にすっかり明るい女の子になっちゃって。『人間ってこういうふうにはじけるんだなぁ』って思いました」とも述べている。吉田が小説を書き始めたのは、大学を出た後の「二四歳ぐらい（前出、「気がついたら居候」）」と作家としては遅い。しかし小学生の時から「女泥棒」を主人公にした「犯罪劇」を作ることには、関心があったようである。

「ただ、この子が中学に入ってものすごく悪くなっちゃって。一度、カツアゲされそうになりましたけど（笑）」とも記しているので、小学生の頃から犯罪劇を通して「悪人」を養成するのが、得意だったのだと思う。ベストセラー作家となった現在は、吉田の知名度は「小島」近辺で増しているから、帰省する際には、改めて「カツアゲ」に注意する必要があると思う。

吉田は小学校六年生の頃から付けてきた日記に、意図的に嘘を記していたとも告白している。

「嫌な子どもで、親が盗み見てるだろうなと感じ取っていたので、読まれてもいい日記に、母親のことを褒めてみたりとかやってたんですよ。で、別にほんとの日記をつけてた」（「週刊文春」「阿川佐和子のこの人に会いたい」二〇〇二年九月五日号）と。一読すると微笑ましいエピソードに思えるが、母親を「嘘の日記」を通して褒めることで自己の「承認欲求」を満たし、別に本音を日記として記録しておくという行為は、精神分析の知見を踏まえると、なかなか危うい行為である。

谷崎潤一郎は『鍵』の中で、熟年の夫婦が「わざと日記を見られる」ように仕掛けることで、倒錯した性欲を満たし、夫婦の駆け引きを楽しむ姿を描いている。同様に、吉田修一は小学生の高学年の時、無意識的に母親と『鍵』に類する駆け引きを楽しんでいたようである。

そもそも日記で嘘の記述を重ねて承認欲求を満たすような行為は、母親だけではなく、自分自身も欺く行為であるため、超自我＝欲望を抑制する規範の形成上、危うい。このような行為が癖になると、脆弱な地盤の上に青年期の自我が形成されてしまう。

ただ、このような創作的な日記を通して、母親のように身近で、セクシャルな人間関係を変化させることを楽しんでいた点に、吉田の性的な関係を伴う「犯罪小説家」としての資質が窺えることも確かである。

「嘘つきは泥棒の始まり」という格言は、「嘘つきは犯罪小説家の始まり」と改めてもいいかも知れない。「作家となる以外に生かしようのない資質」を生かすことができたのは、嘘をつきたくなるほど小学生の吉田を魅了していた母親のお陰といえるだろう。

2

中学に入る頃になると、吉田修一は酒屋の倉庫の二階で「一人暮らし」をするようになったという。他人の家の話であるが、嘘の日記を付けて母親を騙していた子供に自宅の敷地内とはいえ一人暮らしをさせて「大丈夫か」と心配になってしまう。インタビューによると「自分の部屋の下が酒屋の倉庫なんで、酒はある」（前出、「気がついたら居候」）らしく「あまりガラのよろしくないお友達」

が、この「一人暮らし」の部屋に夜な夜な遊びに来るようになったという。

『パレード』の中で「H大学経済学部」に通う杉本良介が、中学時代に不良グループのリーダーのような存在である真也に、唐突に電話で呼び出され、「勉強を教えてくれないか?」と頼まれる一節がある。

中学三年生ということもあってヤンキーの描写は青春映画のように微笑ましいものだが、田舎では受験できる高校の数が限られているため、人生を左右する切実な頼み事でもある。

「お前、今日ヒマか?」と真也は言った。どこか照れ臭そうな言い方だった。

「な、なんで?」

まだ呼び出し説に凝り固まっていたぼくは、とりあえずそう訊き返した。

「いやな、もしヒマなんだったら、俺んちに遊びに来ないかと思ってさ……」

真也から「遊びに来い」と言われても、正直ピンとこなかった。「遊び」というのは、不良グループ内での隠語《いんご》か何かなのかもしれない。返事もできずに口籠《くちご》もっていると、「いやな、なんていうか……、お前、今、受験勉強とかしてんだろ?」と真也が言う。

「あ、うん。一応、してるけど……」〈中略〉

真也の部屋に上がって、まず驚かされたのは、テーブルの上に苺ショートと紅茶が置かれていたことだ。わざわざぼくのために用意してくれたらしいのだが、その前に座っている真也には眉毛がない。気まずい沈黙がしばらく続いたあと、真也の口から出た言葉は、苺ショート以上にぼくを驚かせた。「勉強を教えてくれないか?」真也は間違いなくそう言った。何度訊き返しても、「だから、勉強を教えてほしいんだよ」「勉強を教えてくれよ」「教えろって言ってんだよ!」と、次第に言い方は荒くなったが、その意味は変わらなかった。高校に進学したいんだ、と真也は言った。他に頼めそうな奴がいなくてさ、とも言った。〈中略〉

生来のやさしさからくる人付き合いの良さが災いし、すっかり周りに後れをとってしまった自分の人生を、あの時、彼は必死に取り戻そうとしていたのだと思う。当時のぼくは、小さな寿司屋の息子の、単なる健康な中学生で、まさか自分のすぐそばで、誰かが絶望するなんて、想像もできなかったのだと思う。

結局、真也は、「どうせ受けても無駄だよ」と、志望校に願書さえ送らなかった。『受けるだけでも受けてみたら』と言いたかったが、一応、彼の家庭教師であるぼくでさえ合格するのが危ういその進学校に、その生徒である真也が受かるとはとても思えなかった。

真也は決して馬鹿ではない。たとえばもし、クラスの中の誰もが家で勉強せず、塾にも行かず、学校の授業だけでテストを受ければ、おそらく彼は誰よりもいい成績を取ったのではないか、とぼくは思う。ただ、世の中そんなに甘くない。ウサギと亀の競走と同じで、亀はこつこつとがんばったからウサギに勝てたわけじゃない。こつこつと歩いている姿を、ウサギに見せなかったから勝てたのだ。

中学を卒業すると、真也との付き合いはぷっつりと切れた。最後まで内緒にしていたので、傍から見れば、なんの変化もないことだった。

おそらく吉田の実家の酒屋に出入りしていた「あまりガラのよろしくないお友達」というのは、この作品の真也のような友人だったのだと思う。エッセイ「空の冒険」で吉田は、中学校の同級生であり、リーゼントで眉毛が無い同じクラスの不良、M君について記しているから、ある程度は実体験を基にした描写なのだろう（「翼の王国」「空の冒険」December 2014）。「高校に進学したいんだ」という言葉や「他に頼めそうな奴がいなくてさ」という言葉は、人生の挽回を賭けた切実なものである。

おそらく真也の家には家庭教師を付けられるほど金銭的な余裕はない。真也自身も放課後に塾に通えるほど基礎的な学力もなく、ヤンキー仲間に塾通いを見つかれば、裏切り者としての扱いを受けるほど、人付き合いが良過ぎるのである。亀が努力する姿を知る機会がなかったウサギのように、真也は地元の友達関係の「しがらみ」に捕らわれて、自己の人生の選択肢を狭めてしまう。吉田修一は、このような地に足の着いた「感情的なしがらみ」を、重層的に描くのが上手い。

結果として進学校に入った良介と、同じ学校に入れなかったヤンキーの真也の人生は、明確に分岐していく。良介は大学に入った後、「隣の家に塀ができたんだってねぇ」という調子の友人からの電話で、真也がバイクの単独事故で亡くなったことを知ることになる。誰もが何処かで見聞きし、日々の生活の中で、いつの間にか忘れていくような、それでも当事者にとっては切実なエピソードを、吉田はコンパクトに描き出す。

このようなヤンキーの道に足を踏み入れる以前の中学三年生の真也の描写は、未分化の若者の存在条件に迫るような一節である。「苺のショートケーキ」を前にした「眉毛がない」真也の描写のように、吉田修一はヤンキーについて細かいディテールを積み上げた上で、中学生が自己の将来について思い悩む、不器用な姿を巧みに描いている。

他にも短編『女たちは二度遊ぶ』に収録されている「殺したい女」には、真也とはタイプの異なる「都市型の女性のヤンキー・あかね」について、魅力的な描写がある。個人的には、吉田修一の作品に登場する女性の中でこの「あかね」に、最も魅力を感じる。

あかねがどんな少女だったかは、一緒にこの近辺を歩けばすぐに分かる。あるときなど駅前のラーメン屋で、あかねと一緒に味噌《みそ》ラーメンを啜《すす》っていると、絶対に洋服のタグには「Chin-pira Homme」と書いてあるだろう服装をした若い男が入ってきて、カウンターの隅にいるあかねを見つけると、「お！　あかねじゃん。おめぇ、いつ出てきたんだよ。電話くらいくれたっていいじゃんかよぉ」と、大声で話しかけてくる。

こういう場合、無関係な客はたいていラーメンとにらめっこになる。無関係ではないのだが、思わずぼくもチャーシューと見つめ合ってしまう。

てっきり、さすがのあかねもここは無視して、穏便にことを運ぶのだろう（というか、そうあってほしい）と思っていると、ずるずると余裕をかましてラーメンをひと啜りしたあかねが、「うっせーよ。声かけんな」と言い返す。一触即発。男が来るか、あかねが立つか。思わずぼくは、チャーシューに「あなたのお名前は?」と訊きそうになった。

しかし、あかねの怒声に、男は「ケヘヘ」と笑っただけで、素直に席につき、「おじさん、ねぎソバ」と、カウンターのおやじに声をかけた。

店全体に漂った緊迫感が「ねぎソバ」という言葉で和らいだ。「ねぎソバ」という言葉がこんなにも平和な語感だと初めて知った。

男がマンガを読みながらねぎソバを啜り始めると、ぼくは隣で水を飲むあかねに、「おい、いつ出てきたって、どこ入ってたんだよ?」と小声で訊いた。

「どこも入ってないよ」

あかねがどんぶりを抱えてスープを啜る。

「でも、あの人がそう言っただろ」

「あれ? あいつ、シャブ中」

あかねが馬鹿にしたように、向こうの男のほうを顎《あご》でしゃくる。

一瞬、「ああ、そうなんだ」と納得しそうになったが、「いや、シャブ中って」と我に返り、いやいや、シャブ中なんてテレビでは見たことあるけど、現物見たことないし、おまけに話しかけられてるし、と、マジマジと隣にいる自分の彼女を見つめてしまった。

シャブ中は食が細いらしかった。男はねぎソバをほとんど残して店を出て行った。出るときに、「じゃ、あかね、またな」と声をかけてきたが、あかねは目も合わせようとしなかった。


吉田修一「殺したい女」『女たちは二度遊ぶ』所収

このようなヤンキー系の若者たちの奥行きのある描写は、吉田修一の作品に固有のものである。「あかね」の描写が面白いので軽く読み流してしまいがちだが、いい年の若者なのに「シャブ中」と呼ばれる男の食は細く、遅れて入ってきて注文したねぎソバを残して、先に店を出ようとしている姿は、際どく不気味である。おそらくあかねは、ねぎソバを残して先に出る様子を見て「男はまだシャブをやっている」と判断し、瞬時に関わりを絶とうと決意して、挨拶されても「目も合わせよう」としなかったのだろう。

このような咄嗟の判断の鋭さが「あかね」がヤンキーとして現実的な存在であることを物語っている。数行のちょっとした描写であるが、吉田の小説はこのように登場人物たちの感情がすれ違う瞬間の描写が実に細かく、地に足の着いた現実感に満ちている。

阿川佐和子のインタビューで吉田は「本を読まない友達のほうがいいんです。〈中略〉たぶん僕はそういう人たちのことを書きたいんだなと思います」（前出「この人に会いたい」二〇〇二年九月五日号）と述べているように、吉田は意図的に「言葉で自分を表現することが苦手な人々」を登場させ、ちょっとした挙動の中で心情を表現させるのが上手い。『パレード』の真也と「殺したい女」のあかねは、吉田修一の作品を特徴付ける代表的なヤンキーである。

何れにしても吉田の奥行きあるヤンキーの描写は、日本の近代文学では、若き川端康成が瑞瑞しい筆致で記した『浅草紅団』の「不良」の描写を想起させる。例えば川端の『浅草紅団』には、昭和恐慌の真っ只中の浅草を生きる当時の「不良」について、次のような描写がある。

浅草に巣食う罪の少年の見本として、諸君に梅吉の懺悔を紹介しよう。まず恋愛懺悔だ。
その一―梅吉六歳。四十を過ぎた女のおもちゃにされた。
その二―十三歳。学校前の文具屋の表で遊んでいる時、一つ上の少女と仲よしになった。会社員の娘だった。その少女の家へ誘われた。誰もいない留守だった。二人とも顫《ふる》えなかった。それから三四度行った。うわさが立って、少女の一家は遠くへ越してしまった。
その三―十四歳。菓子屋の店先の涼み台で、小間物屋の娘と知り合いになった。二人で上野公園や縁日や小料理へ二十ぺん以上行った。
その四―十五歳。浅草公園の活動写真館で、彼の横に娘が二人いた。その一人に別の小屋で会った。そして連れられて行ったのは、嵌《は》めガラス障子の入口が二つある家だった。
その五―同じ年。もっと大きい家へ行った。梅吉が寝た振りをしている時、白い手が彼の蟇口《がまぐち》から五十銭銀貨を一つ出して、床柱にかけた、一輪ざしの花籠に入れた。女がいなくなって、梅吉がその花籠を調べると、五十銭銀貨で八円五十銭あった。それを持って帰った。
その六―同じ年。浅草で十七八の娘が十二三の妹をつれて、芝居を見ていた。傍の梅吉が姉にしていることを見て、妹が姉をひっぱり出した。彼は後をつけた。貸本屋の娘だった。彼は講談本を借りに通った。姉娘を六七度誘い出した。母が娘の外出を止めた。
その七―同じ年。浅草の支那料理屋の女給と四カ月遊び歩いて、その金を作るために難波の兄分の「少年」となった。

その八―同じ年。入口が二つある家の一人の娘から、合わせて百五十円ばかりまきあげた。彼女は自ら好んでここへ来たのだ。彼女の父は競馬師だ。時々大金の入ることを、梅吉は知っていたのだ。

梅吉の恋愛懺悔は、十五歳からいよいよ犯罪の色が濃くなる。それをここにあばき立てて、諸君の温かい寝床の夢を破ることはつつしもう。

川端康成『浅草紅団』

川端康成は、『浅草紅団』で、浅草の不良や売春婦、踊り子たちの陰影に満ちた青春を描くことで、この街の騒々しくも怪しい魅力を浮き彫りにしようと試みた。不良たちの中には、関東大震災で肉親を失った若者が多く含まれると推測できるが、銀座に代表される街路や建物の復興は進んでも、浅草に集う人々の「心」の復興は進んでいないことが小説の描写から読み取れる。

この作品は様々な階層の失業者が街に溢れ、資本主義の限界が囁かれていた昭和恐慌の渦中で記された作品である。

「十五になるまで、悪いことあやめないよ」と作中で別の少年が言っているように、浅草の街には、震災からの復興を嘲笑うかのように、不良少年や不良少女たちが街中を闊歩して犯罪まがいの行為を繰り返し、彼らなりの「はた迷惑な青春」を謳歌していたのである。

昭和恐慌の只中にある浅草を「不良」として生き抜いてきた「梅吉」の姿は、バブル崩壊後の新宿を「男娼」として生き抜いてきた『パレード』の「小窪サトル」の姿と重なって見える。昭和恐慌の時代を生きる若者の姿と、平成不況の時代を生きる若者たちの姿は、衣食住に関する環境は大きく異なっても、その内面のあり様には共通する部分も多い。

吉田修一は最も好きな作家として川端康成の名前を挙げているが、川端の「行間」に横たわる「浅草の不良たち」の感情を想像させるような内面描写は、ヤンキーの描写を好む吉田の作風にも影響を及ぼしていると考えることができる。

そもそも川端康成や吉田修一が造詣の深い不良やヤンキーの文化というのは、基本的に言葉を介さない文化の系譜に存在するものである。不良やヤンキーたちは髪型や衣装、車やバイクのデコレーションや、喧嘩の強さなどで、自分たちの同族性とその結束の強さを確かめる傾向にあり、そこには部族社会的な「際どさ」が内包されている。

このような「際どさ」を文学作品として結実させるには、川端康成のように、簡潔で洗練された描写力が必要とされる。

吉田の場合は実家が「酒はある」酒屋だったことも手伝って、中学時代から「実家の経費」で取材を重ねて、その描写力を磨いていたのだろう。

吉田修一は私よりも九歳年上であるが、この世代の長崎の中学校や高校は、炭鉱の閉山に、長引く造船不況、バブル経済以前といった要素が複合的に重なり、親の世代の不機嫌さが子どもたちに伝染して、若者たちが荒れていたという印象が強い。「続　横道世之介」に記されている通り、吉田修一が長崎で思春期を迎えていた頃は、「積木くずし」や「夜をぶっとばせ」などの映像作品や、「ビー・バップ・ハイスクール」などの青年向けヤンキー漫画が流行しており、これらの作品を模倣した若者たちが、日常的に市街地を闊歩していた。その後にバブル経済が興り、ヤンキー文化は退潮していくが、長崎では現職の市長が市役所の前で狙撃されるなど、街全体が「ガラのよろしくない」雰囲気に満ちていたと記憶している。

学校の中にバイクでノーヘルの暴走族が入って来て、金属バットで窓ガラスを割って立ち去るといったことは、当時の長崎ではさほど珍しいニュースではなく、吉田修一の実家の酒屋のある「小島」近辺の学校はその震源地の一つだった。

『横道世之介』の世之介は「東京ってヤンキーいないよな」と口にしているが、わざわざ自己の分身ともいえる登場人物に、他のヤンキーのテリトリーを気にさせるのも、ヤンキー文化に親しんだ作家・吉田修一らしい。酒屋の倉庫で「一人暮らし」をしていた頃、吉田は父親に「飲むんなら、安い酒を飲め」と言われていたというから、父親も息子の「ガラのよろしくない」付き合いについて諦めていたのかも知れない。

今でこそ長崎は観光地というイメージが強いが、戦後長らく主要な産業は、漁業と炭鉱と造船だった。その後、都会のヤンキーの文化がメディアを通して伝来し、そこにネイティブな漁師と坑夫と工員の文化が溶け込んで化学反応を起こして、長崎らしい「エキゾチックなヤンキー文化」が爆発していたのだと思う。炭鉱の閉山や長引く造船不況も起爆剤となっていたことを考えれば、他の地域よりも、長崎のヤンキー文化の爆発力は強かったと推測できる。

『悪人』のような「ヤンキーになり損なった時代遅れの男」を主人公とした犯罪小説の金字塔は、吉田が生まれ育った時期の長崎で隆盛していた「ヤンキー文化×ブルーカラーのネイティブ文化＝エキゾチックなヤンキー文化」を醸成する風土なしには生まれ得なかったと私は考える。

例えば次の一節は、『長崎乱楽坂』の中で、やくざの正吾が小学生の駿相手に駄菓子屋でアイスを奢るシーンである。

「石段の途中で振り返った正吾が、『今はアイスで喜んどるばってん、すぐにトルコ連れていけ、女買うてくれって言い出すとやろなぁ』と機嫌良く笑い、その声が暗く急な石段に響く」

吉田修一の小説にはちょっとした日常の描写にも、エキゾチックなヤンキー文化が花開いた時代の長崎らしい雰囲気が感じられる。

「続　横道世之介」には、「子分肌の男の匂い」を嗅ぎ分ける能力を有したシングル・マザーの元ヤンキー「桜子」が登場する。世之介が調子に乗ってしゃべっていくうちに、この女性の目の端に「狂気《マッドネス》」が浮かんでくる展開が新鮮である。

「ほら、東側ってなんかガラ悪いイメージありません？　小岩とか。昔、配送のバイトであの辺りの担当だったことがあるんだけど、午前中に酔っ払いに絡まれるの、普通でしたからね。俺、九州長崎の出身で、いとこが福岡の小倉ってとこ住んでて、ほら、漫画の『ビー・バップ・ハイスクール』ってあるでしょ。あのヤンキー漫画の舞台があの辺で、まあ、そこもガラの悪い町だったけど、小岩行ったとき、そこよりひどいって思いましたからね。あ、そういえば、その小倉に、俺のいとこが中学一年のときに長崎から引っ越していったんだけど、半年後に両親たちと会いに行ったら、昆虫博士って呼ばれてたそのいとこ、髪はリーゼントだし、剃《そ》り込み入っているし、もちろん眉毛ないし、自分が昆虫みたいになってましたからね。」

吉田修一「続　横道世之介」

小倉は博多を挟んで長崎と対照的な位置にあり、何かと比較されることの多い街である。内海の港町で交通の要所、元々は炭鉱地帯であり、重工業が町の景気を左右する点など、二つの街は類似した部分が多い。このように同じ九州北部で産業風土が類似すれば、そこに住む人たちも類似してくるもので、「ブルー」に彩られた「作業員系」の人たちが町を支えている点など小倉と長崎は瓜二つである。

世之介が小倉や小岩について「ガラの悪い町」だというとき、そこには長崎で生まれ育ったことに起因する「近親憎悪」のようなものが感じられる。桜子の実家が、小岩だということに気付くと、不器用に世之介は正気に戻り、必死に小岩のいい部分を探そうと試みる。

「いや、小岩もね、いろんな顔があるから、俺が担当した地区が、なんていうか、ちょうどあの辺りで一番ガラの悪い飲み屋街で、なんかあちこちのスナックから下品なカラオケなんか聞こえてて。でも、あれですもんね、小岩も住宅街に行くと、下町情緒あっていいですもんね」

その辺りで桜子が笑い出した。

よかった、小岩でも住宅街の出身だと、世之介が安堵したのもつかの間、

「うちの実家、そのスナック街のど真ん中なんだけど」

とまずトドメを刺されたあと、

「でも、横道さんが悪いわけじゃないもんね、悪いのは小岩」

と、さらに笑い出す。笑っているのだが、なんだかその目の端に、小岩っぽいというか、小倉っぽいというか、そんな町特有の狂気《マッドネス》が浮かんでいる。

「いやいや、小岩が悪いなんて、そんな……、小岩は悪くない。絶対悪くない」

「いや、悪いよ。絶対悪い」

「だから、悪くないですって」

「いや、悪い。だからアタシみたいな女が育つんだよ」

桜子の口からこぼれた「アタシ」という言葉の発音が妙に板についている。

さすがに世之介もピンとくる。

あ、本物だと思う。

同前

吉田修一は、本物のヤンキーの特徴を短文で捉えるのが上手い。「続　横道世之介」は、大学時

代を中心に描いた「横道世之介」から時間が進んで、世之介のフリーター時代を描いた自伝的な作品であるが、桜子のような元ヤンキーを通して、自己の若さと向き合う世之介のユーモラスな内面描写が、前作よりも成熟し、深みを増している。

また先の引用文の面白さは、世之介と吉田が、長崎の治安の悪さを棚に上げて、小倉や小岩のガラの悪さを批判している点にある。吉田修一の実家近くの思案橋から丸山、銅座の一帯は、全国一のスナックの密集地と言われる場所であり、ガラの悪さでは小倉や小岩に負けていない。長崎の歓楽街のスナックの中には「昼カラオケ」の営業をしているところも多く、世之介のいう「下品なカラオケ」が、昼夜を問わず、路地裏にこだましている。

また先の引用文で登場するシングル・マザーで元ヤンキーの桜子は、「殺したい女」の「あかね」の成長した姿のようにも見える。吉田修一の作品にはバルザックの小説に見られるように主要な登場人物が、作品を跨いで異なる名前で再登場することがある。

吉田自身も世之介のように「子分肌の男の匂い」を醸し出しているのだとすれば、谷崎潤一郎のように、高圧的な女性の「狂気《マッドネス》」に生活を支配されることに快楽を覚えるような倒錯した欲望を持て余しているのかも知れない。

恋愛小説の良し悪しは「すれ違う感情」を描く手腕にかかっているが、「すれ違う感情」をユーモラスに描くのは難しく、先の一節は恋愛小説としても、洗練された描写といえる。

ある時代のある場所で生まれ育った作家にしか書けない文章が、現代文学の中にも確かに存在するのだと思う。

前述のようにかつて和辻哲郎は『風土　人間学的考察』の中で人間の存在について、理性や時間といった抽象的な概念を通して説明する西洋哲学を、真っ向から批判していた。和辻は、空間的な制約の下で、限られた時間を生きる人間の存在や文化の有り様は、「風土」に規定されたものだと考えている。和辻によると、風土には、東アジアのモンスーン型、西アジアの砂漠型、ヨーロッパの牧場型の三つの類型があり、湿潤な風土を持つ東アジアの人間の精神構造は、受容的・忍従的なのだという。

もちろん今日の価値観を引き合いに出し、和辻の哲学を「ステレオタイプだ」と批判することは容易である。しかし和辻の大胆な論理には世界を言葉で貫き、駆け抜けるようなスケールの大きさがあった。

『風土』が発表されたのが昭和維新運動の末期、日中戦争前夜の一九三五年である。戦前から現代まで地方出身の知的好奇心旺盛な若者たちは、故郷の風土を肯定したところから、世界の文明を論じる和辻の哲学に「一目惚れ」してきたのだと思う。

和辻は砂漠的人間の特徴を「神への絶対服従と他民族（従って他の神）への戦闘」と定義し、「必要あるところには、いかなる成り行きをも恐れず、野獣的残酷さをもって、顧慮なく突進する」と述べていた。

アメリカで同時多発テロ事件が起き、グローバル化に伴う問題が顕著になった現代でも、「風土」を通した「人間学的考察」は有効なのだと思う。そしてこのような人間学的考察は、小倉や小岩や長崎に住むヤンキーや元ヤンキーたちの分析にも応用できるものだと私は考える。

　長崎という海と山との距離が近く、「風土」に恵まれた土地で生まれ育った私にとって、和辻の哲学は身に染みて理解し易く、同じく長崎で生まれ育った吉田修一の作品について考える上でも、『風土』は重要な示唆を与えてくれる。

一-二　父親と酒屋

　吉田修一にとって酒屋を営む父親はどのような存在だったのだろうか。吉田修一はバブル経済の時代に思春期を送った作家であり、作品の中にも都市の消費活動を謳歌する若者たちが多く描かれている。ただ実家が酒屋だったからといって、プロレタリア文学の作家のように、吉田が労働の描写を前面に押し出しているわけではない。

　そもそも吉田の長崎の酒屋の実家が貧しかった訳ではないと思う。歴史的に日本の酒屋は政治と関係が深く、明治以降でも、酒屋は御用聞きや配達のネットワークを通して「一軒二〇〇票」を集めると言われるほど、票田としての役割を果たしてきた。酒屋から政治家に転身する人も多く、特に地方で造り酒屋を兼ねる大規模な酒屋からは、池田勇人、竹下登、宇野宗佑といった総理大臣まで出ている。

　コンビニやディスカウント・ストアが全国に広がる以前は、酒屋が潤っていた時代があったのだと思う。特に長崎の酒屋は、坂道や階段道の不便さから、雑貨類も取り扱う店が多く、荷物運びの代行料も含めたような「いい価格設定」だった。

私の実家も昭和の終わり頃まで駄菓子とタバコを商っていたが、昔は駄菓子を買いに来る子供の数が多く、喫煙者も多かったから、駄菓子屋もタバコ屋も相応に日銭を稼ぐ商売として成立していた。

前出の阿川佐和子のインタビュー記事によると、吉田修一の実家の酒屋は「たぶん（吉田と）同じようにふらふらしてたような感じ」の父親が、三〇歳を過ぎてからはじめた店らしい。吉田の実家は多くの得意先を「票田」とするような政治色の強い酒屋ではなかったようだが、小説で描かれている実家の描写を踏まえれば、瓶ビールが主流の時代には、相応に儲けていた様子である。

「最後の息子」の続編である『春、バーニーズで』には、吉田の父を想起させる長崎訛りの父親と、その息子のお金に関するやり取りが描かれている。

映画『悪人』で佳乃の父親を演じた柄本明や、映画『怒り』で愛子の父親を演じた渡辺謙が強い印象を残すように、吉田の小説では、弱い立場に置かれた人間を庇護する父性的な存在が、自らの父性の限界を理解しつつも、重要な役回りを演じることが多い。

次の一節は、吉田自身の父親とのやり取りを色濃く反映していると推測される描写である。「庇護者としての父」の存在の大きさとその限界を同時に描いている点で、現代文学らしい「父」の描写といえる。

筒井は留学ガイドを指し示した。すぐにそのガイドブックをひったくった父が、まるで自分が留学するような期待に満ちた表情で、パラパラと分厚い雑誌を捲っていく。父の表情に応えるように、雑誌には紅葉に囲まれたボストンの高校の写真が、広大な芝生に建つロサンゼルスの高校の写真が載っている。

「ホームステイ先は、東京のエージェントがあって、ちゃんと探してもらえるんだって」

ページを捲る父の横で、筒井は何かと口を挟んだ。

小学生のころから、習字、絵画、スイミングクラブ、やりたいと頼めばなんでもやらせてくれる父親だった。ただ、その代わりに当時流行っていたゲームなどに使う金は一切くれず、「そんなもんはまとめてやれ」と、年に一度、お盆休みに出かけた旅行先の旅館で、それこそこちらがゲーム遊びに飽きてしまうまで、一晩中、連日でもやらせてくれた。

そんな父親だったので、息子が留学したいといえば、驚くにしろ、反対するとは思えなかった。ただ、留学雑誌のページが巻末の料金表にさしかかった瞬間、ページを捲っていた父の表情がとつぜん曇ったのだ。もちろんすでに高校生になっていた筒井にも、自分の家がどの程度の生活レベルであるのかは分かっていた。〈中略〉

留学に必要な二百万円という金が、はした金ではないことぐらい、筒井にも分かっていた。ただ、こんなにもあっさりと諦めてしまわなければならないほど、自分が育った家庭にとって、それが大金だとも思っていなかったのだ。せめてもうちょっと、せめて五秒でも、父が悩んでくれれば、筒井もこんなにショックを受けることはなかったはずだ。雑誌を投げ出した父が、部屋を出て行くと、とつぜん筒井は得体の知れない恐怖感に襲われた。自分の望みを無条件に諦めるしかない状況というものを、生まれて初めて味わったのだ。

吉田修一「パーキングエリア」『春、バーニーズで』所収

父子の関係が一瞬でぐらっと揺らぐような緊張感のある一節である。留学に限らず、「親の金銭的な庇護の限界」には、多くの人々が成長する過程のどこかで触れたことがあるだろう。吉田修一は、誰もが経験したことがあるが、誰もが忘却しているような「感情の手触り」を、地に足の付いた場面として表現するのが上手い。「自分の望みを無条件に諦めるしかない状況」を、「留学」を題材として、父子の関係が凝縮された場面として描く手腕は、現代の作家らしい。

「まるで自分が留学するような期待に満ちた表情」で留学ガイドを捲る父親の姿とその横で興奮気味に口を挟む息子の姿が、実にリアルである。二〇〇万円という金額も、多くの人にとって「子どものために、出せそうで出せない」ような微妙な金額である。このような何気ない場面に現実感を込めることができるのは、吉田修一が日常の中に潜在している「小さな悪」を掬い取ることに意識的な作家だからだと思う。

吉田は現代の他の日本の作家に比べて海外の作家や詩人に言及することが多く、全日空の機内誌「翼の王国」では海外の旅行に関するエッセイを多く書いている。「高校時代、ちょっとだけ英会話学校に通った（「翼の王国」「空の冒険」November 2015）」ことがあると記しているから、「筒井」のよう

に若い頃から海外志向が強かったのだと思う。

吉田は一九八七年に上京して法政大学経営学部に入学している。これはバブル経済の最中で、東京と地方の間に「経済的な時差」があったとはいえ、長崎にも好景気の波が届いていた時期である。『春、バーニーズで』は「最後の息子」と同様に、実家は長崎にあるという設定の小説である。

もしこの父親が東京で働く会社員だったら、「留学」の相場を何処かで知る機会があったかも知れない。しかしどんなにバブル経済の恩恵が地方に行き届いたとしても、「留学することが珍しくない場所」と「留学することが珍しい場所」の時差が存在する。東京のような都会と長崎のような地方都市との間には、普段は目に見えないが、肝心なときに露わになり、人を躓かせて恥をかかせるような情報の「段差」が存在しているのだ。

二〇〇万円という金額は、筒井の父親を躓かせるに十分な金額であり、彼にとって「五秒」の間の沈黙を保てるような金額ではなかった。その金額が相場として載った冊子が印刷され、当たり前のように高校生に向けて配られていること自体が、父親にとっては、馬鹿にされているような思いがしたのだと思う。

先の一節は、アメリカへの留学の費用が、月に数千円で習字や絵画やスイミングクラブに通わせることとは「何桁も金額が違う」という事実だけではなく、「留学の相場」について長崎に住む父親がこれまでの人生で、具体的に考えもしなかったという事実を物語っている。だから父親は「まるで自分が留学するような期待に満ちた表情」で留学ガイドを捲ったのであり、「興奮気味に口を挟む息子」を習字や絵画やスイミングクラブに通わせてきたように、アメリカへ留学させてやろうと最初は考えていたのだ。

私自身も奨学金がないと大学院まで行くことはできなかった人間なので、吉田修一の作品で細かく描かれる金銭的な描写には敏感になってしまう。「留学雑誌のページが巻末の料金表にさしかかった瞬間、ページを捲っていた父の表情がとつぜん曇った」という一節は、庇護者として父親が積み上げてきた自信が瞬時に揺らぎ、高校生の息子に「実家の生活レベル」の自覚を突きつけ、「得体の知れない恐怖感」を瞬時に与えるのに十分な描写である。

そもそも日本の一世帯あたりの平均所得並みの金額がかかる留学は、中国や韓国でそうであるように「階級文化」に組み込まれたものである。どんなにバブル経済の時代でも、長崎の山の斜面に住む大多数の人々にとって、一人あたり年間数百万もする学費と海外での生活費を支出することは困難なことだったと思う。

吉田修一は「二十種類ぐらい」のアルバイトをこなし、「全部時給が高いやつを選んでたんです」（前出、「この人に会いたい」）とインタビューで堂々と答えている。エッセイによると、「歌舞伎町の目抜き通り『一番街』のやきとり屋を筆頭に、裏路地のバーボンバー、競馬好きが集まる喫茶店など、わりと長い時間をこの町で過ごしている」（「翼の王国」「空の冒険」January 2018）という。このようなバイトの経験を考えれば、おそらくバブル期であっても吉田が私費で留学することは経済的に難しかったのだと思う。

他にも吉田は家具などの運送のバイトの途中で、メキシカンな風貌が手伝ってか、下北沢のメキシコ料理屋にスカウトされ、タコスやエンチラーダを作っていたこともあるらしい。

バブル経済の真っ只中で、厨房で汗をかきながらタコス作りに追われる、「バタ臭い」風貌の吉田の姿が思い浮かぶ。おそらく吉田はメキシコ料理屋の厨房でタコスを作ったことのある唯一の芥川賞作家だと思う。

『パレード』には、東京の大学に息子を送り出す田舎の両親について、次のような印象的な一節も記されている。


息子を東京の私立大学へ進学させるにあたって、うちの両親はかなり無理をしたのだと思う。子供の頃、母がよくこんなことを言っていた。「寿司屋っていうのは、もちろん立派な職業よ。でもね、お父さんはあんたに寿司屋を継いでもらうより、うちみたいな立派な寿司屋の、いいお客になってほしいのよ」と。東京では、まだ一度も寿司屋へ入ったことがない。もちろん回転寿司など、寿司のうちに入らない。


やはり女は男よりも現実的にできているのだと思う。当初、ぼくが東京の私立大学に行くことに、母は強く反対していた。もちろん、一人息子を手元に置いておきたいという女親らしい愛情もあったのだろうが、母はぼくが集めてきた大学案内の資料や、東京生活のマニュアル本などを丁寧に読み、さて我が息子が東京へ出るとして、一体どれくらいの金が必要なのかと、正確に見積もり始めたのだ。もちろん寿司屋の女房だから、多少は膨らんだ料金になる。

母にその金額を告げられて、正直ぼくも半分は諦めかけていた。受験料だけ計算してみても、どちらかと言えば「下手な鉄砲、数撃ちゃ当たる」方式で臨むわけで、その金額はぼくの不安定な学力と反比例して雪ダルマ式に膨らんでいく。多くの大学を受ければ、それだけ宿泊日数も長くなるし、たとえどうにか合格できたとしても、早速、入学金・授業料の支払いがあり、次にアパートの敷金・礼金と出ていく金に歯止めが利《き》かない。思わずぼくは、母に示された金額の分だけ、中トロを握っている父の姿を想像してしまった。

難攻不落かと思えた母の気持ちを一変させたのは、父の何気ない一言だった。父は、「あいつが行きたいんなら、東京でもどこでも行かせりゃいいんだよ」と言ったらしい。もちろん母は、「そう言いますけどねぇ」と、泣く子も黙る見積もり書を提示した。しかし父は、それを見ようともせず、「いいか、ちょっとお前のこと考えてみろ。友達はみんな、この九州の田舎もんばっかりだろ？」と言った。

「そりゃそうよ。みんな中学や高校ん時の同級生だもん」

「だろ？　俺だってそうだよ。だったらよ、良介には東京に出て、もっといろんな人と知り合いになってほしいじゃねえか。だろ？　たとえばよ、土佐で鰹《かつお》の一本釣りやってる男の息子だとか、京都の老舗料亭の息子だとか、北海道で酪農やってる人の娘さんでもいいよ。そんないろんな知り合いが良介にできるって、なんかいいじゃねぇか」

母は黙って聞いていたという。

『パレード』

これは『パレード』の「杉本良介（二十一歳） H大学経済学部三年」の一節である。吉田修一の作品には、この引用文のように「上京文学の教科書」があったら掲載されるような、子供を都会に送り出す父母の愛情が滲み出た一節が、ちらし寿司の上で輝くイクラのように、無数に散りばめられている。

この「小さな寿司屋」の実家の描写は、吉田修一の酒屋での経験を踏まえて書かれた一節だと思う。この小説には同級生が雨の日にイタズラ電話で寿司の出前を頼んだせいで、雨合羽をずぶ濡れにしてバイクに乗り、懸命に注文先を探す寿司屋の父親の姿も描かれている。酒屋の配達と重なる部分もあるためか、雨の中を配達する父親の吐息や鼓動が伝わってくるリアルな描写である。先の引用文も「母に示された金額の分だけ、中トロを握っている父の姿」が、生々しく浮かび上がって来る一節である。

吉田修一の作品の大きな特徴の一つは、村上龍が芥川賞の選評で指摘しているように、これまでほとんど近代文学で描かれて来なかったような仕事に就く人々の描写にある。「破片」の酒屋や『パレード』の寿司屋の両親の描写は、ユーモラスでありながら、現代の「地方」で生きる人々の生活に根ざした価値観を伝える優れたものである。

何れにしても吉田修一は「小島」の近辺から、東京の私立大学に進学することができる程度には、豊かな時代に思春期を迎えた。法政大学経営学部への進学について、吉田は次のように阿川佐和子のインタビューで答えている。

「高校生ぐらいから映画を見るのが好きだったんですけど、長崎だとメジャーな映画しか来ないから、見たい作品をやってないんですよね。それでとりあえず東京に行きたいなあと。〈中略〉受験のときに、東京にある大学であまり無理せず入れそうなところを先生に選んでもらった記憶がありま す。〈中略〉経営を選んだというよりは、同じレベルのいろんな学部をアットランダムに受けたという感じです」と。

二〇〇二年に発表された短編「日曜日の新郎たち」の中には、「そうか。俺の息子も、からだじゃのうて、頭使うて金稼ぐようになったか」という父親の独白が出てくる。同様のセリフは二〇一二年に発表された『平成猿蟹合戦図』でも登場しており、「自分の息子には、体ではなく、頭を使って働いて欲しい」と秋田の大館に住む奥野サワが、息子の将来に期待する描写がある。二〇一六年に発表された『橋を渡る』でも「明良には、体じゃなくて、頭を使って働く人になりなさいって、小さな頃からそう言って育ててきたんですよ。〈中略〉夏は冷房の効いた部屋で、冬もあったかい所で働けるような人間になれって」という母親の言葉が記されている。

これは酒屋を営む両親から吉田修一が言われてきたことなのかも知れない。「僕は間違いなくブルーの中で生まれ育っている人です」という吉田の発言が思い出される。

吉田は、初期の短編「破片」の中で、「小島」近辺をモデルとしたと思しき坂道や階段道を上り下りする酒屋の配達の様子について詳しく記している。酒屋の息子が原付を使って坂道を回り、ビール瓶のケースを持って階段を上り下りする姿は、缶ビールの普及以前は、車が通れる道が限られている長崎の山の斜面では日常的な風景であった。

県会議員の家は山頂にあった。大抵、月に一回の配達を終えると、帰りには夥《おびただ》しい数の空瓶を持たされる。一カ月の間、戸外で雨風に晒《さら》されていた空瓶は、泥や埃《ほこり》ですっかり汚れている。中には、蜘蛛の死骸が入ったままの瓶もある。

しかし、蜘蛛の死骸が入っていようと、泥や埃で汚れていようと、行きののぼりに比べれば、帰りのくだりなんて、気楽なものだと岳志は思う。〈中略〉

中元の配達の場合、住所だけを頼りに、初めての街で家を捜さなければならない。ちゃんと区画整理された街ならいざ知らず、急な坂段がまるで山を縫うように伸びている長崎では、住所だけではそう簡単に他人の家は見つからない。道の真下に見える家へ行くのに、一旦坂をくだり、また別の坂をあがらなければならないこともよくある。

ひとり夕闇の中、重い荷物を肩に担いで、なかなか見つからない家を捜していると、だんだん卑屈にもなってくる。

やっと見つかったとしても、なんの前触れもなく、突然中元を運んで来た自分が、なにかタイミングの悪い訪問者のような気分になる。家の中から聞こえる賑やかな笑い声や、まだホカホカしている夕飯の匂いが、岳志にチャイムを押すのを躊躇《ちゅうちょ》させる。〈中略〉

坂道の一番奥まった所にある家からは「そうよ、そう。もっと奥まで」と誘う声が聞こえ、通り過ぎる家々からは「もう行っちゃうの？　そんなにあっさり行かれると、なんだか物足りないわ」と落胆の声も聞こえる。

ビールケースを担いだ肩が痛みだし、とうとう岳志は立ち止まる。その瞬間に、街全体から見放されたような気分になる。一番奥までのぼりつめなかった自分を、冷たい失望の眼差しで、誰かが見ているような気がする。

「破片」『最後の息子』所収

長崎の坂道や階段道で酒屋の配達を手伝っていた吉田修一の姿が思い浮かぶ一節である。私の実家は吉田の実家と近いので、おそらく私は子供の頃、実家の配達を手伝う吉田と、どこかですれ違っていたのだと思う。

ビールの空瓶に「蜘蛛の死骸」が入っているというディテールや、どんなにビールの空瓶が汚れていても、「行きののぼりに比べれば、帰りのくだりなんて、気楽なものだ」という心情がリアルである。「家の中から聞こえる賑やかな笑い声や、まだホカホカしている夕飯の匂い」がチャイムを押すのを躊躇させるという描写は、実際に汗水を垂らし、夕闇の中で酒屋の配達を手伝ったことのある作者にしか紡げない表現だろう。

夕闇の中で配達を続けるうちに、坂と階段の街が女性の体のように変化し、「もっと奥まで」と誘惑されたり、「なんだか物足りないわ」と落胆される幻聴を聞くと、疲れがこみ上げ「街全体から見放されたような気分」になるという描写も面白い。吉田修一が抱く長崎の酒屋の実家と結びついた「しがらみ＝配達の仕事」に対する両義的な感情が伝わってくる。

吉田の作品の大きな特徴の一つとして、恋愛や性愛を描いた一節でも、酒屋の配達員がビールケースを抱えて階段を上下している時のように、上気した汗の臭いが立ちこめてくるような肉感的な描写が多い点を挙げることもできる。

長崎は坂道と階段道が多い町なので、冬場であっても日常生活に汗の臭いが付きまとう。長崎の主要産業は長らく「漁業と炭鉱と造船」だったから、体が資本の仕事が身近な土地だったともいえる。酒屋の「角打ち」に集まる「作業員系の仕事」の人々に限らず、私や私の同級生も含めて、長崎の人々の間には「汗水を垂らさなければ仕事ではない」、「バイトと言えば肉体労働」という固定観念が染み付いている印象を受ける。

初期の作品「Water」の中にも、次のような一節がある。「十六歳の誕生日、父はプレゼントをくれた。それは、その年齢の男なら誰だって喉から手が出るほど欲しがるバイクだったのだが、父がプレゼントしてくれたバイクは、後ろに荷台のついた五〇CCのカブだった。その日からバイクに乗って配達させられている。しかし、こういうのも変だが、その荷台つきのバイクに乗った、格好悪いはずの自分の姿を、ボクはそれほど嫌いではない」（吉田修一「Water」）と。

高校時代から五〇CCのカブに乗って酒屋の配達をしていた芥川賞作家も他にいないと思う。長崎は車の入れない細い路地が多いため、原付バイクの所有率が高い。

吉田は大学時代に、『悪人』で描かれたような建築現場の解体や引越のバイトを行っていたという。学校にはほとんど行かず、大学の卒業も「エアコン取り付けのバイト」の最中に迎えたという。『橋を渡る』には、警察署や留置場の業務用エアコンを清掃する仕事について詳しく記されている。

作家となった後も吉田修一は体を使った仕事について「好きなんですよ。いまだに体力があればやりたいです。本当に気持ちいいんですよ。朝早く起きて一日働いて夕方になったら仕事終えてみんなでビールを飲んで。そのまま帰って九時にはもう眠くなるから寝て、っていう生活がね」（前出、「気がついたら居候」）と述べている。

吉田の作品を形成する原風景といえるものがあるとすれば、先の引用文に記されているように、長崎の実家の酒屋の手伝いで、汗水を垂らし、「小島」の坂道と階段道を上り下りしながら、ビール瓶の配達を手伝った経験をおいて他にないのだと思う。吉田修一の多くの小説は、長崎の坂と階段の町の「体が資本の仕事」に従事する人々たちによって培われた「風土」に立脚していると私は考える。

吉田修一の作品に限らず、現代文学について「風土」を手がかりに考察することは必要であり、有用である。

近年、現実空間のコミュニケーションの希薄化と生活空間の均質化を前提として、喪失感を伴う現実感を通して「地方」を舞台に土地と人間の関わりを再考するような現代小説が、日本で多く記されている。

例えば佐藤泰志が『海炭市叙景』で描いた函館の心象風景や、桜木紫乃が『ラブレス』で描いた釧路や標茶、弟子屈の生活風景、青来有一が『聖水』で描いた「潜伏キリシタン」が住む長崎の集落の重層的な加害・被害関係や、辻村深月が『朝が来る』で描いた武蔵小杉の子育てを共にする若い家族の友愛的な連帯感は、現代的である一方で、批評も含めた文学的な表現が記録し、伝承していくべき現実感であると私は考える。

このような現代小説は、生活空間の均質化が進行する時代に、土地の固有性を掬い取ることで、再帰的に人間と場所の関係について考えるきっかけを与え、そこに住む人々の生業や価値観を記憶し、後世に伝達するメディアとして、重要な価値を有している。

メディアに関する学問の文脈で言えば、上記の現代文学は、Collective Memories（集合的記憶）を後世に伝達するメディアとして、映像表現と異なる、心情や心象を中心に記録・伝達する役割を有していると考えることができる。

吉田修一の初期の長崎を舞台にした作品は、このような土地と人間の関わりを、再帰的に問い返すような現代の小説の傾向を先取る優れた作品であると私は考える。

一-三　母親と「成熟と喪失」

1

吉田修一の小説には、長崎を舞台にした作品を含めて、それがどのような社会問題や価値観と対峙しているのかわかり難いようなモチーフが読み取れることも少なくない。先述の通り、吉田は知名度に比して自己について多くを語って来なかった作家である。著者が自身について開示している情報は限定的であり、意識的に「公にする情報」と「公にしない情報」を選別しているように思える。

例えば吉田修一の作品には、初期の作品から近年の作品まで、上述の父性の揺らぎだけではなく、「母性の不在」という純文学的でオーソドックスなテーマ設定が見られる。なぜ吉田は、このようなテーマを採用しているのか、私も長らく意味がわかっていなかった。

考えるヒントになったのは、二〇〇七年八月に「文藝春秋」に記したエッセイ「長崎　戻る」である。このエッセイでは「どういう瞬間に、『ああ、故郷《ふるさと》へ戻ってきたな～』と思いますか？」という編集者からのゆるい問いに対して、吉田は実家に泊まった時や、地元の名物を口にした時など、回答を逡巡した上で、最後に次のように記している。

テレビを見ているらしいお隣さんの笑い声がする。さっき不謹慎にもライターでつけた線香の灰が、音もなく落ちる。寝転んだまま、行儀悪く脚を上げた柱の上には、もう十年も前に亡くなった母の遺影。

「ああ、戻ってきたな～」

つい心の中でそう呟きそうになって、慌ててやめた。……できれば、この科白、もうちょっと気の利いた場面で使いたい。

「長崎　戻る」「文藝春秋」二〇〇七年八月号

私が知る限り、吉田修一が母親の死に言及しているエッセイやインタビューは、この「文藝春秋」掲載のものしかない。二〇〇七年八月号の原稿だから、「十年も前」というと一九九七年前後に母親が亡くなっていることになる。一九九七年の「文學界」六月号掲載の「最後の息子」で吉田は新人賞を取ってデビューしているから、ちょうど新人賞を受賞し、二作目の「破片」を準備していた頃ということになる。

つまり吉田は若くして母親を亡くし、ほぼ同時期に作家としてデビューしていることになる。これは吉田の小説の読者にも全くと言っていいほど、知られていない事実であろう。

前述の二〇〇五年の「文藝」の「特集・吉田修一」でも吉田は、自分の生い立ちについて踏み込んだ発言を行いながら、母親の死については全く触れていない。それほど母親を亡くしたことは本人にとって切実な問題で、新人賞の受賞と関係付けて報道されるのを避けたかったのかも知れない。ただ、「母の不在」という設定については、吉田が初期の作品から『国宝』まで数多く採用している小説の枠組みであるため、吉田が書いた文章を手がかりに、少し掘り下げて考えてみたい。

一九九七年に文学界新人賞を受賞した「最後の息子」の中には、父と喧嘩したと思しき母が長崎の実家から「家出」して、息子が暮らす「おかまの閻魔ちゃん」の部屋を訪ねようと試みる描写がある。息子の背後に見え隠れする「おかま」の存在に薄々感付いたと思しき母親が、事前に連絡することなく急に上京してきて「東京名物のおかまを見たい」と言い出し、息子の部屋を訪れようとする。

当時、定職に就かず、ふらふらとした生活をしていた「ぼく」は、機転を利かせて、昔の彼女を動員して必死に母親の来訪を阻止しようと試みる。この一節は「最後の息子」のクライマックスであり、歌舞伎の見せ場のようで面白く読み応えのある場面でもある。しかしこの小説には母親の死の気配は感じられない。

母親が亡くなった時期に近い文学界新人賞の「受賞の言葉」は、次のようなものである。「やっとの思いで渋滞の首都高を抜け出した。腹も減ったし、喉も渇いた。」という書き出しで始まり、「『この先天気は、下り坂に向うかもしれませんし、このまま晴れ間が続くかもしれません。そんなこと誰に分かるもんですか！』」(「文學界」「第八四回文學界新人賞　受賞の言葉」一九九七年六月号)で終わる。

受賞の喜びが伝わってくる文章で、締め括りの一文が受賞作の「最後の息子」から飛び出てきたように若々しいのが、ご愛敬である。作家として将来の希望と不安の双方を、「中古のシビックに乗った首都高のドライブ」に喩える言い回しは、純文学の作家というよりは、車にこだわりの強い元ヤンキーのようでもある。何れにしてもこの描写にも母親の死は感じられない。

「Water」は文芸誌に掲載された小説としては四作目だが、「最後の息子」で文学界新人賞を受賞する一年前に最終選考に残った作品でもある。この作品に登場する「ボク＝凌雲」は、同じ水泳部の圭一郎の母親に、性的な欲望を感じるほど惚れ込んでいる。このような描写は、一見すると幼少期から母親に気に入られようと、その愛情を拗らせてきた吉田修一の歪んだ「エロス＝生の欲動」の表れと解釈することもできる。

ただこの作品で描かれる友人の母親はまだ四〇歳にも満たず、「雨に濡れた教会」のような笑顔を持つ魅力的な女性だから、高校生が惚れることもあるだろう。吉田の作品の特徴の一つである特殊な性癖が、この爽やかな作品に感じられるわけでもない。この作品に「母親の死」の影を見出すのも無理がある。

「破片」の続編といえるような雰囲気の五作目の「キャンセルされた街の案内」では、「破片」とは正反対に、長崎の母親は存命であり、父親の方が亡くなっている。兄弟の描写も正反対で、長崎から無職の兄が上京し、弟の方が東京で正社員として働いているという設定になっている。

兄弟の実家がある場所も市街地に比較的近い星取ではなく、前述のように長崎南部の野々串の漁港に置き換わっている。この「破片」と入れ違いの設定は、明らかに意図的になされたものだろう。ただ、この作品は「破片」と異なって、後述のように「軍艦島のインチキガイド」の話が際立っているため、両親に関する描写はほとんどない。母親が亡くなった夫の代わりに息子を連れて、誇らしげに身内の法事に出るシーンが読後の印象として強く残るが、仮にこの息子の姿が吉田修一をモデルにしたものだとしても、この作品から「母親の死」を読み取ることは難しい。

単行本化されていない「庭師の恋」（二〇〇七年）でも夫（と娘）を亡くした母親の姿が描かれ、物語の中心的なテーマとなっている。ただこの作品は『長崎乱楽坂』の系譜の作品で、死んだ家族の亡霊と一緒に残された家族が暮らす話であり、この作品でも吉田自身が「母親の死」と向き合っているとは考えにくい。

二〇〇二年発表の「日曜日の新郎たち」（『日曜日たち』所収）には、母親と、結婚するつもりでいた彼女の双方を交通事故で亡くした税理士見習いの息子が登場する。なかなか起こり得ない偶然が重なった設定であり、「母親の死」に関して、何かを書こうと試みる吉田修一の意図が感じられる。

ただ、この作品でも母親を亡くした息子の心情に関する描写は全くと言っていいほどなく、妻を亡くした父親の心情描写の方に焦点が当てられている。

「たとえば、結婚式なんかに呼ばれるやろ、そうすると、なんていうかなぁ、ああ、あれは死んだとやなぁなんて思うぞ」。〈中略〉

「なんも若い者《もん》らが結婚するの見て、女房が死んだことを思い出すわけじゃない。ただ、引き出物《もん》なんか貰《もろ》うて家に帰るやろ、そうすると『式はどうやったね？ 引き出物《もん》はなんやろか？』なんて訊いてくる者《もん》がおらん。もちろん訊かれたところで、『結婚式はどこも一緒』なんて、碌《ろく》に答えてやりもせんのやけど、それでもなんていうのかなぁ、引き出物《もん》を玄関にポーンと置くだけじゃ、力が抜けるっちゅうか、張り合いがないっちゅうか……」。

吉田修一「日曜日の新郎たち」『日曜日たち』所収

この一節は、吉田修一の父親をある程度モデルにしたものだと推測できる。吉田修一のエッセイ「空の冒険」によると、吉田の父親は活字中毒で、八〇歳を超えても「新聞四紙に、週刊誌三誌、加えて『文藝春秋』『中央公論』などの総合誌まで定期購読していた」という。「小さな酒屋の親爺にしては驚くほどの読書量で、実家の本棚にはずらりと文学全集などが並んでいた」らしい。吉田自身は父親に「本を読め」と言われた記憶はあまりないらしいが、「もし家にこの本棚がなかったら、自分は作家になれていなかっただろう」（「翼の王国」「空の冒険」August 2015）とも回想している。吉田修一が作家としてデビューした背景には、少なからず、この読書家の父の影響があるのだと思う。

毎日新聞の報道によると吉田の父親は母親の死から二〇年ほど経った二〇一七年に八一歳で亡くなっている。月刊文藝春秋二〇一七年一二月号の「日本の顔」では、この年の夏に、紋付き袴の姿で父親を精郎流しで送る吉田の写真も掲載されている。「日曜日の新郎たち」の発表年と、死後に公表された父親の年齢を擦り合わせると、「日曜日の新郎たち」の心情描写は、現実の父親の年齢に即したものだったといえる。

ただこの小説でも母親の死に関する直接的な描写はない。この短編を含めた『日曜日たち』には、母親を捜して彷徨う亡霊のような小学生の兄弟が登場するが、この兄弟が吉田修一と彼の弟の姿であることは推測できる。だとしても、この兄弟の心情が掘り下げられて描かれているわけではないため、ここから何らかの意味をくみ取ることは難しい。

つまり吉田修一の作品には、長崎の母親の死を想起させるような描写はいくつか見られるが、その死をどのように受け止めたのか、踏み込んだ内面描写は少ないのだ。

二〇〇七年一月に「新潮」に掲載された「灯台」には、吉田修一の小説としては珍しく、母親の死について直接的な言及を行った一節がある。

この作品は、三七歳の吉田自身をモデルにしたと思しき人物が、一七歳の高校時代の自分と会話しながら、「やくざ上がり」と思しきタクシーの運転手に、ディスコで遊んだ帰りに暗がりで殴られるなど、長崎の高校時代の「陰影に富んだ青春」を回想する自伝的な作品である。

作中に登場する映画「カポーティ」の公開日などから判断すると、この小説の設定は二〇〇五年であり、現実の吉田の年齢とも符合している。三七歳の吉田と、一七歳の吉田が対話する場面は次のように描かれている。


「悪い意味って？」

恐ろしいほど真剣な顔で訊き返してくる。

「何が知りたいんだよ？」

思わず言い返した。

「そっちこそ、何を知らせたいんだよ」

挑戦的な言葉が返ってくる。

知らせたいこと。今だから知らせてあげられることなどあるだろうか。お前はアメリカに留学しない。大学生活はさほど楽しいものにはならない。そこそこ友達はいる。二十四歳のとき、ぎっくり腰になる。その夜、無理してデートに出かけ、車の中での行為中に激痛が走り、救急車の世話になる。その後腰痛は持病となる。母親の死に目に会えない。無頼気取りの暮らしのせいで、危篤の報が届いたとき、手元には地元へ戻る飛行機代はおろか、隣町へ行く電車代もない。

いや、こんなことじゃない。こんなことは相手の知りたがっていることじゃない。もちろん母親との別れがそんなに早く訪れると知れば、ショックは大きいかもしれないが、残念ながら彼にはあの悲しみを想像することができない。あの悔しさと悲しみを知っていれば、何か手を打つだろうが、あの悔しさと悲しみをまだ知らない彼に、今、どんな手を打ってくれと頼むつもりか。

吉田修一「灯台」『キャンセルされた街の案内』所収

吉田修一にとって母親の死は「死に目に会えない」ほど急なもので、その後も「悔しさと悲しみ」を引き摺るような辛い経験だったことがわかる一節である。

前述の通り、吉田が母親を亡くしたのは、「最後の息子」で新人賞を受賞する前後である。この頃の吉田は作家として十分な収入を得ておらず、現実に「地元へ戻る飛行機代はおろか、隣町へ行く電車代もない」ような「無頼気取りの暮らし」を送っていたのだと思う。

先の「灯台」の一節は、吉田の作家としての出発点に、母親を失った喪失感と、それに対する自己の無力さが深く刻まれていることを物語る描写で、その後の吉田修一の作品を読み解く上でも重要な一文といえる。「灯台」という表題も、後にベストセラーとなる『悪人』のラストシーンを想起させるものである。

それでもこの短編は母親の死をテーマとした作品ではなく、他の部分で母親の死について言及しているわけでもない。このため、この短編を通して吉田が母親の死と対峙しているとも考え難い。

2

吉田修一が「母親の死」と正面から向き合っている作品は、新人賞の受賞から三ヶ月後に発表された二作目の「破片」である。

「破片」は、「キャンセルされた街の案内」と並んで、吉田修一の初期の代表作である。この作品は、長崎の「小島」に近い「星取」に住む酒屋の兄弟の話で、彼らの母親が「土石流」で亡くなる場面も詳しく描かれている。吉田の小説で「母の死」が描かれた作品が皆無に近いことを考えると、おそらくこの中編を書く前に吉田は母親を亡くしていたのだと私は考える。「土石流」の描写は、兄弟の年齢から推測すると、一九八二年に死者二九九名に及んだ長崎大水害をモデルにしたものであろう。私もこの土石流で亡くなった親族の通夜に行ったことがあるので、この日のことをよく憶えている。

長崎大水害は長崎港の満潮時と重なったことで起きた土砂災害で、排水設備の不十分な場所で水があふれ、斜面を削って住宅地を造成した長崎の広い範囲に土石流の被害をもたらした。この日は市街地の河川も氾濫して甚大な被害を引き起こしており、私の母親はこの日に流れてきた泥だらけの人形を拾って綺麗に洗い、三五年が経った今でも居間に飾っている。

「破片」の中で酒屋の兄弟の母親が亡くなったのはこの長崎大水害と同時期であるが、上述のエッセイの記述では、吉田修一の母親は、この作品を発表した一九九七年前後に亡くなっている。「破片」の中で母親が亡くなる場面には現実感があり、残された父と兄弟が住む家には「母の不在」が強く刻み込まれている。

「いやぁーね、こんな日に中元なんて持ってきた私が馬鹿やったよ」

対岸に立った妻が、笑いながら嘆いてみせた。

「どら、そこに待っとれ」

昭三は溝の中へ入って行った。父親の後ろ姿を、息子たちは面白そうに眺めていた。昭三の膝が濁った水を切っていると、突然、林の中でガサガサッと重たい音がした。音と同時に、水の流れが早くなり、妻が足を滑らせた。母親を救おうと、息子たちが溝に入ってくる。

目前で、濁流に胸まで浸かっている妻は、必死の形相をしながらも、なぜかしら男物の傘だけを高く掲げていた。

「お母さん！」息子たちが、昭三の背後から声をかけた。

「来たら駄目よ！」妻が叫んでいた。

「動くな！」

昭三が、妻と息子たち、その両方に声をかけた。バキバキッという恐ろしい音がしたかと思うと、折れた枝や葉を含んだ鉄砲水が、殴り倒すように妻の体をのみ込んだ。

昭三は、ただ手を差し伸べただけだった。数十メートル流された所で、妻が電柱にしがみついて止まった。泥水の中から現れた妻の額に、濡れた枯れ葉が貼りついていた。

「動くな！」

昭三が泥水の中を駆け出すと、息子たちも、お互いの手を握り合って、あとを追ってきた。

「こっちに来たら駄目！」

泥だらけの顔で、妻が息子たちに叫んだ。

昭三が、もう少しで妻を抱き起こせる所まで来た時、背後で悲鳴が聞こえた。足を滑らせた岳志が、握っていた大海の手を離れ、反対の方へ流されていた。昭三は慌ててそちらへ向かった。岳志が溺れた方は、まだ水嵩も低く、泥水を飲んで激しく咳《せ》き込む岳志を両腕で抱き上げると、すぐに後ろを振り向いた。

しかし、しがみついていたはずの電柱に、妻の姿はなかった。息子を救っている間に、妻は悲鳴も上げず、汚れた濁流にのまれていた。

「破片」『最後の息子』所収

冒頭の明るい会話が、そこに家族の日常があったことを物語る一節である。母が足を滑らせることは、過去に何百回、何千回とあったことだと思うが、その瞬間に起きた一回が、生死を分けるものとなってしまう。母を助けようとする父と、息子を助けようとする母の思いが、幼い岳志の悲鳴をきっかけにして、一瞬だけ、すれ違ってしまう。このわずかなすれ違いの時間の中に、母子の間の血の通った愛情が感じられる。

父は息子を助けることができたが、振り向いた先に妻の姿はなかった。悲鳴を上げなかったことから、母が息子を庇って亡くなったことが推測される。少しでも出発が遅ければ、妻が亡くなるほどの災害にあうことはなかっただろう。しかし一瞬の出来事が、その後の長い人生に大きな影を落とすことが現実には存在する。

この一節を読み返すと、例えば私たちが東日本大震災と一括りに呼んでしまう震災の中にも、このような「一瞬のすれ違い」に起因する別れがあったことに気付かされる。それは昔から豪雨や津波に土地を洗われてきた日本列島で、繰り返し起こってきた別れであるだろう。

吉田修一が小説で母親の死について詳細に描いているのは、この「破片」の一節のみである。しかしこの一節には、個別の出来事を超えて、人間が環境に左右されながら、偶然的な生を享受しているという、普遍的な事実に触れる「手応え」のようなものが感じられる。このような初期の中編に内在する「手応え」こそが、その後の吉田の作家としてのキャリアを切り開いたのだと思う。

吉田修一は、短い一節ながら、「破片」の中で母親の死と向き合うことで、小説家らしい風景描写と心情描写の感度の高さを示すことに成功している。


「破片」はデビュー作の「最後の息子」に続いて発表された吉田修一の二作目の中編である。実家が酒屋の兄弟の話で、東京で就職して失業した兄の大海が帰省すると、酒屋を手伝うようになった弟の岳志が、売上げが落ちた店のレジから金を盗んではスナックの女に貢ぐようになっている。

酒屋の配達の描写に表れているように、この作品を読むと「僕は間違いなくブルーの中で生まれ育っている人です」という吉田の発言が、大袈裟なものではないことがよくわかる。

「あ、あの、ほ、星取町で酒屋をやってます、嶋田岳志です」と弟がテレビの取材に応える一節から、小説の舞台が吉田修一の実家の酒屋からさほど遠くない、長崎南高校の第二グラウンド近くの「星取」であることがわかる。吉田修一の小説にしては珍しく、小説内の長崎の地名が現実の名称に近く、実家の酒屋をモデルにした作品である。餃子の雲龍亭と思しき店の描写など、長崎の市街地の詳細な描写もある。

旅に関するエッセイを多く残している吉田修一であるが、ラジオの発言（J-WAVE Growing Reed 吉田修一×岡田准一二〇一三年二月三日放送）によると、旅先で名物や土産物を一切買わないらしい。吉田の小説の中で、国内外の様々な場所が描かれる一方で、名物や土産物の類いがほとんど描かれないのは、吉田が匿名的な風景の描写を、「他の場所でも起こり得たかも知れない」というリアリティの足場を構築する上で重要視しているからだろう。

この点でも「破片」や『悪人』や近作の『国宝』は例外的な作品で、雲龍亭の餃子の他にも長崎の下町の人々が昔から好んで食べてきた、銅座市場前の「桃太呂」の「豚まん」のような、全国的に知名度の低い長崎名物が登場する。

「破片」はその文章の読みやすさとは対照的に、一読すると内容が分裂しているように感じる作品でもある。芥川賞の選評でも、細部の表現力の高さが多くの選考委員に評価される一方で、分裂したようなエピソードや小説の構成が問題点として指摘されている。ただタイトルが「破片」であることを考えれば、分裂しているかのようなエピソードの配置は、意図的になされたものであろう。

小説の構成を詳しく見てみると、長崎の酒屋で働く弟の岳志が、店のレジから金を持ち出して子連れのスナックの女に貢ぐエピソードと、東京で無職の兄の大海が、ブランド物欲しさにテレフォンセックスのバイトに勤しむ彼女と一緒に暮らしているエピソードが併記されている。一見すると無関係なエピソードであるが、人を欲するか、ものを欲するか、という無意識的な欲望のあり方に着目すれば、対照的なものである。

また長崎に残った弟が、スナックの子持ちの女性との間に「泥臭い人間関係のしがらみ」を抱え、東京に出た兄が、ブランド品ほしさにテレフォンセックスで性を売る同棲相手との間に「渇いた人間関係のしがらみ」を抱えている点も、無意識的な「しがらみ」のレベルで対照的なものである。

このようなエロス＝生の欲望と人間関係のしがらみを巡る対照的な構図は、続編といえる「キャンセルされた街の案内」にも見られるもので、その後の吉田修一の作品でも骨格を形成する重要なモチーフとなる。

ただ「破片」の長崎と東京の描写には共通性もある。二人の兄弟は、独創的な家のリフォームに拘ったり、スナックの女に入れ込んだり、同棲相手のテレフォンセックスを黙認したり、偏執狂的な性欲に溺れるなど、不器用で将来の方向性の見えないエロス＝生の欲動を持て余している点で共通している。そして二人とも自分たちの不器用で、将来性があるとは思えない生き方を無条件に受け入れ、肯定してくれるような「母性的な存在」を強く希求している点でも共通している。

何れにしても「破片」という小説は、生前の母親が描かれる場面は限られているが、全体を通して「不在の母」の代替となる存在を希求する二人の兄弟のエロス＝生の欲動に満ちた作品といえる。母親の死に関する「哀しみ」が、屈折したエロス＝生の欲動を通して表現され、着地する場所を見失って彷徨している点も、その後の吉田修一の作品のプロトタイプとなる特徴を有している。

「キャンセルされた街の案内」では東京に住む弟の方が船会社の正社員として真面目に働いており、長崎から上京してきた兄の方が無職であるが、この作品も、二人の兄弟が「不在の母」に代わる「疑似家族的な母性」を求めているという点で共通している。

そしてこれらの作品に見られる「疑似家族性」は、互いに本音を晒さない、都市生活者らしい利害関係の上に成立している危ういものである。「最後の息子」の閻魔ちゃんのように都市生活の中で面倒見のいい庇護者を探すことは容易ではない。

「破片」や「キャンセルされた街の案内」など、初期の吉田修一の作品の中で、作中人物たちが「母性的な存在」を希求しているのは、不在の母の代わりとなるような特定の女性を追い求めることを目的としたものではなく、「特定の女性を追い求めなくてもいいこと」を許容してもらうことを目的としたものであると考えられる。

つまり「破片」の兄弟たちは「不在の母」の代替となる存在を希求することを、無意識レベルでは最終的に回避することで、妻を娶り、子を持つような大人となることを拒否し、「男女別の大人の秩序」から離れたモラトリアムに留まり続けることを望んでいるのである。

例えば『パレード』で吉田修一は、このようなモラトリアム生活について、次のように説明している。

晴れた日曜の午後、なぜぼくがこうやってベランダから眼下の通りを眺めているかというと、理由は一つ、退屈だからだ。

こう退屈だと、なんというか、時間というものが、実は直線ではなく、その両端が結ばれた輪っかのようなものに思えてきて、さっき過ごしたはずの時間を、もう一度、過ごし直しているような感覚になる。真実味がないというのは、もしかするとこんな状態のことを言うのかもしれない。たとえば今、このベランダから飛び降りたとする。もちろんここは四階だから、運がよくても骨折だろうし、運が悪ければ即死する。ただ、輪っかのような時間の中にいる場合、一度目は即死だったとしても、二度目がある。一度目の即死を踏まえて、今度は軽い捻挫《ねんざ》で済むくらいの飛び降り方を試してみられる。三度目にはもう、飛び降りることに飽きてしまい、柵を跨《また》ぐことすら面倒になる。飛び降りなければ、なんの変化も起こらない。起こらなければ、元の退屈な時間が待っている。

この晴れた日曜日に、何もやりたいことがないわけではない。かといって、何がやりたいんだ？ と訊《き》かれるとやはり困るが、たとえばこれまでに一度も行ったことのない場所で、これまでに一度も会ったことのない人と、恥ずかしいくらい正直な言葉で、語り合ったりしてみたい。別に可愛い女の子限定でなくてもいい。たとえばそう、夏目漱石の「こゝろ」に出てくる先生とKみたいに、人生について、愛することについて、一緒に悩んだりしてみたい。ただ、自殺されたら厄介なので、相手は少し脳天気な方がいい。

『パレード』

吉田修一が初期のモラトリアム型の作品の中で描いているのは、「円環的時間」の感覚である。目的に向かって経験や年齢を積み重ねて「成長」を目指すような「直線的な時間」の感覚ではなく、目的を延々とペンディングし、現在を刹那的に楽しみ続けるような「円環的時間」の感覚である。「直線的な時間」の感覚は、大昔から出世を目指し努力するような人々の現実感として一般的であり、近代の黎明期に重視された「規律訓練型の権力」から演繹されるような現実感といえるだろう。

これとは対照的に、「円環的時間」の感覚は、大昔から暇を持て余す人々の現実感として一般的であり、情報技術が浸透し、グローバル化が進行した時代に広がった「環境管理型の権力」から演繹されるような現実感であるといえるだろう。これら二つの時間の感覚は、どちらに優劣があるわけではなく、個々の人生の中で交錯している。

ただ、『パレード』の一節のように何度でもやり直しがきく、可能性に満ちたゲームのような円環的時間の感覚＝現実感は、「若者向けのもの」であると考えることもできる。人間が歳を取り、死を意識せざるを得なくなると、現実の世界を、可能性に満ちたゲームのような現実感を通して実感することは難しい。

ハイデガーが『存在と時間』で記したオーソドックスな考え方を踏まえれば、死に向かう時間が意識される時、人間は自己が限られた場所に根を張って生き、「直線的な時間」の中で限られた人生を歩んできたことを、少なからず実感せざるを得ない存在であると私は考える。

隠喩として考えても、人間は任天堂のゲームのように「大きなキノコ」を食べてスーパーマリオになれるわけではない。また運良く人生が上手く転び、全能感を感じる時期が訪れたとしても、長続きはしない。

スペインの哲学者のホセ・オルテガ・イ・ガセットが述べているように、現代において人々の能力的な限界は、多くの場合、「時間的な限界」として認識されるのである。人間が「直線的な時間」を拒絶したところで生きることは容易ではなく、情報技術が浸透し、グローバル化が進展しても、この事実は変わらないだろう。

何れにしても「破片」という作品は、「モラトリアム＝円環的時間」を生きながら、無職の肩書きで新人賞を獲得した吉田修一が、プロの作家として「母親の死」を引き受け、長崎の地縁や血縁の「しがらみ」を背負うことで、小説家として「直線的時間」に足を踏み入れ、キャリアを積んでいく決意を示した作品である。

もし吉田がこの作品で芥川賞を取っていれば、吉田の作家としてのキャリアは、良くも悪くも、文芸誌を中心としたものに変り、「円環的時間」と「直線的時間」の感覚が、作中人物の内面と人生の中で交錯するような作品を多く記していたかも知れない。

吉田修一の両親は、「最後の息子」でデビューした「最初の息子」が「破片」の中で母親を「プロの作家らしい作法」で弔い、芥川賞の受賞だけではなく、その選考委員にまで選ばれるような「成長」を遂げることを予期していただろうか。

第二章

吉田修一の「小説の嘘」

二−一　丸山明宏「ヨイトマケの唄」と長崎

1

吉田修一の初期の作品で描かれている「小島」の坂道や階段道を舞台にした有名な歌と言えば、何と言っても丸山明宏（美輪明宏）の一九六六年のヒット曲「ヨイトマケの唄」である。この歌は、同性愛者であることがメディアに悪く書かれて、当時、人気が低迷していた丸山にとって復活するきっかけとなった唄でもある。

シャンソンとも民謡とも浪曲ともいえる土地から湧き出たような歌詞とメロディーは、「土方」や「ヨイトマケ」の仕事をする母親のたくましさと、子ども思いの優しさの双方に光を当てている。この唄は土方やヨイトマケという言葉が職業差別だという理由で、長らく「放送禁止歌」として自主規制の対象にされていた。しかし桑田佳祐やビートたけしなど、この歌の熱烈なファンの有名人が多かったことも手伝って、二〇〇〇年代からテレビでも徐々に紹介されるようになる。二〇一二年に美輪明宏は紅白歌合戦に白組で初出場し、この唄を熱唱して大好評を博した。

父ちゃんのためなら エンヤコラ　母ちゃんのためなら エンヤコラ　もひとつおまけに エンヤコラ

今も聞える ヨイトマケの唄　今も聞える あの子守唄　工事現場の ひるやすみ　たばこふかし

て目を閉じりゃ　聞こえてくるよあの唄が　働く土方のあの唄が　貧しい土方のあの唄が
　子供の頃に小学校で　ヨイトマケの子供きたない子供と　いじめぬかれてはやされて　くやし涙にくれながら　泣いて帰った道すがら　母ちゃんの働くとこを見た　母ちゃんの働くとこを見た
　姉さんかむりで泥にまみれて　日に灼けながら汗を流して　男にまじって綱を引き　天にむかって声あげて　力の限りにうたってた　母ちゃんの働くとこを見た　母ちゃんの働くとこを見た
　慰めてもらおう　抱いて貰おうと　息をはずませ　帰ってはきたが　母ちゃんの姿　見たときに　泣いた涙も　忘れはて　帰って行ったよ　学校へ　勉強するよと　言いながら　勉強するよと　言いながら
　あれから何年　たった事だろう　高校も出たし　大学も出た　今じゃ機械の　世の中で　おまけに僕は　エンジニア　苦労苦労で　死んでった　母ちゃん見てくれ　この姿　母ちゃん見てくれ　この姿

何度か僕も　グレかけたけど　やくざな道は　ふまずにすんだ　どんなきれいな　唄よりも
どんなきれいな　声よりも　僕をはげまし　慰めた　母ちゃんの唄こそ　世界一　母ちゃんの唄
こそ　世界一

今もきこえる　ヨイトマケの唄　今もきこえる　あの子守唄　父ちゃんのためなら　エンヤコ
ラ　子供のためなら　エンヤコラ

詞・曲　丸山明宏「ヨイトマケの唄」

「ヨイトマケの唄」は、長崎の丸山の背後にある「小島」一帯の急峻な斜面で働いていた美輪の同級生の母親を主なモデルとした唄である。ヨイトマケとは重い槌《つち》を上げ下げして地固めをする仕事に従事する人々を指す言葉である。重い槌を滑車で上げたり、綱で引き上げるときに「よいとまぁけ」と声を上げたことに起源を持つらしい。

地固めの機械としてランマーが普及した後も、「小島」の路地に限らず、長崎の斜面の細い路地では、トラックを使った建築資材の搬入や、重機を使った作業が難しかったため、ヨイトマケに類する仕事は残っていた。私が子供の頃は、「姉さんかむり」のおばさんたちは、地固めの仕事だけではなく、ミキサー車が入れない場所でセメントをこねたり、トラックが入れない階段道や坂道で資材の運搬の仕事をしていた。

吉田修一の実家の近くの「小島」には、人がぎりぎりすれ違えるぐらいの階段道に沿って、家々が並んで建っている場所が多い。物心が付いてから冷静に眺めてみると「この家を建てるとき、建築資材をどういう順番で運んだんだろう」と疑問に思うような家が、今でも点在している。聞くところによると、長崎の山の斜面の階段道では、発注できる住宅メーカーと家の種類が限られたものになるらしい。

長崎の坂道と階段道には車が入れない場所が多いので、昭和から平成に元号が変わっても、馬を使って階段で重い荷物を運ばせることも珍しくなかった。子供の頃、馬がかなり重い荷物を運んで弱っているのを見かけたことがあったので、婆さんに「あの馬は動かんようになったらどがんすっとね」と聞くと、「長崎のもんは世話になった馬の肉は食いとうなかけん、船で熊本に連れて行ってから、あっちでバラして馬刺しにすっとたい」と言われたのが、強く印象に残っている。私はこれ以来、馬刺しを食べる機会がある度に、子供の頃に長崎の坂道で出会った弱った馬の姿を思い出してしまう。

何れにしても「ヨイトマケ」のおばさんは、昭和の終わり頃も長崎の山の斜面では健在で、私も近所に住む、いつもジャイアンツの野球帽を被っていたヨイトマケのおばさんと、神社でキャッチボールをしてよく遊んでもらった記憶がある。

美輪明宏の自伝的なエッセイ『紫の履歴書』によると、美輪の実家は丸山の近くの本石灰町でカフェや料亭などを経営する商家で、その店の隣には南座という劇場があり、どさ回りの芝居からレビューや歌舞伎、日本映画やフランス映画など、様々なものを上演していたという。私の実家は、美輪明宏の実家のあった場所に近いので、年配の人に聞いたことがあるのだが、生家の商売の影響もあってか、丸山明宏は子供の頃からお洒落な美男子として長崎の下町では有名だったらしい。

美輪の実家は吉田修一の実家から歩いて一五分ほどの場所にある。丸山から思案橋、銅座にかけての歓楽街は、先の「文藝」の特集で撮影を行っていた、吉田修一がよく通う新宿ゴールデン街あたりの雰囲気とよく似ている。

長崎についてインタビューで印象を問われて、吉田が「もの哀しい町」（前出、「気がついたら居候」）と答えているのは、実家の近くの「小島」から、美輪や私の実家に近い丸山、思案橋の歓楽街をイメージしてのことだろう。朝日新聞に連載された『国宝』も丸山の料亭の宴席から始まっているので、吉田は実家に近いこの色街に思い入れが強いのだと思う。

美輪明宏は歌だけではなく、身振りや演技を加えた多様な芸で聞き手の関心をステージに引き付けるのが上手い。このような芸のルーツは、美輪明宏が子供の頃に過ごした丸山という色街が内包していた、文化的な奥行きと猥雑さにあるのだと思う。

二〇一六年にノーベル文学賞を受賞したボブ・ディランが、若い頃にどさ回りを共にした、アメリカ南部のミュージシャンたちの音楽を総合して自己の音楽を作り上げたように、丸山明宏もまた、長崎の実家の隣にあった劇場で見聞きした唄や芸の数々を総合して「ヨイトマケの唄」を作ったのだと私は考える。「ヨイトマケの唄」には、原爆が落とされる前の長崎の歓楽街が培《つちか》ってきた大衆芸能の粋が凝縮されている。

美輪の実家には島原や天草の女中・女給に混じって「白系ロシアや混血児の女給達」もいたとい

うから、エキゾチックな商家だったようである。しかし原爆で市街地が深刻な被害を受けたことで、カフェや料亭のような商売は成り立たなくなる。

美輪は一〇歳の時に屋内で原爆の爆風を浴び、その後も爆心地近くに立ち寄ったこともあり、嘔吐などの原爆症を発症している。エッセイでも「原爆の中を裸足で逃げまどい、地獄絵さながらの、あの光景は、一生胸から消えることはない」と綴っており、被爆した経験は、その後の表現活動に大きな影響を与えたようである。

丸山明宏時代にベストセラーとなった『紫の履歴書』によると、三菱の女子挺身隊の少女が塀の下敷きになって重症を負っても友人を心配して、避難を促している姿や、爆心地から首を失くした赤ちゃんを背負って歩いてきた母親の姿や、焼け爛れた体に蛆がわくのを取りながら、よたよたと歩く子どもや大人の姿など、三輪は原爆投下直後の長崎で苦しむ人々を目の当たりにしている。

一般に「ヨイトマケの唄」は、発表が一九六五年だったこともあり、高度経済成長期の土方やヨイトマケを題材にした唄と誤解されている。しかしこの唄は原爆が落とされる前の長崎を舞台にした唄に他ならない。エッセイの記述によると、三輪が戦時中の一九四二年から一九四三年頃に出会った、美輪の同級生の母親をモデルにした唄だという。

　確かあれは、小学校二年のときだったと思う。父兄の参観日で、子供達は自分らの母親達が着飾って来ているのが嬉しくて、そわそわとしていた。〈中略〉
　その中で一人、後から遅れて入ってきた母親があった。半天を着てモンペをはき、手には慌てて頭から外した手ぬぐいをしぼるようにして握りしめ、大きな体を一番隅で、小さく縮めて立っている。

教室で一番汚くて出来の悪い子のお母さんだった。休み時間になると子供達は自分らの親や兄弟のそばへ寄る。出来が悪いわりに腕白なので、皆に嫌われ、いじめられていたその子の母親は、どんな人だろうと、皆いじわるそうな目で見ていた。〈中略〉

あの母子は、どうしているだろうとみると、寄ってきたわが子の鼻をたらした顔へ母親は顔をつけて、いきなりその子の鼻を吸い、ペッと器用に庭に吐き出した。

おお汚い。僕は顔をしかめたが、まわりの目などは一切お構いなしに、今度は手にした手拭で子供の汚れた顔を拭いてやっている一生懸命な母親の姿を見ていると、ちょっと動物的でもあるが、何だか言いようのない感動で釘づけになってしまった。〈中略〉

その日から僕は、友達のいないその子をいじめるのを止めた。ときどき連れ立って学校の帰りに、その子の母親が働いているところへ行ったりもした。

家を建てるための地ならし。それはめでたい祝いごとなので、ヨイトマケのおばさん達は家を建てる人への心意気を示して、せめてものことをしているのだろう、日焼けして真っ黒な顔に、白粉をはたき、下手に口紅を塗り、頭は自分で結ったらしい小さな丸髷に真新しい手拭をかけている。黒い肌にはたかれた白粉で、何だか顔が妙なねずみ色に見える。

しかし皆は明るい。祝いの振舞酒を飲んで、ワイワイ、ガヤガヤ笑いを交わしている。

その子のお母さんは、わが子にやっと友達ができたのを喜んでいるらしく、僕達がゆくと、

「おう、坊や達来たね」

とやっこらさとやって来て、メリヤスの腹巻きから、古くなった酒屋の前かけを直して作ったらしい財布を出した。そして僕達に五十銭ずつお小遣いをくれる。

（あらぁ、こんなに貧乏な人からお金を貰っていいのかしらん）

と思いながらも、つい嬉しくて貰ってしまう。

仕事が始まると、ヨイトマケのおばさん達は、地ならしのための重しを引っ張るため、いったん高い木組に上がった数本の縄を互いに分け持ち、威勢のいい掛け声と共に綱を引く。互いに自分の番が来ると、即興で思いついた歌を歌い、最後の締めに、誰それのためならエンヤコーラーと力一杯叫ぶ。

その子のお母さんは、にっこりとこっちを見ながら、「ヨシオのためならエンヤコーラー」と、やった。何だか僕は、そのヨシオ君が羨しくなって、ほのぼのと彼の汚い顔にうなずいた。

丸山明宏『紫の履歴書』

「ねずみ色」の白粉を顔に塗った、色黒のヨイトマケのおばさんたちの顔が生き生きと浮かんでくる一節である。「ヨイトマケの唄」の背後にある長崎の風景は、アメリカとの戦争の最中であるが存外に明るい。

ヨシオ君の父さんは、戦争に行ったのだろうか。それともお母さんと別れて遠くに行ったのだろうか。遠くの戦地でもう亡くなってしまったのだろうか。

何れにしてもヨシオ君には鼻を垂らせば、口で啜って、「ペッ」と器用に庭に吐き出してくれるたくましい、ヨイトマケのお母さんがいる。友達が建築現場に来てくれれば、貧乏なのに、気前よく「五十銭」を渡してくれる、気前のいいヨイトマケのお母さんがいる。どんなに「ヨイトマケの子供」、「きたない子供」といじめられても、お母さんは「ヨシオのためならエンヤコーラー」をやってくれる。

戦前は美輪明宏の実家は裕福であったらしいが、ヨシオ君のお母さんからもらう「五十銭」が嬉しくて、「ヨシオのためならエンヤコーラー」をやってくれるお母さんが羨ましくて仕方がなかったという。いつも汚い顔をした「ヨシオ君」とねずみ色の顔でおしゃれをしたヨイトマケのおばさんの生活は、底抜けに明るいのだ。

「徹子の部屋」に出演した時の美輪明宏の話によると、ヨシオ君のお母さんは足を悪くしていて、ヨイトマケの現場でも、時々「役立たず」と罵られて、いじめられることもあったという。それでもヨシオ君のお母さんは、卑屈になることなく、明るくてたくましく、自分のことよりも学校でいじめられてきたヨシオ君を励ますように、「ヨシオのためならエンヤコーラー」をやってくれたという。

吉田修一や私の実家のある「小島」近辺の密集した住宅は、このような「ヨイトマケのおばさんたち」が地ならしをした上に建てられ、今でも長崎らしい山の斜面の風景を形成している。吉田修一の「最後の息子」や「破片」や「Water」の舞台となった長崎の風景も、ヨイトマケのおばさんたちが地ならしをして出来た場所である。

そして美輪がこのおばさんたちと出会い、五〇銭の小遣いをもらった三年ほど後に、プルトニウム二三九型の原子爆弾は、ヨイトマケのおばさんたちや、ヨシオ君のような子供や、ヨイトマケのおばさんたちが住む長崎に向けて、市民の殺傷を目的として投下されたのである。

「ヨイトマケの唄」には、原爆が落とされる前の長崎の人々に対する美輪明宏の思いが凝縮されている。美輪によると、この唄はただ労働者を唄った唄ではなく、原爆を長崎に落としたことに抗う「反戦の唄」なのだという。

吉田修一は、上述の通り、二〇一六年の『橋を渡る』で、吉田自身をモデルにした「吉尾健一」という小説家を登場させている。おそらく吉尾という名字は、「ヨイトマケの唄」の「ヨシオ君」から取ったのだと思う。長崎には「松尾」という名前が多いから、吉田は長崎っぽい名前と、「ヨイトマケの唄」のヨシオ君を合体させたのだろう。

ここにはヨシオ君の末裔として「小島」の坂道や階段道で生まれ育った作家らしい自負が感じられる。吉田の出世作となった『パレード』の中にも、「丸山友彦」という新人俳優が登場しているが、おそらく吉田も丸山明宏時代の美輪の唄が好きなのだと思う。

繰り返し強調すると、この唄は、一般に誤解されているが、戦後の復興や高度経済成長を称えた唄ではない。むしろ日本の戦後の復興や高度経済成長の中で忘れられてしまった人々を称えた唄なのである。

美輪明宏は「ヨイトマケの唄」で反響を呼んだ翌年の二〇一三年の紅白歌合戦では、原爆を投下された家族を亡くした若者を題材とした「ふるさとの空の下に」を唄っている。

ふるさとの　ふるさとの　駅に降り立ち　ただひとり　迎える人も　ないままに　静かな町をコツコツと　歩けば涙　あふれでる　幾年前か　忘れたが　あの原爆の　火の中を　逃げて走った　思い出が　今さらながらに　よみがえる　平和なころには　家中で　遊んだ丘も　ここあたり　みんなの名前　呼んでみよう　オーイ　オーイ

傷ついて　傷ついて　別れ別れた　親や子が　眠ってるのか　安らかに　空を指さす　慰霊塔拝めば　胸もこみあげる　とうさんかあさん　にいさんも　きっとここだろ　一緒だろ　皆さん僕は来ましたよ　こんなに大きく　なりました　からだにゃ傷も　あるけれど　心に傷は　ないはずだ　空を見上げて　胸を張ろう　オーイ　オーイ

泣きながら　泣きながら　飢えてた　幼い　僕たちの　あの焼け跡も　もう今は　きれいな店が　並んでる　かわいい子供が　遊んでる　悪い生活も　してきたが　今では立派に　東京の小さいながらも　工場で　元気に働く　からだです　この長崎の　青い海　この長崎の　青い空が　いつも励まして　くれたんだ　このふるさとの　この大地　僕はしっかりと　踏みしめて強くこの世を　生きるんだ　オーイ　オーイ

詞・曲　丸山明宏「ふるさとの空の下に」

美輪明宏は紅白歌合戦でこの唄を唄うことで、東日本大震災を経験した日本を励ましたいと考えていたという。リクエストの多かった「ヨイトマケの唄」や「愛の讃歌」を、この年に唄わなかった理由について、美輪は公式ブログで次のように記している。

「どうして今回『ふるさとの空の下に』を唄うのかというと、岩手・宮城・福島など東日本大震災で被災し、未だ決着のついていない土地の皆様に勇気を贈ってあげたいから、選曲させていただきました。／この歌にはモデルがいます。／戦後、東京から長崎に帰郷する汽車の中で知り合った青年です。彼は島根に学童疎開していて命を取り留めましたが、長崎の原爆で家族が皆死んでしまった。／彼は疎開先でも相当苦労したそうです。／叔父がひどい人で、暴力や虐待を受けたとか…でも、この叔父さんが居なくなったら自分は生きていけない、『自分が我慢すれば良いんだ』と心に決めて辛抱していたそうです。／その後、彼はおじさんのところを離れて、東京に出て、工場で働いていました。／焼野原になって家族の墓はどこにあるか分からないけど、一人でも強く生きている、それを家族に伝えるため、故郷長崎に帰郷したいという強い想いで帰るところでした。／長崎に着いてから私も一緒に慰霊塔に行きました。／このモデルのような戦災孤児や孤独になった人なんて戦後はたくさん居ました」（公式ブログ二〇一三年一二月二九日）。

「未だ決着のついていない土地の皆様に」という表現に、原爆の投下直後の長崎の土地の惨状を目の当たりにした美輪明宏らしい、被災者への配慮が感じられる。

「ヨイトマケの唄」と「ふるさとの空の下に」は、原爆が投下される前後の長崎を貫くように題材とした唄である。どちらの唄も、子供が苦労して成長し、一人前になって故郷に帰るという類似した内容の歌詞を持つ。

そしてこれら二つの歌は、丸山明宏という故郷「長崎・丸山」の地名を背負ってデビューした美輪自身の生い立ちと重なる部分も多く、美輪にとってはどちらか一曲を歌えば、もう片方の一曲を歌わずにはいられないような唄であり、長崎の丸山の風土と結びついた自己の存在と切り離せない唄だったのだと思う。

二〇一二年から二〇一五年にかけて出場した紅白歌合戦で美輪明宏が唄ったのは、二〇一四年の「愛の讃歌」を除けば、すべて丸山明宏時代に長崎を題材とした曲だった。「愛の讃歌」も見方によっては「ふるさとの空の下に」と同様に戦争を題材とした歌として聞くことができる。「ヨイトマケの唄」は、多くの人々に感動を与え、リクエストの多さから二度唄っている。

紅白歌合戦の舞台に七七歳にして初めて立った美輪明宏は、「ふるさと」の「しがらみ」を背負い、丸山明宏としてステージに立っていたのだ。

丸山明宏が紅白歌合戦の晴れ舞台で、唄に加えて身振りや演技も交えて唄う姿には、江戸初期からの長い歴史を持つ、長崎随一の歓楽街、丸山の大衆芸能の粋が凝縮されていたと私は考える。

2

前章で述べたように、吉田の小説にブルーカラーに区分される仕事に就く若者を描いた作品が多いのは、美輪明宏が「ヨイトマケの唄」の舞台としたような長崎の「小島」の風土が、吉田修一の人間としての成長に大きな影響を及ぼしたからだと考えられる。

吉田の小説には、汗を流して働いた後でも体力の使い道に困り、自分が何を欲望しているのか、上手く言葉にできないような不器用な若者たちが、数多く登場する。

例えば「破片」の酒屋の岳志や『熱帯魚』の大工の大輔、『東京湾景』の品川埠頭の倉庫街で働く亮介や『ランドマーク』の高層ビルの鉄筋工・隼人、「flowers」の缶ジュースの配送作業員・「僕」や『悪人』の土木作業員の祐一など、現代の書き手でこれほど「ブルーカラー」に区分される仕事に就く人物を小説の中心に据えてきた作家も珍しいと思う。

かつてK・マルクスはブルーカラーの労働者階級を、身分や血縁内の序列のように先天的な「しがらみ」から自由であり、農夫にとっての小作地など、土地と結びついた「しがらみ」からも自由な「二重の意味で自由な存在」として想定していた。

しかし近代が成熟期に入ったと言われる現代でも、例えば中国では都市に生まれて都市戸籍を有しているか、農村に生まれて農村戸籍を有しているかで、享受できる教育や就労や婚姻の機会に明確な格差が存在するように、現代でもブルーカラーに区分される人々は「土地のしがらみ」から自由であるとは言いがたい。

日本でも、何処で生まれ育ったかや、親の収入や財産の多寡が、子供が享受することができる教育や就労や婚姻の機会に、あからさまに影響を与える時代となっている。情報技術が浸透し、グローバル化が進行した現代でも、地縁や血縁などの「しがらみ」が、世界中で未だに人々の人生を左右していることを考えれば、このような「しがらみ」は、未だに現代文学が表現の中で捉え、作品の基礎に据えるべき存在の条件なのだと思う。

かつて吉田修一は、小説を書く方法論について「僕は主人公や登場人物が明るく生きている姿を書けば書くほど、逆に陰の部分が濃くなって、それが浮き出てくると確信してる。それはデビュー作から一貫してるんです」と述べている。このような小説の方法論を、丸山明宏の「ヨイトマケの唄」や「ふるさとの空の下に」の歌詞は先駆的に体現している。

もちろん原爆や戦争を直接経験していない書き手が、原爆の投下直後のことについて書くには、現実感が不足しているため、困難が付きまとう。

かつて哲学者のT・アドルノは「文化批判と社会」（『プリズメン　文化批判と社会』所収）の中で、先の大戦に至る歴史の中では、批判精神あふれるイデオロギーではなく、複製技術時代の広告と煽動のための嘘が世界を覆ってきたと考え、次のように述べている。「アウシュヴィッツ以後、詩を書くことは野蛮である。そしてそのことがまた、今日詩を書くことが不可能になった理由を言い渡す認識をも侵食する」と。

つまり原爆のように多くの人間が殺戮された惨禍について、当事者としてそれを経験していない作家や批評家がディテールを再現するように記すことは、表現の上で避けがたい暴力性を内包する。それは程度の差こそあれ、記録しておくべき事実を事後の価値観を通して歪めてしまうことに繋がってしまう。

吉田修一も芥川賞の受賞時のインタビューの中で、「『どうして原爆のことを書かないのか』などと、（長崎出身の人に）真顔で訊かれたりすると正直答えようがない」（「文學界」「何かが始まる一歩手前の至福」二〇〇二年）と述べている。吉田修一は、『国宝』の長崎の描写など一部の限られた作品を別にすると、自己の作品の中で原爆を直接題材にするような描写は行っていない。このような歴史描写に関する抑制的な姿勢は、吉田にとって作品のリアリティの足場を築く上で重要なのだと思う。ただ『横道世之介』の中で言及される「焼き場の少年」に関する描写は、吉田の小説では珍しく、間接的に長崎の被爆経験に触れた一節であり、読後に強い印象を残す。


火葬場に着くと伯父たちは控え室で持参した酒を飲み始めた。二時間ほどかかるというので清志と外へ出た。火葬場の煙突から白い煙が上がっており、しばらく二人で見つめていると、「世之介、『焼き場の少年』って写真、見たことあるか？」と清志が訊いてくる。

「『焼き場の少年』？」

「そう。原爆が落とされたあとにアメリカの従軍カメラマンが撮った写真」

清志の話ではその写真には大きな穴で火葬される犠牲者たちを直立不動でじっと見つめている少年の姿が写っているという。少年はぐっすりと眠り込んだ幼子を背負っている。しかしこの写真が撮られたあと、火葬していた男たちが少年に近寄り、背中からその幼子を下ろして目の前の炎の中に横たえたらしい。幼子はすでに死んでいたのである。少年は長い間その炎を見つめていた。強く嚙み締め過ぎて、少年の唇から真っ赤な血が流れていたという。

吉田修一『横道世之介』

この写真は現実に存在するもので、長崎の原爆災害を象徴するものとして広く知られている。二〇一八年にオスロにあるノーベル平和センターを私が訪れた時にも、二〇一七年にノーベル平和賞を受賞した「核兵器廃絶国際キャンペーン（ICAN）」の展示の中で、この写真が長崎の原爆災害を代表するものとして紹介されていた。直立不動で唇を嚙み締める少年と、頭を後方に垂らしたまま目を瞑る幼子が写った一枚の写真は、長崎の原爆災害がもたらした悲しみの深さを体現している。

長崎と一口に言っても、世之介の実家は原爆の爆心地からは遠い。彼の実家は小説の記述と映画のロケ地から総合的に判断すると、長崎の中心部から南に車で一時間ほど下った漁港の町、蚊焼にある。このため『横道世之介』では先の引用文の他には、原爆に関するエピソードが描かれることはない。

ただ、小説では詳しくは描かれていないが、この従兄弟の清志との会話が、後にプロのカメラマンとなる世之介に大きな影響を与えることになる。先の引用文は間接的な原爆に関する描写であるが、吉田修一がこの「焼き場の少年」の一節を、物語の中で丁重に扱っていることが、その後の小説の展開から窺える。

長崎の丸山を起点として女形の歌舞伎役者の人生が描かれる『国宝』にも、原爆投下直後の経験が、主要な登場人物の記憶を通して間接的に描かれている。小説の中で主人公の喜久雄の擬似的な父親の役割を果たす愛甲会の辻村は、幼少期に爆心地近くで被爆し、母親を亡くした経験を持つ。

喜久雄と兄弟と同様に育った徳次も、丸山の芸者だった母親を原爆症で幼少期に亡くしていることを考えれば、「原爆による母の喪失」というモチーフは、吉田が意図的に織り込んだものだろう。

喜久雄の血縁上の母親も、「千代子さん、頑張らんば。せっかく原爆にも負けずに生き残ったとよ。病気なんかに負けてどうするね」と励まされながら、喜久雄が二歳の時に息を引き取っている。

つまり『国宝』に登場する長崎生まれの主要な登場人物のうち三人が、母親が被爆した経験を有し、その内二人が原爆で母親を失っているのである。前述の通り、吉田修一の作家としての出発点に「母親の死」があることを考えれば、『国宝』の長崎生まれの登場人物たちには、長崎が経験した被爆の「哀しみ」と、吉田自身が経験した母を失った「哀しみ」の双方が投影されていると推測できる。

彼らは生まれ育った街と母親の双方を失った喪失感を抱えながらも、周囲の人々の「おせっかい」で窮地を救われ、他人に真似できないほどの努力を重ねることで、より広い世界で一流の人間として大成していく。

前述の「土が枯れる話」を書いた江藤淳にとって「土が豊饒である」ということは、おせっかいで、親切で、暖かい人たちが次々と現れるような土地を意味していた。そこが原爆で被災した長崎であれ、現代日本であれ、「豊饒」であるためには、江藤のいう「他人の身になって喜んだり悲しんだりできる美質をそなえた」人間が必要とされる。

美輪明宏が「ヨイトマケの唄」で描いたのも、貧しいながらも子供想いで、たくましく、おせっかいな土方のおばさんであった。

江藤淳の「土が枯れる話」には次のような一節も記されている。

ロシア女の精髄はやはり美少女ではなくて、おばさんたちのほうであろう。デジュールナヤと呼ばれるホテルの鍵番《かぎばん》のおばさん。洗濯や掃除をしてくれるおばさん。道路工事のヨイトマケをやっているおばさん。こういうおばさんたちは、だいたいふとっていて堂々としているが、実におせっかいで、親切で、暖かい人たちである。悲しみをうったえたいときには、胸にすがって泣けるような、赦《ゆる》してもらいたいときには「ああ、いいよ、いいよ」といって赦してくれるような、優しい、暖かいおばさんたち。

どうしてこのような、他人の身になって喜んだり悲しんだりできる美質をそなえたおばさんが、ロシアにはこんなにたくさんいるのだろうと、私はいぶかしく思っていたが、その謎《なぞ》はモスクワから汽車で二時間ほど行ったところにある、ウラジミールという古い町を訪ねたとき解けたような気がした。それはこの町の周辺にひろがる〝母なるロシア〟の、おどろくべき豊饒《ほうじゆん》な黒土である。この黒土があのたっぷりしたおばさんたちを生み、育てたのである。

Q君から土が枯れる話を聞かされたとき、私はほとんど反射的にロシアの黒土とおばさんたちのことを考えはじめていた。あのへんの土が枯れはじめるまでには、まだだいぶ時間がかかるだろう。だが、ひょっとすると、フランスあたりはもうそろそろあぶないのかも知れない、というようなことを。

それにしても、日本はいったいどうなのだろう？　日本の土はまだ大丈夫なのか、あるいは枯れはじめているのだろうか。

江藤淳「土が枯れる話」『文学と私・戦後と私』所収

作中で使われている「ヨイトマケ」という言葉に、江藤淳の三島由紀夫を媒介とした丸山明宏との繋がりが感じられる。当時の江藤と三島の関係の近さを考えれば、三島と親しかった丸山の「ヨイトマケの唄」を、江藤もリアルタイムで聴いていたのだと思う。

「日本の土はまだ大丈夫なのか」という江藤的で、丸山的でもある問いは、現代日本でも有効であろう。この一節で江藤がいう「おばさん」は「おじさん」とも置き換えて考えることもできる。吉田修一の小説にもこのような「おせっかい」で若い男女に「ちょっかい」を出すような「おばさん」や「おじさん」がよく登場し、重要な役回りを演じている。

例えば「最後の息子」に登場するおかまの「閻魔ちゃん」や、『パレード』に登場する面倒見のいい「伊原直輝」や、『悪人』に登場する孫を養子として育てる「房枝」、『国宝』で若者を率いる権五郎などが、それにあたる。「他人の身になって喜んだり悲しんだりできる美質」をそなえた「おばさん」や「おじさん」たちが次々と登場する土壌を吉田の小説は有している。言い換えれば吉田修一という作家も、ヨイトマケのおばさんのように、困っている人間に「ちょっかい」を出して、手を差し向けるのが得意な「おじさん」なのである。

現代文学がこういうおばさんやおじさんを描くことは、古臭いことなのだろうか。現代の日本では「おせっかい」や「ちょっかい」を出す人が、容易に「不審者」として扱われ、敬遠される傾向にある。近い将来「おせっかい」や「ちょっかい」は人間の手を離れ、人工知能を使って会話を組み立てたり、サービスを提供するアンドロイドのような存在に代替されていくのだろうか。

ただ人工知能のアルゴリズムは、マニュアル化できるコミュニケーションを補うことはできても、不確実性が高く、皮肉やユーモアに満ちた人間的なコミュニケーションを代替することは難しい。人工知能や、情報技術が社会の隅々に浸透し、グローバル化が進展した時代でも、地に足の着いたコミュニケーションの中に、人間的な価値を見出す学問として、文学は必要とされ続けていくと私は考える。

現実の世界を見渡せば、未だに領土を巡って紛争が起き、住む土地を巡って移民や難民の問題が生じている。「他人の身になって喜んだり悲しんだりできる美質をそなえたおばさん」やおじさんは、土地に根を張って安心して暮らしたいと願う多くの人々にとって、グローバルな規模で必要とされていると私は考える。北朝鮮問題であれ、中東危機であれ、その問題の本質は「土が枯れて行く現実」の中にこそある。

吉田修一の日本を舞台にした小説は、「おせっかい」な「おばさん」や「おじさん」をメディアとして、江戸時代の長崎の港のように、日本の外に向かっても開かれているのだと思う。

1　二―二　長崎南高校

長崎港が一望できる市街地側の陽当たりのいい山の斜面は東山手、南山手と呼ばれ、グラバー邸など洋館が建ち並ぶ。オランダ坂など、坂道一つにも異国の香りがする品のいい観光地である。長崎は「陽当たりのいい岬」という意味の「崎陽」という別名を持つが、そのイメージは、陽当たりがよく、長崎港が輝いて見える東山手、南山手のイメージといえる。長崎出身の久保久行が横浜で始めた崎陽軒は「崎陽」という長崎の美称を屋号とした。

港が見えない方の市街地側の山の斜面が「小島」である。小島という地名を文字通り読むと、海に近い、出島のような場所を連想するかも知れないが、長崎の「小島」の大半の場所からは、長崎港を見渡すことは難しい。そこは長崎が港町であったことを忘れるような山の斜面に面した場所であり、港からは距離があり、隣家との距離も近いため、どちらかと言えば、陽当たりの悪い場所が多い。

長崎のような「天然の良港」と呼ばれる場所は、山に挟まれた谷間に海水が入ることで出来ているから、水深が深い分、山の傾斜も急になる。このため人々は地価の高い、面積の限られた平地ではなく、山の斜面を切り崩して住居を構えるようになる。人口が増えるに従って、山の斜面に沿って家が所狭しと建ち並ぶようになり、車が入ることのできない、坂道と階段道の入り交じった路地は、その港町の発展と共に、複雑に拡がっていく。

一八二三年に日本を初めて訪れたフィリップ・フランツ・フォン・シーボルトは、長崎港を囲むように屹立《きつりつ》している山々が、裾野から山頂まで開墾され、その山の斜面も段々の畑となっている様子を見て、そこに勤勉な人々が住んでいると考え、感動を露わにしている。

一般にシーボルトは医師として名を知られているが、長崎の山の斜面の植生や手入れ具合を理解することができる自然科学者であり、岸壁の警備の状況を報告してオランダの外交政策を左右することができる社会科学者でもあった。

ついに凪となり、われわれの船は帆をつけたまま、曳船で入港することができた。やがて、先に述べた皇帝の警備兵のいる港の入口に到着した。そこからただちに湾の奥にある長崎の町が望めた。町の手前の小さな人工島の出島には、高く掲げられたオランダの旗がひるがえっていた。多数の船が港にいっぱいであった。とりわけ中国のジャンク船が際立っていた。町を取巻く丘陵に沿ってすばらしい寺院が数多く建っている。——さてわれわれは規定された習慣に従って、警固の役人に挨拶した。彼らは紋章をいっぱいつけた舷檣《げんしょう》で、旗と武器を誇示しつつ、沈黙を守っていた。近づけば近づくほど、町は活気を帯びてきた。その両岸にはきわめて多彩な景観が目に入った。凪と晴れわたった空とが一つになって、この地を輝くばかりに美しく見せていた。心地よい住居のある、なんと魅力的な海岸であろうか！　なんと実り豊かな丘、なんと神々しい神苑であろうか！　この生気に満ちた火山性の姿の緑の峯はまるで絵のように美しい！　傾斜地の常緑の柏、杉、月桂樹は、なんと豊かに繁茂していることであろうか！　そこの人の手で仕切られたかにみえる自然は彼らの活動性と勤勉とを示すものだ！　その証拠には切り立った岩壁がある。底部は段丘となって、穀物畑や菜園が延びている。また海岸の巨大な岩壁も、人間に敵対する自然の暴威を防ぎ止めるため彼らが置いたものである。

すでに出島の塀が見えた。そしてガラス窓と緑の枠も見分けることできた。――錨がおろされ、砲声がオランダ船の長崎到着を告げていた。

フィリップ・フランツ・フォン・シーボルト「一八二三年におけるバタヴィアから日本への旅(一一)」『日本』所収

この一節にはドイツで生まれ、長崎オランダ商館の医師として、ようやく訪れることができた長崎に対するシーボルトの感動が詰まっている。と同時に日本という国がどのような文明を築き、どれくらいの国力を有しているのか、科学的な見地から政治的な判断を下そうとする若きシーボルトの野心も垣間見える。

オランダのライデンにシーボルト博物館があり、数年前に私も訪れてみたところ、シーボルトが日本人の勤勉さに感動したエピソードが展示の序盤で紹介されていた。この博物館を訪れれば、シーボルトが密命を帯びて個人の趣味を超えた品々をオランダに持ち帰っていたことがよくわかる。ドイツで生まれ、町医者になることを拒み、長崎のオランダ商館に派遣された若きシーボルトは、政治的な野心を抱いて日本に来たのだと思う。シーボルトと共に出島三学者に数えられるエンゲルベルト・ケンペルやカール・ツュンベリーもオランダ人ではなく、当時、先進国であったオランダの辺境(ドイツやスウェーデン)の出身であり、同様の野心を抱いて日本に来たと推測できる。

何れにしてもシーボルトの感動は率直なものであったが、その一方で「勤勉さ」が詰まった長崎の山の斜面の裾野には、江戸時代から続く遊郭街・丸山も存在していた。

出島から歩いて一五分ほどでたどり着く「小島」の麓には、思案橋や丸山、銅座と呼ばれる歓楽街が広がっている。一九五七年に売春防止法が施行されてから、丸山はかつての花街の面影を失ってきたが、『国宝』に登場する料亭「花丸」のモデルとなり、坂本龍馬など維新の志士が通ったことでも有名な料亭「花月」を中心として、現在は観光地らしい賑わいを取り戻している。

井原西鶴は『日本永代蔵』の五巻の中で、江戸の前期の長崎が「宝の津」と呼ばれるほど異国船貿易で繁盛しており、その繁栄を象徴するように、丸山の遊郭が賑わっていたと記している。「長崎に丸山と云ふ所なくば、上方の金銀無事に帰宅すべし。ここ通ひの商、海上の気遣ひの外、何時を知らぬ恋風おそろし」という一節は、二〇一七年に朝日新聞に連載された『国宝』の冒頭でも紹介されている。

当時、丸山には三〇〇人を超える遊女がおり、日本人だけではなく、ジャンク船で来た中国人も多く遊んでいたようである。『横道世之介』の名前の由来になった西鶴の『好色一代男』に登場する「世之介」も丸山で遊んでいる。

シーボルトも丸山とは無関係ではなく、阿蘭陀《オランダ》行き遊女であった滝を出島に迎え、滝との間に娘・イネを設けている。『国宝』の舞台となった長崎・丸山の料亭・花月には、このお滝の部屋が今でも残され、歴史愛好家たちの人気を集めている。

吉村昭の『ふぉん・しいほるとの娘』によると、シーボルトは伊能忠敬の地図などの持ち出しで国外追放となった後、約三〇年ぶりに来日した折にも、丸山の遊女・しおに惚れ込んでいたという。シーボルトは「勤勉さ」の詰まった長崎の山の斜面だけでなく、その裾野の街・丸山のことも忘れ難かったのだろう。「何時を知らぬ恋風おそろし」である。

つまり国際都市・長崎は出島だけではなく、丸山での男女の交わりを通して形作られてきたのである。丸山から思案橋、銅座にかけての一帯には、今でも多くのスナックや飲み屋やラブホテルが建ち並び、外国人観光客の増加も手伝って、長崎一の歓楽街として賑わっている。

吉田修一や私が子供の頃も、丸山の千日劇場など成人向け映画を上映する場所は健在で、どう見ても旧作に見える「新作」の卑猥な映画のポスターが、その卑猥さを競い合うように街中の電柱に貼られていた。おそらく吉田も私も同じ成人向け映画のポスターを丸山近辺で見て、興奮していた時期があったのだと思う。

吉田修一の作品に性的な描写が多いのは、幼少の頃から丸山一帯の電柱に貼られた卑猥なポスターと煽り文に、無意識レベルで煽動され続けて来たためかも知れない。

上京してみると、かつての丸山の千日劇場のように、街中に卑猥なポスターを貼りまくる成人向け映画館は、ほとんど存在しなかった。教育的な配慮が行き届いていれば当然といえるが、長崎の丸山近辺の方が「性教育」については随分と進んでいたのである。長崎の丸山の風土が、吉田修一の作品の性的な描写に「先進的な影響」を与えていることは確かだろう。

丸山の坂の上に位置する「小島」には今でも大きな道路がほとんど通っていないためか、猫が安心して大繁殖し、その糞尿の臭いが人間の生活の臭いの中に溶け込んでいる。

近年、長崎の観光地として人気を集める軍艦島の中に入れば、そこが軍艦とは何も関係のない廃墟であると感じるように、「小島」の中に入れば、遠目に眺めるよりも老朽化した家屋が目立ち、坂道や階段道の上り下りが不便なためか、近年では空き家が目立つ。

吉田修一や私が通った長崎南高校は、このような「小島」の高台にあり、盛り土されていると思しき高校のグラウンドからは、「小島」の中では例外的に長崎港が一望できる。

前出の「文藝」の吉田修一特集号に掲載された自筆年譜によると、高校時代について吉田は「基本的に水泳部員。朝、スイミングクラブで泳いで、放課後、学校で泳いで、そのあとまたスイミングクラブで泳ぐような生活。ときどきデート」と記している。阿川佐和子のインタビューでも「ずっと自分は体育会系の人間だと思っていまして」（前出、「この人に会いたい」）と回答しているように、友人には本を読む人がほとんどおらず、デビュー前にも小説を書いていることを、周囲にほとんど知られていなかったという。

「小島」の高台にある長崎南高校は、「気魄《きはく》と情熱」という校訓や「文武両道」という校是からも窺える通り、高校そのもののノリが体育会系であった。二〇〇二年まで長崎南高校は、総合選抜（入試のスコアや居住地域を考慮して学生が均等配分される）の長崎五校の一つとして、九州大学や長崎大学への合格者数が毎年、煽るように公表され、勉強と部活動の双方に取り組むことが「強く推奨」されるので、一部では「小島刑務所」と呼ばれていた。

学生の多くが住む地域（仮に「校区」と呼ぶ）が全体的に「ブルーカラー」に彩られているのも、かつての長崎南高校の大きな特徴であった。「ヨイトマケの唄」の舞台となった「小島」の高台に高校があり、その眼下には思案橋、丸山から銅座にかけて長崎一の歓楽街が広がる。また長崎南部から多くの学生が通っていたため、『悪人』で描かれる三菱重工長崎の香焼工場を中心とする工場地帯が校区にそのまま収まる。

その南には『横道世之介』に出てくる蚊焼や「キャンセルされた街の案内」のモデルとなった野々串などの漁港の町が点在し、炭鉱の島で世界文化遺産に登録された端島（軍艦島）や高島が、沖合に浮かんで見える。つまり吉田修一や私が通った長崎南高校は、「ブルー」に彩られた「漁業と炭鉱と造船」の拠点となるような場所を「校区」として網羅していたのである。

吉田よりも一回り上の内田春菊は、長崎南高校を一年次に退学している。おそらく生徒の大多数が体育会系の部活に所属するマッチョなノリと、「ブルーカラー」に彩られた校区の学生達の雰囲気が合わなかったのだと思う。ただドラマ化もされ、出世作となった『南くんの恋人』は、長崎南高校から採ったタイトルらしいので、離れてみると愛校心が湧いてくる「癖の強い学校」なのかも知れない。

吉田修一の実家に近い「小島」を舞台にした数少ない作品の一つとして、吉田が所属した長崎南高校の水泳部をモデルにした「Water」がある。この小説は新人賞を取る前に最終選考に残った作品ということもあり、吉田は強い思い入れを抱いているようで、自らが監督となり、長崎南高校のプールを借りたり、実家の近辺でロケをして短編映画まで作っている。

母校でロケを敢行したことからも、吉田修一が長崎南高校の水泳部に強い愛着を持っていることがわかる。

雑誌「翼の王国」のエッセイの中でも、吉田は文学界新人賞の選考委員で「Water」に「〇」を付け、「挫けちゃいけない」と励ましてくれた辻原登に深く感謝している。その一方で、「Water」

を評価しなかった審査員を、遠回しに批判している。この作品はおそらく吉田修一の実体験に近く、この小説を批判されることは、吉田にとって友人や教師たちと過ごした時間を否定されるように辛いのだと思う。

「Water」には当時の長崎南高校の雰囲気を伝えるような、水泳部の顧問の女性教員に関する次のような描写がある。


先生は壊れかけたパイプ椅子に座り、底に残ったジンを飲み干した。女子部員たちの灼《や》けた肌を見慣れているせいか、先生の白い肌が痛々しく見える。誰にも言ったことはないが、ボクは思案橋《しあんばし》の路上で男に縋《すが》りついて泣いている先生を見たことがある。日頃、ボクたちには、色気がないとか、あんたたちの前だと何を飲んでいても牛乳の味がする、とか言っているくせに、その夜先生が縋りついていた男は、お世辞にも色気のある男とは思えなかった。着ている背広は一回り小さかったし、休日には一日中パチンコ屋にいるような男に見えた。

「先生、休みの日まで、無理して練習を見に来んでもいいですよ」

「別に無理なんかしてないわよ。今日は職員会議があったし、それに、たまにはジャガイモたちを眺めながら、のんびりしたいじゃない」

先生が縋りついていた男の方がよほどジャガイモだと思う。先生は部室の裏窓を開けて煙草を吸い始めていた。

「先生。ちょっと失礼なこと言うてもよか?」

「あら、珍しい。何よ？」
「先生を見とるやろ、ほらプールサイドで酒なんか飲んどる先生を見とると、なんていうか、寂しそうに……いや、惨《みじ》めに見える時がある」

吉田修一「Water」『最後の息子』所収

現在では、高校教師が部活の指導中に酒を飲めば、スマートフォンで動画を撮られてネットで曝され、懲戒処分になりかねない。しかし昭和の時代の長崎は学校の先生には寛容で、「休日の酒ぐらいよかたい」と許容されていただろう。

長崎一の歓楽街の思案橋の路上で、「休日には一日中パチンコ屋にいるような男」に縋りついて泣いている女性教員の姿は哀れっぽいが、教師としては隙があって魅力的である。吉田の高校時代は、思案橋で男に縋りつくぐらいの執念があった方が、長崎の県立高校の教師に向いていたのだと思う。

前述の通り、吉田修一の思春期の「小島」はエキゾチックなヤンキー文化の震源地であった。今から考えれば、教師たちも生徒に舐められないように身構える必要があったのだと思う。「挨拶」のようにカジュアルな体罰や「やくざ風」のファッションや、竹刀を使った女子プロレス風の指導など、今思えば、高校教師も学校に秩序を作るのに必死だったのだと思う。生来の生意気さが災いして、私も校舎の裏の死角で教師に殴られたことがあるが、殴られることで「丸く収まる」ような物事が、世の中に存在することを長崎南高校で学んだ。「気魄と情熱」である。

休日にプールサイドで酒を飲み、タバコを吸いながら、姉御面をして部活を見ている女性教師は、「ヨイトマケの唄」のモデルとなった母親のように面倒見が良く、いかにも一昔前に長崎南高校にいた教師らしい。酒を飲みながらでも、休日に部活動を見てくれるような教師の献身なしには、ムラの多い田舎の高校生の欲望を秩序付けることは困難だっただろう。

長崎は港町ということもあってか、夏休みに市民プールで水泳教室が開かれるなど、水泳は身近な競技であった。私が通っていた頃も長崎南高校の水泳部は、股から鋭角に切れ上がった「ほとんど裸のような水着」を着て、ハードな練習に励んでいた。吉田修一の性差を問わない、性的に奔放な描写のルーツは、長崎南高校の水泳部時代の「ほとんど裸のような水着」にあるのだと思う。南高校時代のハードな水泳の練習の経験は、『太陽は動かない』や『ウォーターゲーム』など吉田のハードボイルド小説の文章に、身体感覚を付与していると思う。

そして面倒見のいい教師に対して、「惨めに見える時がある」と「相手が傷つくようなこと」を平気で口にする、吉田修一自身をモデルにしたと思しき高校生も、いかにも長崎南高にいた「ジャガイモ」らしい。全国的には知名度が低いが、平地が少なく、稲作にあまり適さない長崎はジャガイモの生産量が多い。このため垢抜けない長崎の高校生を「ジャガイモ」に喩えるのは、隠喩として地に足が着いている。

ジャガイモは、水をやりすぎないぐらいが良く育つらしい。この女性教師は酒を呷り、酔拳のように生徒と距離を計りながら、プールに浮かぶ「ジャガイモ」たちを上手く育てたのだと思う。吉田修一がいた当時、水泳部は長崎五校としては珍しく、いい成績を収めていたと同級生の兄から聞いた記憶がある。

またかつて長崎南高校の周囲には下宿街があり、五島列島や壱岐・対馬などの離島から来た学生が多く住んでいた。このためこの高校は、一口に「長崎の南」と言っても、北は対馬から、西は五島列島、南は野母崎《のもざき》半島の先端の樺島まで、様々な産地から「ジャガイモ」を集めていたのである。全国放送のニュース番組でも「最後の高校下宿街」といった内容で特集が組まれていたのを観たことがあるので、全国的にも珍しい高校だったのだと思う。


吉田修一の長崎を舞台にした作品の土地の描写に着目してみると、二〇〇二年以前の長崎五校時代の長崎南高校の「校区」といえる場所を舞台にしていることがわかる。この事実には、二〇〇二年以前の卒業生ぐらいしか気付かないと思う。

多くの吉田修一の作品が長崎を舞台にしているが、不思議と佐世保のような県北の地域が登場することはない。また雲仙や島原のように有名な温泉街がある県の東側の地域も出てこない。県の真ん中でも空港のある大村やその近くの諫早《いさはや》がわずかに描かれているが、他の高校の「校区」といえる場所が舞台になることも少ない。

前述の通り、吉田は長崎南高校の水泳部に対する思い入れが強いようだから、長崎南高校の水泳部時代のチームメイトの姿や、その出身地の風景を重ね合わせながら小説を書いているのかも知れない。

吉田は基本的に「知っている場所」を舞台にして小説を書いているという。インタビューによると「小説のためにどこかの場所を見に行くというのはほぼない」（前出、「作家と90分」）らしい。この点は場所にこだわる作家・吉田修一の作品を理解する上で、重要なポイントといえる。

例えば『横道世之介』は自伝的な作品であるが、前述のように、世之介の実家は、長崎南高校にも多くの学生が通っていた長崎南部の漁港の町、蚊焼に設定されている。

「横道世之介」で世之介が長崎に帰郷した場面には、蚊焼の風景の中に、吉田自身が東京から「小島」の実家に帰省した時の経験が、折り重ねられるように描かれていると推測できる。

世之介の実家は市内から車で一時間ほどかかる。地元でも「田舎」と呼ばれる土地である。一時間ほどバスに揺られて、世之介は地元の地元に着いた。バスの中では熟睡していた。寝ぼけた目を擦りながらバスを降り、とぼとぼと世之介が実家への道を歩く。次の瞬間、世之介はとつぜん自分の足元を確かめた。他人の靴を間違えて履いているような気がしたらしい。

世之介は辺りを見回した。見慣れた故郷の風景なのにどこか違和感がある。つい四ケ月前まで毎日歩いていた道である。自分の道と呼んでもいい。

あれ、こんなに狭かったたか？

四ケ月前と同じ高さのはずなのに道を囲んだ石塀が低い。世之介はまた自分の靴を確かめている。いつも履いている汚れたスニーカーである。しかし道も石塀も子供の頃に落ちた溝も、そして駄菓子屋の間口も何もかもが小さく見える。

ちなみに世之介の身長は高校二年の夏で止まっている。東京での四ケ月で急に伸びるわけもない。

『横道世之介』

『横道世之介』は吉田の出世作となった『パレード』の「H大学経済学部」に通う「杉本良介」の描写を、ディテールを重ねて長編として展開したような作品である。映画版も賑やかで魅力的な作品で、沖田修一の演出と前田司郎の脚本が原作の良さを引き立てている。

長崎南高の「校区」のどこかの風景と、吉田の実家の近辺の「小島」の風景を記憶の中でミックスしたような長崎の風景の描写は、長崎のどこかにありそうで、どこにもないような種類のもので、吉田修一の作品の大きな特徴を成している。

この引用文と同様のことを私も「小島」の路地に感じたことがある。四メートル幅以上の道路が大半を占める東京の街の広さに慣れると、数十センチ単位で作られている坂道や階段道の多い長崎の街並みは、確かに「他人の靴を間違えて履いている」ように感じるものだった。

生まれ育った場所の記憶は、成長した後の記憶よりも遥かに長い時間、私たちの無意識の中に蓄積されている。このため久しぶりに訪れる故郷の風景は、このような幼年時代からの無意識的な記憶の蓄積の作用で、見た目以上に小さく感じてしまうのだと思う。

つまりここで生じているのは、長崎と東京の場所のギャップというよりは、そこで過ごした時間のギャップである。

ジャック・デリダのフロイトについての論考（『エクリチュールと差異』など）を参考にすると、人間が物事を忘却するのは、単に脳細胞が死滅するからではなく、新たなことを考えるために必要な、無意識的な情報圧縮のメカニズムが作用しているからだと考えることができる。

このような考え方を踏まえれば、先の引用文中で世之介は、広大な東京の街に適応し、新たなことを考えるために、生まれ育った場所の記憶を無意識的に整理している最中にある。このため四カ月という短期間で、生まれ育った町の「何もかも」を小さく感じたのであり、この一節は「ノスタルジー」という言葉を、小説らしく言い換えた表現といえるだろう。

ノスタルジーとは、忘却と情報圧縮のメカニズムの中で生まれる「人間的なノイズ」のような感情だと私は考える。言い換えれば、無意識レベルで、故郷の記憶を忘れるように情報を圧縮した時の「軋み」のような「人間的な感情の副作用」こそが、ノスタルジーだということになる。

吉田修一が長崎を舞台とした小説を書くとき、そこには東京に出た人間から見た「軋み」や「隔たり」や「違和感」が下地として織り込められているように思える。それは長崎と東京の「距離の隔たり」というよりは、それぞれの場所で積み重ねてきた「時間の軋み」や「時間の隔たり」や「時間に関する違和感」に他ならない。

『横道世之介』は一見するとノスタルジックな作品である。しかし世之介が故郷を離れ、東京での様々な経験を通して、一人前の大人として内面的な成長を遂げていく姿を描く、教養小説（ビルドゥングスロマン）でもある。

都会と地方の距離の隔たりが、内面的な「時間の隔たり」として実感できたとき、人は「内面的な成長＝成熟」を果たしたといえるのかもしれない。都会で生まれ育った人も、そこが地方とは異なる場所であると実感するためには、「時間の隔たり」を実感できるような内面的な成長＝成熟のプロセスが不可欠なのだと思う。

吉田修一自身も上京し、東京で積み重ねてきた時間が長くなれば長くなるほど、モデルとする広義の長崎の場所を、概して実家から遠い位置に設定している。

そしてこのような広義の長崎の内部での場所の設定の仕方は、おそらく意図的になされているものである。そこには、薄れ行く記憶の中で、故郷の長崎を小説の舞台として描くことに対する、作家らしい礼儀作法のようなものが感じられる。

2

『横道世之介』が毎日新聞に連載される百年ほど前に、夏目漱石は朝日新聞に『三四郎』を連載している。この作品で漱石は「上京文学」のスタイルを作り、都市生活者の姿を、田舎者の「他者」の視点を通して描く日本の都市小説の一つの型を作った。

九州から前近代的な雰囲気を身にまといながら上京して来た「色黒であること」をからかわれる小川三四郎の姿は、外見の上でも内面の上でも、東京で他者と呼ぶに相応しい存在である。

漱石は、福岡の田舎で生まれ、熊本の高校で酒浸りのバンカラな青春時代を過ごした三四郎の目を通して、田舎町では出会うことの難しい大都会に住む人々の姿に、都会の人間とは異なる感度で驚いてみせる。つまり三四郎は、横道世之介の百歳ほど上の大先輩なのである。

『横道世之介』という作品は、『三四郎』に影響を受けて書かれた作品だと私は考える。この作品の中には、後述するように世之介が東京で初めて「道端に倒れているホームレスとそれを無視して歩く人々」を見て驚く描写があるが、夏目漱石はその百年ほど前に、『三四郎』の中で同様の描写を行っている。

大観音《おおがんのん》の前に乞食が居る。額を地に擦り付けて、大きな声をのべつに出して、哀願を逞《たくま》しゅうしている。時々顔を上げると、額の所だけが砂で白くなっている。だれも顧《かえり》みるものがない。五人も平気で行き過ぎた。五六間も来た時に、広田先生が急に振り向いて三四郎に聞いた。

「君あの乞食に銭を遣《や》りましたか」

「いいえ」と三四郎が後《あと》を見ると、例の乞食は、白い額の下で両手を合せて、相変らず大きな声を出している。

「遣る気にならないわね」とよし子がすぐに云った。

「何故《なぜ》」とよし子の兄は妹を見た。窘《たしな》める程に強い言葉でもなかった。野々宮の顔付は寧《むし》ろ冷静である。

「ああ始終焦《せ》っ着《つ》いていちゃ、焦っ着き栄《ばえ》がしないから駄目ですよ」と美禰子が評した。

「いえ場所が悪いからだ」と今度は広田先生が云った。「あまり人通りが多過ぎるから不可ない。山の上の淋しい所で、ああいう男に逢ったら、誰でも遣る気になるんだよ」

「その代り一日待っていても、誰も通らないかも知れない」と野々宮はくすくす笑い出した。

三四郎は四人の乞食に対する批評を聞いて、自分が今日まで養成した徳義上の観念を幾分か傷《きずつ》けられる様な気がした。けれども自分が乞食の前を通るとき、一銭も投げてやる料簡が起こらなかったのみならず、実を云えば、寧ろ不愉快な感じが募った事実を反省してみると、自分よりもこれ等四人の方が却《かえ》って己れに誠であると思い付いた。又彼等は己れに誠であり得る程な広い天地の下に呼吸する都会人種であるという事を悟った。

夏目漱石『三四郎』

この一節は三四郎と都会の乞食との出会いであるが、その乞食に同情するわけでもなく、その物乞いの仕方を「場所が悪い」などといい加減な批評をして「くすくす」笑うような「都会人種」と三四郎の出会いでもある。三四郎にとってこのような出会いは「徳義上の観念」を傷付けられるものだったが、自分の感情に「誠」でありながら都市生活を「自由」に謳歌するような生き方を学ぶいい機会にもなる。

漱石が『三四郎』で切り開いたように、地方出身者らしい自意識のフィルターを通して都市生活者を他者として描写する仕方は、近代文学を成立させる重要な方法論の一つである。近代化の進展は、産業技術の発展や国力の発展など外在的で目に見えて表れる変化だけではなく、目に見えず、普段、人々が意識していないような何気ない価値判断のディテールにこそ及ぶ。

『三四郎』で描かれるのは、明治末期でも、近代的な都市の中に外見は溶け込んでいるようで、内面は溶け込んでいないような人々の価値判断である。そしてこのような価値判断は軽々しいものではなく、明治日本という枠組みから、はみ出そうで、なかなかはみ出ることができない若者たちの

「自由を希求する実存」に立脚している。

そもそも明治日本の近代天皇制を軸とした帝都東京は、薩長土肥という南方から来た田舎者の若者たちを中心として作られた近代都市だった。福地源一郎など当時のジャーナリストの文章を参考にすると、明治維新からしばらくは、江戸に住む人々の多くは、薩長の武士を主体とした「田舎者の政権」が長続きするとは思っていなかったようである。華族と呼ばれ、鹿鳴館で社交をしていた人々のどれだけ多くが、「南方の言葉の訛り」を抱えたまま、西洋流の作法を懸命に猿真似し、失笑を買っていたことだろう。

日清・日露の戦争での勝利を経て、夏目漱石が作家としてデビューした明治の終わり頃には、帝都東京で暮らす多くの「田舎者の若者たち」の姿は、それほど珍しいものではなくなっていた。上京して立身出世を志す「訛り」を帯びた若者たちの姿は、すでに「近代日本の自然」として、当たり前の存在として都市の風景の中に溶け込んでいたのである。

三四郎は東京に向かう上りの電車の中で、様々な場所から様々な事情で都会に出て来た様々な社会階層の人々と遭遇する。

眼を開けた三四郎は黙って二人の話を聞いていた。女はこんな事を云う。——小供の玩具《おもちや》はやっぱり広島より京都の方が安くって善《い》いものがある。京都で一寸《ちよつと》用があって下りた序《ついで》に、蛸薬師《たこやくし》の傍で玩具を買って来た。久し振で国へ帰って小供に逢うのは嬉しい。然《しか》し夫の仕送りが途切れて、仕方なしに親の里へ帰るのだから心配だ。夫は呉《くれ》に居て長らく海軍の職工をしていたが戦争中は旅順《りよじゆん》の方に行っていた。戦争が済んでから一旦帰って来た。間もなくあっちの方が金が儲《もう》かると云って、又大連《たいれん》へ出稼に行った。始めのうちは音信《たより》もあり、月々のものも几帳面《ちやんちやん》と送って来たから好かったが、この半歳《はんとし》ばかり前から手紙も金もまるで来なくなってしまった。不実な性質《たち》ではないから、大丈夫だけれども、何時までも遊んで食べている訳には行《ゆ》かないので、安否のわかるまでは仕方がないから、里へ帰って待っている積りだ。

爺さんは蛸薬師も知らず、玩具にも興味がないと見えて、始めのうちは只はいはいと返事だけしていたが、旅順以後急に同情を催して、それは大いに気の毒だと云い出した。自分の子も戦争中兵隊にとられて、とうとう彼地《あつち》で死んでしまった。一体戦争は何の為《ため》にするものだか解らない。後で景気でも好くなればだが、大事な子は殺される、物価《しよしき》は高くなる。こんな馬鹿気たものはない。世の好《い》い時分に出稼ぎなどと云うものはなかった。みんな戦争の御蔭《おかげ》だ。何しろ信心が大切だ。生きて働いているに違いない。もう少し待っていればきっと帰って来る。——爺さんはこんな事を云って、頻《しき》りに女を慰めていた。

『三四郎』

夏目漱石の小説が日露戦争後の「戦後文学」であることが実感できる一節である。日露戦後の戦勝国の荒廃は、人々の日常生活の端々に及んでいる。日露戦争について、地に足の着いた生活者の視点から、次々と論拠を並べて「こんな馬鹿気たものはない」と断じる、我が子を失った爺さんの言葉には説得力がある。

また、この『三四郎』の冒頭で描かれる女は、三四郎と連れ込み宿で一夜を共にしようと、あの手この手を使って誘惑してくる。この女は三四郎が東京に辿り着く前に最初に出会う他者であり、吉田修一が「殺したい女」で描いた本格派ヤンキー「あかね」の先輩といえる存在である。

世間擦れした女は、田舎臭い三四郎の自意識など歯牙にも掛けない。三四郎の童貞臭い言動の一手先を機敏に察知して、チャンスがあれば、彼を同じ布団や湯船に引きずり込もうと誘惑して来る。うぶな三四郎は逃げては照れるばかりで、同じ部屋に泊まっても何もできず、翌朝の別れ際にも「あなたは余っ程度胸のない方ですね」と言われ、「にやり」と笑われてしまう。

これは三四郎が東京に辿り着く前に味わう初めての屈辱となる。そして東京で田舎者として味わうであろう数々の屈辱の序曲となる。

夏目漱石は、明治の終わりの頃、田舎から上京してくる様々な若者たちが、東京という大都市で様々な屈辱を味わいながらも、一人前の大人として内面的な成長を遂げていく姿を描くことで、日本版の教養小説（ビルトゥングスロマン）のスタイルを確立した。

漱石自身も神経衰弱の療養のため、東京を離れて、松山や熊本で教鞭をとっていた経験があるため、三四郎という田舎者の存在を通して上京文学を完成させることは、自分自身が作家として内面的な成長を遂げ、飛躍するために必要な仕事だったのだと思う。

吉田修一は『パレード』や『横道世之介』など、いくつかの作品でこのような「上京文学」のスタイルを継承している。そして良介や世之介のように上京した「田舎者」の他者の存在を通して、現代でも東京という大都市の中で当たり前のものとして受容され、忘却されているような価値観を、読者に伝えることに成功している。

『国宝』に登場する喜久雄も、三四郎と同様に「上京」する人物であるが、次のように、歌舞伎界に異色の風を吹き込む「色黒の他者」として描かれている。

長崎の花街育ちとはいえ、大都会の大阪から見れば、所詮《しょせん》は九州の田舎町。夏は鼠島での海水浴、冬は唐八景山でのハタ揚げと、男の子というのは日に灼《や》けているのが当たり前でしたので、この俊介の肌色が一種異様に映ったのでございます。

吉田修一『国宝』

エッセイによると、吉田修一は未だに長崎南高校時代の友人達と一緒に旅行するなど、昔の付き合いを大事にしているようである。私も同様の付き合いがあり、離島に実家のある友人たちの話では、彼らが直面している現実は思いの他、厳しい。

国勢調査の度に数十%単位で人口が減り、数十%単位で高齢者の人口が増える。離島には本土にあるような量販店も少ないから、デフレが経済上の問題になっているにもかかわらず、生活必需品や航空券などの値段が高止まりしている。

「国防のために、国境近い離島には居住する人々が必要だ」などと無責任なことを平気で口にする識者がいるが、島の住人はたまったものではない。長崎は若者の県外への人口流出率も高く、離島や交通の便の悪い場所では、従来の生活を維持していくかどうかが、家族の間で真剣に話し合われている。

吉田修一もこのような昔の長崎南高校の「校区」が直面している苦境を同級生から聞いて知っているのだと思う。近年、吉田修一が関心を持ち、広義の長崎の中で舞台にしているのは、『平成猿蟹合戦図』で描かれた五島列島の福江や、『橋を渡る』で描かれた対馬のような離島である。長崎の離島は、一島一島が一つの「くに」と言ってもいいほど細かな文化や風習や方言の違いを有している。かつて長崎南高校は、こういう島毎の異なる文化を背負った学生たちが集まってくる多様性の高い学校だった。

吉田修一がエキゾチックな小説の作風を持つのは、長崎の離島出身者の同級生から受けた影響が強いのだと思う。以前は離島にも子供の数が多く、夏休みに離島出身の同級生の実家に遊びに行くのは、異なる「くに」を訪ねるような楽しさがあった。『怒り』で作品の重要な舞台となった沖縄の島々も、長崎の離島と類似した雰囲気を有している。

私にとって長崎南高校時代の思い出と言えば、離島の同級生の実家に遊びに行った時に、漁師に殴られたことである。場所は『平成猿蟹合戦図』の舞台となった五島の福江で、友人の家族に穴場として推奨された養殖の生け簀の上で釣りをやっていたところ、漁師に見つかって「昔話の鬼」のような剣幕で追いかけられ、船で回り込まれて捕まって、正座させられて順番に殴られたのである。「オイの魚がストレスを溜めて死んだら、首括って死なんばいけんごとなるやろが」という天龍源一郎のような地響きに似た怒鳴り声は、殴られた頬の痛みと共に、今でも記憶の底に響いている。友人の実家に帰る道すがら、「せっかく長崎から遊びに来てくれたとに、みんな殴られてしもうて、ご免なあ」と、泣きながら謝る友人が不憫であったが、「大事な友達のもてなしの割には、釣り場の選び方が雑だったのでは」という疑念は未だに拭えない。その時に釣った、自己ベストの大きさの見事な真鯛も、「もったいなかけん、食べんば」と、目敏く漁師に没収され、魚拓をとって夏休みの美術の宿題にする計画ごと、五島の夕闇に呑み込まれてしまったのである。

長崎南高校の「校区」には漁港が多かったこともあって、吉田修一の作品には、作業員系の「ブルー」に彩られた雰囲気だけではなく、漁師の「ブルー」に彩られた雰囲気も感じられる。日本列島の西端といえる離島の島々を「校区」に持つ長崎南高校のエキゾチックな雰囲気が、吉田の小説の作風に大きな影響を及ぼしていることは明らかだろう。

吉田修一の作品が持つ「ブルー」に彩られた雰囲気は、東シナ海に浮かぶ島々の文化を反映するように多様であり、時に台風や豪雨を伴う激しさを内包している。

二–三　軍艦島の偽ガイド

吉田修一の小説では、具体的な地名が伏せられていることが多い。創作的な描写も現実の風景に多く織り込まれているから、長崎を舞台にした作品でも地元の人間でも注意深く文章を追わないと、モデルとなった場所を特定することは難しい。

初期の短編「キャンセルされた街の案内」は、長崎南部の野々串の漁港で軍艦島への「瀬渡し」

を行う漁師と「ぼく」の「いんちきガイド」を描いた作品である。この作品が野々串港をモデルにしていることは、昔から軍艦島への瀬渡しを営む店があったことから明らかである。

野々串港は長崎の釣り好きには、比較的よく知られた場所であるが、長崎で生まれ育った人でも、その大半が地名を聞いても「よくわからない」と答えるような場所でもある。漁港が整備されていながら、磯釣りに適したワイルドな場所もあり、軍艦島が沖に見えて景色のいい釣り場である。子供の頃に私は親に連れられてこのあたりでよく磯釣りをやっていたので、「キャンセルされた街の案内」の舞台となった場所の雰囲気がよくわかる。

長崎の漁港の町に住む「ぼく」は、地元の港から釣り客相手に渡し船を出して生計を立てている幸田さんに誘われて、条例で禁じられている軍艦島内部の案内を手伝うようになる。幸田さんはぼくのばあさんにも「あの業つくばり」と呼ばれているような人物で、儲かるとはいえ、条例に違反して軍艦島内部の案内をやっていることを、周囲からも快く思われていない様子である。


幸田さんは、その手の客から渡しを頼まれると、日頃釣り客からは三千五百円しか取っていないくせに、「あの島へ渡すのは危険だし、法にも触れる。できればそっとしておいてあげたいんですがねぇ」と嘯《うそぶ》いて、一人あたり一万五千円の暴利を貪っていた。実際、その手の観光客には、魅力溢れる島だったと思う。「さいわい丸」に同乗し、島での冒険を終えた彼らを何度も迎えに行ったことがあるが、彼らは一様に興奮した様子で、廃墟が語りかける現代文明への呪詛を聞いたなどと大袈裟に騒ぐ者もいれば、切断された島民たちの生活から人生のむなしさを感じた、とため息をつく者もいた。

「独身坑夫の部屋だと思うんですけどね、壁に山口百恵のポスターが貼ったままになってるんですよ。押入れの中にはビールの空き瓶が転がってててね……」

「学校の校舎も無残なものですね。床がはがれ、窓は割れ、狭いグランドに潰れたボールが転がっていたんですけど、あそこで遊んでいた子供たちの歓声が聞こえてきそうでしたよ」

幸田さんは、冒険を終えた彼らの言葉を一つ一つ熱心に聞き、「たとえ棄てられても、島には暮らしとった人がおる。あそこはいつまでも人間の土地ですよ」と芝居がかった声を出し、しっかり彼らの財布から、一人あたり一万五千円を受け取った。

『キャンセルされた街の案内』

「キャンセルされた街の案内」は、端島《はしま》（軍艦島）が、現在のように世界文化遺産となり、観光地として注目される以前に書かれた作品である。一九九八年に「文學界」に発表された、吉田修一にとって五番目の中編小説である。

吉田がデビュー直後に書いた「二〇世紀の文學界掲載の中編」には、優れた作品が多い。この作品も個人的に好きな小説の一つで、今から振り返ると、「破片」と共に吉田修一の作家としての資質の高さを示す初期の代表作といえる。何しろ数ある長崎の名所・旧跡を差し置いて、野々串港を舞台にしているのが素晴らしい。

短編集として刊行されたのが二〇〇九年と、「文學界」誌上での発表から一〇年以上経っていることを考えると、単行本化に際して「一〇年以上も温めた作品」ということになる。『パレード』で「H大学経済学部」に通う杉本良介の描写が、『横道世之介』のような長編小説に発展したように、吉田はこの中編小説を改稿して、長編小説にするような構想を持っていたのかも知れない。

今でこそ軍艦島は世界文化遺産として認知度も上がり、長崎を代表する観光地となった。しかし一九七四年に炭鉱が閉山してからは、長崎に住む人々にとっては訪れる場所というよりは、海水浴や釣りに行ったときに視界に入る「目印」程度の場所であった。

長崎港の内海は、観光地らしい風光明媚な景色であるが、外海に出るとこれといった特徴のない、東シナ海になる。このため長崎の人々にとって軍艦島は、外海に釣りなどで出かけたときに、水平線の向こうで目印となって、方向感覚を与えてくれる程度の場所であった。軍艦島の正式名称は「端島」だから、「名前からして、石炭が見つかる前は、それほど重要な島ではなかったのだと思う」と吉田も記している通りである。

この島が立ち入り禁止になっていた時代は、現実に、条例に違反して島内のガイドを行う業者があった。「キャンセルされた街の案内」でも記されている通り、このような業者は釣り目的の客を、ぎりぎり立ち入りが許可されている岸壁に渡すだけではなく、軍艦島の中で撮影をすることを目的とした客や、廃墟の中で「紫煙」をくゆらせることを目的としたヒッピー風の若者を島の中に案内していた。『怒り』で、無人島に渡り人目を憚るように野宿生活をする「田中信吾」のモデルとなったのは、軍艦島を好んで訪れていたヒッピー風の若者だと推測できる。

私も大学進学で東京に出た後で、サブカルチャー好きの女の子に、「軍艦島に行ってみたい」と言われたことがあったので、念のため、電話帳で瀬渡しの業者を調べて、値段を問い合わせてみたことがある。ただ地元の人間ではなく、観光客と思われたのか、相場を大きく上回る値段をふっかけられたので、馬鹿馬鹿しくなって、途中で電話を切ってしまった。
閉山になった炭鉱など他の島にもいくらでもあるし、潮風に晒されて劣化したコンクリートが落下してくる怖さも、都会の人間よりも想像できる。釣りをやるにしても泳ぐにしても、近くの伊王島や高島の方がアクセスが良くて便利だというのが長崎の多くの人々に共通する認識だと思う。「キャンセルされた街の案内」の背景には、このような「軍艦島観光」について地元の人々が抱いてきた複雑な感情が存在する。

そんなある日、「さいわい丸」のデッキを洗っていると、幸田さんが突拍子もないアイデアを持ってきた。ぼくに、軍艦島で産まれたことにしろ、今までのように客を軍艦島へ渡すだけではなく、お前も一緒に下船して島の中を案内し、ガイド料を取ろうというのだ。当時、誰からも小遣いを貰っていなかったぼくには、一回につき二千円という金額は魅力だった。〈中略〉
学校下と呼ばれる岸壁に着き、ぼくが男の荷物を船から運び出している横で、幸田さんがいつものごとく口八丁手八丁で、ガイドの必要性を説いていた。
「いやぁ、危険やけん、ガイドつけた方がよかですよ。陥没しとる所もあるし、落ちたら大事になる。そこまで責任も取れんしね。歩ける所、入れる建物、この子なら、何でも知っとるけん。嘘は言わん、私は心配して言いよるんですよ」〈中略〉

軍艦島のインチキガイドをしていた時、一度だけ、実際に島で暮らしていた元炭坑夫だとは知らずに、いつもの調子で案内してしまったことがある。男は途中まで、「へぇ、そうなの」と他の客たちと変わらぬ反応を見せていたのだが、あまりにもいい加減なぼくのガイドに、とつぜん目の色を変えて怒り出し、胸倉を摑んだかと思うと壁に押しつけ、「おい、坊主！　たいがいにしとれよ、島を馬鹿にすん者は許さんぞ！」と怒鳴った。硬い拳が胸深くに食い込んだ。

しばらくの間、ぼくはただ呆然としていたが、胸の痛みで我に返って、「すいませんでした」と謝った。しかし、男はそれでも力を弛めず、謝るぼくの顎をおもいきり殴った。顎の感覚が麻痺したまま、それでもぼくは、「さいわい丸のおじさんに、無理やりやらされているんです」と嘘をついて許してもらおうとした。

「キャンセルされた街の案内」

上述の通り私も五島の福江で島の漁師に殴られたことがあるので、この一節を読むと、その時の頰の痛みを思い出す。「島を馬鹿にすん者は許さんぞ！」という現実感のあるセリフが記されていることを考えると、吉田修一も、長崎のどこかの離島で漁師に殴られたことがあるのかも知れない。

「気魄と情熱」である。

「キャンセルされた街の案内」に登場する「ぼく」は一見すると、長崎の漁村で育った純朴な若者に見える。小説の中でも、元彼女の母親に気に入られて、元彼女が新しい恋人とデートしている間も、その母親と買い物に行くような図々しくも憎めない人物である。

しかしこのような純朴そうに見える若者は、単に悪事に鈍感である可能性も高く、善人であるとは限らない。

吉田が小説で描く「悪人」のリストには、悪事に対する感度が鈍く、世の中に存在する悪事を見て見ぬふりをする「普通の人々」も多く含まれる。『パレード』の亮介や『横路世之介』の世之介など、吉田修一の作品には、「キャンセルされた街の案内」の「ぼく」と類似した、一見すると純朴そうに見える「悪人」が多く登場する。

インチキガイドをやっていたぼくの所行は、元坑夫に胸倉を摑《つか》まれて壁に叩き付けられるのも当然なほどに、島の人々の生活を馬鹿にした悪質なものである。

条例で立ち入りが禁止されている島に立ち入ることが一つ目の悪事であり、そこで生まれ育ったと嘘をついて同情を買いながら、インチキガイドをして小遣いを稼ぐことが二つ目の悪事であり、それを問い詰められて「さいわい丸のおじさんに、無理やりやらされている」と嘘をつくことが三つ目の悪事である。

そして三重の悪事に手を染めておきながら、東京でしれっと暮らし、その経験をネタにして、安全な場所で小説を書こうとすることが四つ目の悪事である。

特に最も悪の根が深いのは、四つ目の悪事であろう。これは文学者にとって「原罪」ともいえる悪事である。

幸田さんは「業つくばり」であり、ぼくに渡すバイト代もピンハネをしているが、条例に反する行為を問われた時には、法的な責任を負う必要がある。しかし作家を目指しているぼくが、架空の漁港を舞台に、インチキガイドをネタにした小説を書き、もし新人賞に選ばれ、原稿料や印税を稼いだとしても、「フィクション」だと言い張れば、幸田さんのように責任を負う必要はない。

そもそも軍艦島は「フィクション」のように人工的に埋め立てて作られた部分が大半を占める炭鉱の島である。私も観光地化された後に軍艦島に行ったことがあるが、上陸したところで、よほどの歴史的な知識と関心を持っていない限り、見学を楽しむことは難しいと感じた。

私が島を訪れたときも、地元から来たと思しき団体客がワンカップ大関を片手に、退屈しのぎか、ボランティアのガイドに絡んでいた。「じいさんなんばいいよっとか、いっちょんきこえんぞ」という方言丸出しの酒臭い野次が、ボランティアのガイドに浴びせられ、島の廃墟に鳴り響く度に、ツアーの空しさが助長されているように感じた。

長崎の南部では、軍艦島は観光地というよりも「閉山になった炭鉱」であるため、多くの失業者を生み出したネガティブなイメージが強い。世界文化遺産への登録後は、観光地としてバブルに沸いているため、クルーズ船の料金は五島列島に渡る船賃並みに跳ね上がっている。このような「ぼったくりツアー」に近い現状を考えれば、地元の年配者は野次を飛ばさずにはいられなかったのだろう。

私が軍艦島行きのクルーズ船の中で話をした元島民のおじいさんは、そういう地元の年配者の気持も飲み込んでか、野次を相手にするでもなく、そこが観光地になったことを恨むように、黙ったまま廃墟が連なる風景を眺めていた。

実際に軍艦島で暮らしていたことのある元炭坑夫たちを渡す時、幸田さんは決まって、「つらかろうねぇ、自分たちの島がこんなになってしもうて……」と同情していたが、ぼくは幸田さんと違って、一度だって彼らに同情したことはない。逆に、廃墟の島へ里帰りする彼らを見て、『きっと幸せだったんだろうな』としか感じなかった。〈中略〉

軍艦島が恐ろしいのは、無人の高層アパートが林立しているからではない。そこに人が暮らしていた痕跡があるからだ。結局、あの島へ喜んで渡っていた奴らは、怪奇映画のスリルを味わいたかっただけなのだ。その証拠に、島へ入って一時間もたてば、彼らは瓦礫の中を歩くのに飽き、高層アパートの廃墟に飽き、捨てられた島に飽きた。

「キャンセルされた街の案内」

「キャンセルされた街の案内」は「軍艦島観光」という目新しいテーマを扱っていながら、田舎者の目を通して都会の人間を批評的に描くという、夏目漱石が『三四郎』で切り開いた小説らしい、伝統的な手法を用いた作品である。

軍艦島に大学生のグループがやって来ても、島の暮らしに興味があるのはごく一部で、軍艦島で生まれ育った話をしてもほとんど聞いていない。インチキのガイドとはいえ、「みんながみんな、馬鹿にしたような顔でぼくを見ていた」と作中でも記されている。大学生たちは次第に軍艦島に飽き、廃屋の二階の窓から小便をしたり、瓦礫を投げて窓ガラスを割ったり、大声を壁に反響させて遊びながら、ぼったくられたガイド料に見合う「体験」をして帰ろうとする。

つまり「キャンセルされた街の案内」は、観光客がその場所が積み重ねてきた歴史に根本的な関心を持っておらず、テーマパークのようにスリルを味わう「体験」ばかりを求めて帰る「現代的な観光」を描いた作品である。インバウンド観光が注目され、日本列島は観光ブームに湧いているが、過疎地の人口は依然として減り続ける一方であり、観光地はスリルのある「体験」を与えたり、SNS上で見栄えのするような「ビジュアル」を演出することなしには、他の観光地との厳しい競争に敗れてしまうのが現実である。

この小説は、このような現実感を先取った作品であるだけではなく、軍艦島のインチキのガイドをする「ぼく」の悪事と、それをネタに小説を書くことの悪事について問い返す作品でもある。

私がこの小説を吉田修一の初期の代表作だと思うのは、この作品の中で軍艦島のインチキガイドを行うことが、デビューしたばかりの吉田が長崎を舞台にして小説を書くことと隠喩として重ねられており、文学史の「廃墟」の中で小説を書く意味について、実存的に問いかける深みを感じるからである。

吉田修一のデビュー作の「最後の息子」には、「幼い頃から、ぼくは誰かに気に入られようとする悪い癖があった」と記されている。デビューから三作目の「グリンピース」には、「子供の頃から、僕の嘘には躊躇や後悔の微塵もない。蛇口を捻れば水が出るように、詰まりもせずに流れてくる」と記され、更には「どんな嘘をつくか、僕はそれで人を判断する。だから僕自身、みっともない嘘はつきたくない」とも記されている。

つまり「キャンセルされた街の案内」に限らず、初期の吉田修一の作品には、「自分の卑怯さ」

や「自分が嘘つきであること」についての内省的な描写が多い。初期の中編を読むと、吉田修一という作家にとって「嘘をつくこと」と、「小説を書くこと」が実存的に紙一重であることがよくわかる。

五作目の「キャンセルされた街の案内」では、次のように、「嘘をつく自己」と「小説を書く自己」を重ね合わせた批評的な一節も記されている。

小説に書かれてあることは全て事実だ。ただ、この小説には書かれていないことの方が多い。ぶどう狩りでもするみたいに、傷のない熟れた房だけを、ぼくはこれまで摘んできたのだ。だとしたら、書かれたことが全て事実であろうと、結局それは完全ではない。全ての瞬間が欠落なしに書かれなければ、結局それは嘘なのだ。ぼくがやっているのは、完全な現実からいくつか房を摘み取って、嘘として明日に残す作業なのかもしれない。

『キャンセルされた街の案内』

吉田修一が自分自身が小説を書いていることの意味を、小説の中で問うことは稀である。吉田の作家としての実存的な問いは、作者の考えをダイレクトに表現する仕方ではなく、作中の風景や登場人物の一挙手一投足の描写を通して、間接的に表現されることが多い。

この引用文では「小説に書かれてあることは全て事実だ」と述べる一方で、「全ての瞬間が欠落なしに書かれなければ、結局それは嘘なのだ」と述べられている。言い換えれば、このような言明はこれまで自分が小説の中でついてきた「嘘」を、「創作」として正当化し、それを作家の責任として引き受けることと同義である。

先の引用文で吉田は、「嘘をつく行為」として小説が内包する「原罪」を、軍艦島のインチキガイドの隠喩を通して引き受ける決意を示しているのだと思う。

吉田は小学校六年生の頃に母を騙す日記を書き始めてから、プロの作家となった現在まで、毎晩のように短文の日記を付けているという。エッセイ「空の冒険（March 2013）」によると、大学入学のために上京した時、最初に使っていたアドレス帳も未だに手元に保持しており、「知り合った順番でいろんな人の名前や住所や電話番号が書き込まれている」と記している。

このようなパラノイアックな記録への執着は、「作品の正確さ」を期すために役立っているだけではなく、何処までが事実で、何処までが事実ではないか、プロの作家らしく「作品の嘘」の整合性を高めるために使用していると考えることもできる。

何れにしても吉田修一や私が生まれ育った「小島」は、見方によっては軍艦島が、陸に乗り上げて、山に突き刺さったような形に見える。

吉田の初期の作品には「小島」近辺を舞台にした作品が多く、「キャンセルされた街の案内」を発表した時の吉田は長崎を案内するガイドのように、作家としてのキャリアを積み重ねていた。ただ、すでに吉田は長崎を離れ、一〇年以上東京で暮らしているため、「最後の息子」や「破片」や「Water」で描いた長崎の風景は、現実の姿とはズレており、そこには小説らしい「嘘」が多く入り交じっていると考えられる。

このような状況を踏まえて、吉田は「失われた時」を追い求めるように、長崎を題材とした小説を書く自分の姿を、廃墟と化した軍艦島を案内するインチキガイドの姿と重ね合わせて皮肉ったのだと思う。そもそも吉田が、自己の作品の中で「小説を書いている人物」を中心に据えること自体が珍しい。

おそらくこの時期、吉田修一は作家として生活していけるかどうかの瀬戸際に立たされていたのだと思う。デビューから続けて二作品が芥川賞の候補作となったが落選し、その後、三作目の「グリンピース」や、四作目の「Water」が候補作から漏れたことが、吉田にとって痛恨の出来事だったと推測できる。

芥川賞の選考委員に就任した直後の「文學界」のインタビューでも吉田は次のように述べている。「最初に『最後の息子』で候補になった時は、ほぼ皆さんが何かしら、良くても悪くても選評の中で触れてくださったんですが、回を重ねるにつれ、だんだん出てくる割合が減ってしまった（「文學界」「新選考委員・吉田修一が語る「文学の図太さ」」二〇一七年三月号）」と。文芸誌の「文學界」でデビューした作家らしく、吉田修一は初期の中編を書きながら、芥川賞を獲ることを強く意識していたのである。

昭和一〇年に文藝春秋社長の菊池寛が作った芥川賞は、当初は知名度の低い文学賞の一つに過ぎなかった。

それでも第一回の芥川賞では太宰治が自作の「逆行」の受賞を選考委員に懇願し、選考委員に「死ぬ一歩手前まで来た」と同情を誘う手紙を送っている。結果として太宰は川端康成から「薬物依存」の状態にあることを批判され、作品の質と関係のない点が徒《あだ》となって第一回の芥川賞の受賞を逃している。

このため怒った太宰治は、賞金の五〇〇円が欲しかったことも手伝って、文藝春秋の雑誌上で「刺す」と記した有名な抗議文を発表している。こういうエピソードも、現在とは異なって、芥川賞が知名度の低い賞だったからこそ生まれたものだろう。

芥川賞については文壇らしい「伝説」が語り継がれる一方で、埋もれていた才能を発掘した例もある。

例えば昭和二七年の下半期には、当時、まだ北九州の小倉で暮らしていた松本清張が、三田文学に発表した『或る「小倉日記」伝』で直木賞の候補となり、落選した。しかし永井龍男の推薦で、松本の作品は芥川賞の候補作として審査に回され、坂口安吾の強い推薦も手伝って芥川賞を受賞している。周知の通り、直木賞落選から芥川賞を逆転受賞した松本清張は、これをきっかけとして作家として大きく飛躍していくことになる。

松本清張が受賞した後も遠藤周作や石原慎太郎や村上龍など、芥川賞は他の文学賞と比べても人気作家を世に送り出すことに成功し、戦後日本で最も注目を集める文学賞となった。

しかし芥川賞の候補者には、村上春樹や島田雅彦や佐藤泰志、佐川光晴や島本理生（二〇一八年直木賞を受賞）など、繰り返しノミネートされながら受賞に至らなかった実力ある作家も数多く存在している。このような芥川賞の歴史を踏まえれば、吉田修一が五回目の候補作となった「パーク・ライフ」で受賞できるかどうかも、危うかったといえるだろう。

私個人の価値判断を記せば、吉田修一の初期の中編では「最後の息子」、「破片」、「グリーンピース」、「キャンセルされた街の案内」が頭一つ抜けた優れた作品で、何れも芥川賞の受賞に値する出来映えだったと考える。

何れにしても「キャンセルされた街の案内」が発表された一九九八年の冬から、吉田修一が書き下ろしの『パレード』で山本周五郎賞を受賞し、「パーク・ライフ」で芥川賞を受賞する二〇〇二年の夏まで、約四年の歳月を要することになる。

吉田修一が新しい時代の作家として注目されるのは、文學界新人賞によるデビューから五年後のことである。

小島近くから望む長崎港

第三章

吉田修一の「訛り」

三－一　感情の訛り

1

東京で暮らす人たちは標準語で感情を言い尽くしているのだろうか、と疑問に思うことがある。それはいつの間にか東京で暮らしに慣れ、標準語でものを考えている自分自身に対して、思い出したように感じる疑問でもある。

暴力的で、差別的で、容赦なく誰かを傷付けるような感情を、幼少の頃から馴染み深い言葉に置き換えて他人にぶつけることができたら、と地方出身者らしい自意識で思うのである。方言であれば、他人を罵るための言葉には事欠かない。

ただ東京で過ごした時間の方が、故郷で過ごした時間より長くなるに連れて、幼少の頃から馴染んできた方言が、舌先に浮かんで来なくなるのも事実である。吉田修一の『7月24日通り』の言葉を借りれば、標準語を使っていると、「どこまでの言葉を実際に口に出し、どこまでの言葉を胸の中に残したのか判然としない」ような感覚が、長らく付きまとう。

同郷の飲み屋の主人は、東京では「標準語に還元しえない感情」は言葉ではなく、金銭と引き換えに夜の街のサービスなりプレイなりに還元して、都会の「濁った水」の中に流さなければならない、と語っていた。東京の「水商売」は、大都市には標準語で言い尽くせない感情が蟠《わだかま》っているからこそ、潤い続けるのだ、と。

彼によれば東京の水道水がカルキ臭いのは、カルキを大量に投与して消毒しなければならないほど、東京の生の水が「人間臭い」かららしい。「水が合わない」という言葉は、辞書の意味では「その土地の風土や気風が合わない」ことを意味するが、彼にとっては水に溶け込んだ「人間の臭い」が合わないことを意味するのだと思う。

酒場の与太話は置くとしても、方言や訛りを帯びた言葉に「人間臭い感情」が込められているように感じるのはなぜだろうか。なぜ国語教育が浸透し、メディアを通して標準語が広く浸透した時代に、「方言」や「訛り」が未だに必要とされ続けているのだろうか。

もちろん標準語が近代国家によって教えられる言葉であり、方言や訛りが生まれ育った環境の中で、自然に身に付ける言葉だという違いはあるだろう。ただ、そこには人為と自然、受動と主体、国家と共同体といった二項対立に回収できない違いもあるように思える。

例えば東京の歓楽街で酒気を帯びた声に耳を傾ければ、流暢な標準語の中に、テレビで学んだと思しき怪しげな関西弁や、東北弁や九州弁など地域を特定しがたい「ミクスチャーな訛り」が聞こえてくる。生れも育ちも東京という人も多いから、生まれたときから標準語で感情を伝えることに慣れている人も多いだろう。

ただそういう人たちもまた、様々な俗語（スラング）を使いながら、都会ならではの「訛り」と共に自己の感情を伝えている。標準語を使い慣れた人であっても、標準語では言い尽くせないような「感情の訛り」を、多かれ少なかれ、無意識の内に抱えているものであろう。

吉田修一の作品に限らず、近年、多くの現代小説がこのような「感情の訛り」を土台として形成されていると私は考えている。

夫婦には夫婦の仲でしか通じないようなスラングがあり、家族の中には家族同士を強く結びつけるようなスラングがある。子どもから大人まで、仲間内でしか通用しないようなスラングを使って、人々は互いの友情を確かめ合い、人間関係を深めている。

同級生や会社の同僚、ママ友やパパ友、飲み屋の常連客同士や、長年連れ添った夫婦など、親しい関係には、標準語に変換できないスラングのやり取りがあり、互いに積み重ねてきた時間に比例して「感情の訛り」が生じやすい。

例えば井上ひさしは『私家版　日本語文法』の中で、文明とは名詞の一代集団だと述べている。おたく同士の会話からママ友同士の会話まで、私たちは内輪のコミュニティでしか通用しないような「名詞群＝スラングの体系」を共有することで、人間関係を密にし、仲を深めるようなコミュニケーションを成立させている。

つまり「訛り」とは親しい人間関係や専門的な知識を共有する社会組織に根ざしたものであり、テクノロジーが発達した現在でも、その存在基盤は揺らいでいないと私は考える。現代では世界の公用語となった英語でも、母語とする地域毎に異なるスラングや訛りを有している。

言語学者の野村剛史によると、現代日本の標準語のルーツは、江戸期に上方と江戸の双方を中心とした江戸共通語にあるという。私たちは江戸から東京に標準語が継承され、関西弁と対照をなしていると考える傾向にあるが、そもそも江戸に固有の言葉があるわけではない。

徳川家に仕えた江戸の武士たちの多くは、豊臣政権崩壊後に上方から江戸に移住した人々であり、彼らが上方の訛りを江戸に持ち込んだことで、今日の「標準語」の源流が生まれている。つまり標準語の中には、現在ではそれと対照的と考えられている「上方の訛り」が織り込まれているのだ。

柳田國男は『国語の将来』の中で、訛りや方言は土地土地に固有の言葉であるというよりも、「過去のある時期の一般の変化状態から、さらに歩を進めて現代に向かってくる道筋の、おくれ先だついろいろの段階」を刻印した古の言葉だと考えている。つまり訛りや方言は、長い時間をかけて、ある地域では都会の影響を受けて変化し、別の地域ではさほど変化することなく、現在に至るまで定着したものである、と。

例えば「ばってん」という言葉は、長崎の方言の代名詞とされているが、柳田によれば、それは秋田や岩手の一部でも使われている言葉であり、「……ばとても」と早口に言われて出来た言葉であるという。松本清張の『砂の器』でも、東北訛りの言葉が岡山から島根にかけた地域で話されていることが、ミステリーの仕掛けとなっていた。

柳田の説を踏まえれば、方言や訛りの中に「人間臭い感情」が見出されるのは、それが日本列島で何世代にもわたって使われてきた「手垢のついた言葉」だからということになる。彼の国語の研究によれば、日本列島には「島や岬の端」が多く、そのような場所は、過去に伝わった言葉をさほど変化させることなく、「古語貯蔵所」として機能してきたのだという。

このため柳田の考えでは、時々の政権が、その時々の都で残した書き言葉ではなく、島や岬の端に残された話し言葉を繋ぎ合わせれば「国語史の完成」が期待できるのだという。

ジャック・ラカンが述べているように、もし私たちの無意識が言語によって構造化されているのだとすれば、方言や訛りには記憶の古層にある「人間の手垢」が染みついているのだと思う。フロイトが「エス」と名付け、「マジックメモ」の喩えを用いて説明したのは、このような「無意識的な手垢」が「痕跡」として蓄積されるメカニズムに他ならない。おそらく標準語なり国語で書かれた近代文学の下には、このような「無意識的な手垢の痕跡」がうず高く積っているのである。

2

吉田修一は、現代の日本の作家の中でもこのような「手垢の付いた言葉」を使うのが上手い作家である。彼の作品は、現代の東京を舞台にした標準語の作品であっても、どことなく訛っているように感じられ、どことなく懐かしい。

それは吉田修一が長崎という、柳田のいう「島や岬の端の古語貯蔵所」で生まれ育った作家だからかも知れない。長崎は地形の起伏が激しいため、ひと山越えると方言や訛りが微妙に異なる。かくいう私は、吉田の実家の酒屋から一五分ぐらい下った所で生まれ育ち、時に『長崎乱楽坂』の舞台となった稲佐山の中腹の祖母の家で遊びながら、「Water」の舞台となった長崎南高校（吉田の母校）に通っていたので、吉田の使う「手垢の付いた言葉」のニュアンスが良くわかる。

吉田修一の作品の魅力は、標準語で書かれた会話文であっても、その背後に感じられる「感情の訛り」にこそあると私は考える。

「じつは最近まで、標準語を話していると、なんだか嘘をついているような気がしていたんです」（「AERA」二〇〇二年九月一六日号）と吉田は述べている。デビューから五年が経ち、芥川賞を獲得した後も、吉田は長崎出身者らしく、標準語に違和感を覚えていたようである。二〇一二年のインタビューでも「やはり東京に来たばかりの時は、なんか嘘をついている感じがありましたね。〈中略〉素の自分を出せていない、と言ったらいいんでしょうか。ただ、実際の『嘘』が好きか嫌いかでいうと、嘘は大好きです」（「文蔵」「〝場所〟から登場人物とストーリーが生まれる」二〇一二年一月号）と回想している。

おそらく吉田は「嘘」を付くように標準語を話す中でそぎ落とされてしまう「訛り」に、文学的な意味を見出してきたのだと思う。吉田修一の「小説の嘘」については、前章で記した通りであるが、この章では吉田作品の「感情の訛り」について考えてみたい。

吉田修一の作品では、肝心なことは登場人物たちの「訛り」を通して語られるのである。

「どうや、東京は？　人間ばっかりいっぱいおって、住みにくいやろ？」

「もう慣れるさ。三年ばい」

「もう三年になっとや？　どうせわいも、向こうで女の尻ばっかり追いかけよるとやろが？　どげんや、向こうの女は、やっぱり奇麗かろ？」

「変わらんさ。人口の多かだけ、美人も多かってことさ」

真吾兄ちゃんに差し出されたビールを、大海は一息に呑み干した。剃り残した咽喉元の髭が、ビールを呑むたびに大きく動く。二杯目を注ぎながら、真吾兄ちゃんが明日の分のケースを荷台に積み始めた岳志を指差した。

「わいの弟は、大したもんぞ。あの歳で、もう女ば囲うとる」

「囲うとる？　もしかして……あの『みさと』の？」

「なんや知っとるとや？　おう、桜っていうホステスさ。その女のためにな、マンション借りてやっとるんぞ」

「マンション？　岳志が？」

「おう。あんガキが」

「親父は、知っとるとやろか？」

「わいんがたの親父は、何でも知っとるさ。好きにさせとけ！　って言いよる」

明日の分を積み終えた岳志に、

「なぁ、岳志。お前は大した男ぞ」と真吾兄ちゃんが笑いかけた。

ちらっと二人の方をみた岳志も、何が話題になっているのかすぐに分かったらしく、「悪かや？」と照れ臭そうに顔を歪めた。そして、

「真吾兄ちゃん、早う帰らんと、また由美子姉ちゃんが怒って迎えに来るばい」と、冷やかした。

「馬鹿や！　カカァはたまには怒らせた方がよかとぞ」

「休みの日も競艇ばっかり行って、全然かまってくれんて言いよったよ」

トラックの荷台に凭れて、岳志がそう言った。

「なん言いよっとやなぁ、手加減してやっとるのになぁ」

「手加減？」

「そうさ。俺が手加減せんで女房のこと可愛がったら、すぐに向こうが逃げ出すさ。かまってくれんって言われるくらいで、男はちょうどよかとぞ」

笑い出した真吾兄ちゃんの横で、大海も苦笑いした。〈中略〉

夏の日は、なかなか沈もうとしなかった。隣の家から、夕飯の匂いが漂っていた。たぶん近所の飼い犬だろう、首輪をつけた柴犬が、何か言いたげに二人の側に寄ってきた。真吾兄ちゃんが、喰いかけのスルメを投げてやると、柴犬はそれを前足で押さえながら、必死に噛み千切ろうとした。

「腹減ったなぁ、そろそろ帰らんば、本当にカカァが迎えに来るばい」

瓶に残っていたビールを、真吾兄ちゃんはラッパ呑みした。

「ところで、わいは東京で、女できたとや？」

「ああ。できた、できた。今、一緒に暮らしとる」

「へぇー、わいが食わせてやりようとや？」

「食わせられるもんや。向こうもちゃんと働きよるさ」

「じゃ、なんで一緒におるとや？」

「なんでって、別に一緒に暮らすけんって、女を食わせてやらんばってこともないやろ」

「男が世話してやらんで、誰が女の世話するとや？」

「だけんさ、東京の女は自立しとるけん、男の世話になんか、ならんでもよかとさ」

「ははは、なんが自立や。そがんと女じゃなか！　自分一人で暮らしていける女なら、わいと一緒に住む必要なかやっか。早う追い出した方がよかぞ」
ビールケースから立ち上がった真吾兄ちゃんは、馬鹿にしたように大海を見下ろし、「お前よりは、まぁだ岳志の方が、マシばい」と呟いて、同じ現場から来た男たちと一緒に、坂道をおりて行った。

「破片」『最後の息子』所収

この一節が方言や訛りを通して語られなければ、異なった印象を与えたのだと思う。例えば「早う追い出した方がよかぞ」という一節が、「早く追い出した方がいいよ」と標準語で記されていたとすれば、この一節は都会に住む人間が、他に数多いる女性と付き合うことを、差別的なニュアンスで勧めているという印象を与えたと思う。

しかしこの一節が長崎の方言を通して描かれることで、このようなニュアンスは和らぎ、長崎で暮らす真吾兄が、訛りを帯びた不器用な言葉を使って、東京で暮らす大海を気遣っている様子が伝わってくる。

そもそも長崎には相手を気遣う時、なぜか乱暴な言葉遣いをする人が多い。例えば私の友人は、上京して間もない頃、仲良くなった東京の女の子に対して「わいは、新宿で何ば買い物しとったとや。どら、見して見ろ」と長崎の方言丸出しで言ったらしい。するとその女の子は「わい」という二人称や、「しとったとや」という命令口調や、「どら」という意味不明の感嘆詞にショックを受けて、その場でうずくまって泣いてしまったという。

その子は「乱暴な言葉遣いで、卑猥なことを求められた」と勘違いしたらしい。このためこの友人は「『わい』って、プロゴルファー猿も言いよったたいね」、「『どら』って、ドラえもんみたいで可愛いかたいね」と意味不明の言い訳をして、何とかその子の誤解を解いたのだという。

それは照れ隠しなのか、愛情の裏返しなのか定かではないのだが、長崎の方言を使っていると、抱いている感情とは裏腹に、言葉遣いが乱暴になってしまうことが少なくない。同様のニュアンスは、他の地方の方言や、都会でもスラングを使った親しい人々との会話の中で生じるものだと思う。

先の一節には、言葉の訛りだけではなく、このような意味での「感情の訛り」がよく滲み出ている。一見すると先の真吾兄と大海の会話も乱暴なやり取りに見えるが、その背後には相手への「訛りを帯びた気遣い」が横たわっている。

そしてこのような両義的な会話だからこそ、先の一節では東京で暮らす大海にとっての女性に対する感情と、長崎で暮らす真吾にとっての女性に対する感情の行き違いが鮮明になっている。

引用した一節で東京から帰省した大海は、東京には女が自立して生活できるような暮らしがあると言っている。言い換えれば、大海は間接的に「女が自立して生活できないような暮らしが長崎にはある」と皮肉っている。それは真吾兄が「そろそろ帰らんば、本当にカカァが迎えに来るばい」と口にするような暮らしへの皮肉でもある。このような真吾兄の言い方には、日本に長く根付いてきた「男は仕事、女は家庭」という、前近代的な男女別の秩序が色濃く影を落としている。

しかしポスト近代と言われる現代社会の主要な問題は、性差や生まれ育った場所に関わる様々な格差など、近代社会に残存する「前近代的な価値観」を原因とすることが多い。言い換えれば、近代社会の多くの問題の核心は、前近代社会とのズレの中にあると言っても過言ではないのである。
近代文学の重要な役割の一つは、このようなズレを、近代社会を生きる人間の内面的な問題として描くことにあると私は考える。

おそらく大海の真吾兄に対する皮肉は正論なのだろう。現実に女性が男性と同等の就労条件で働ける仕事は、東京のような都会の方が長崎のような地方よりも多いだろうし、都会でなら家庭に入らなくても女性は周囲の目を気にすることなく生活しやすい。少なくとも私が生まれ育った長崎では、高校を卒業した女性が地元に残るか、東京や福岡のような都会に出るかの選択は、家から自立して生きるか否かに関わる問題だった。

ただこのような男女別の秩序を告発することは容易ではない。正論というのは、語られる内容よりも語る人の立場がものをいうものである。先に引いた「破片」で描かれる大海が「女の自立」について語っても説得力はないだろう。大海は「今は無職」であり、「自分に合う仕事ば、探しよる」ような「よか身分」らしい。

大海が「今、一緒に暮らしとる」という自立した東京の女（夕子）も、昼間は普通に働きに出て経済的には自立しているが、それだけでは精神的には自立していない。彼女は何十万もするグッチのバッグを買うためにテレフォンセックスのバイトをすることで、はじめて精神的に自立している。
東京での大海と夕子の生活は次のようなものとして描かれている。

「そればね、そのグッチのバッグばね、欲しかって言うとさ」

「誰が？」

「だけん、一緒に住んどる女がさ」

「東京で一緒に住んどる女の子が？」

「そう、遠く離れた東京で。でね、それがまた何万もするんよ。いや何十万も。俺がさ、そんな物買ってやれるわけないやろ？　ね？　買ってやれるわけないやろ？　そう言うたらね、買ってやれるわけないって言うたらね、じゃ、自分でバイトして買うって言い出したんよ」

「あらぁ、偉い娘やないね？」

「ははは、偉いもんね。何のバイトって思う？」

「いや、分からんけど……」

言い淀んだママの頬に、大海が鼻を擦り寄せた。

「体売るわけやないって言うて、部屋で、一緒に暮らしとる部屋でね、知っとるかな？　テレフォンセックスって知っとるね？　男から電話がかかって来る。見も知らん男からよ」

「え？　電話で、すると？」

「そうさ、俺がベッドで寝とるやろ、そしたら隣の台所から『あぁー、はぁーん』って聞こえてくる。何度も辞めろって言うたとけどさ、こんなんで金が貰えるんやし、自分のものを自分で買うのに、口出しするなって。『ああーん。はあーーん』って夜中までよ。電話終わるやろ、そしたら、ノートにね、喋った分数を書き込むわけ。書き込んだノートを、どこぞの会社に送るやろ、そしたら翌週には何万か口座に振り込まれるんよ」

「あらぁ、他に何かバイトないんやろかねぇ、東京なんて何でもありそうやのにねぇ」

「いや、あることはあるさ。でも夕方まで普通に働いて、家で出来る仕事っていうたら、それくらいしかないやろ、って、最近では開き直っとる」

「あらそう。そんなに厭なら……毎月少しずつでもお金貯めて、俺が買ってやるって言えばいいやないの」

「すぐ欲しいらしい。すぐ欲しいから、待てんらしい」

「破片」『最後の息子』所収

大海と夕子の同棲生活は、前近代的な「男女別の秩序」とはかけ離れたものである。大海は夕子がテレフォンセックスのバイトをしている時、隣の部屋から聞こえる「あぁー、はぁーーん」という喘ぎ声をひたすら我慢している。そしてただ我慢するだけではなく、大海は何度もその仕事を辞めろと説得もしている。

しかし夕子から「こんなんで金が貰えるんやし、自分のものを自分で買うのに、口出しするな」と言われると、大海も「夕方まで普通に働いて、家で出来る仕事っていうたら、それくらいしかないやろ」と妙に納得してしまうのである。大海のいう自立している東京の女との同棲生活の内実はこのようなものである。

このような大海の姿は、小島信夫が『抱擁家族』で描いた、アメリカ兵のジョージと妻の浮気に悩む情けない夫の姿と似ている。この作品は高度経済成長期の日本を舞台としたもので、外国文学の翻訳で収入を得て「カリフォルニアの高原別荘」のような邸宅に住む三輪俊介が、友達夫婦のような関係にある二つ年上の妻の時子と、駐日米軍のジョージとの浮気に悩ませられる話である。

時子は英語が出来ないにも拘わらず、積極的にジョージを家に招き、夫への当て付けのように情事を重ねる。俊介はこのような妻の挙動に気付いてはいるが、根本的な解決の手だてを講じることができない。


「ねえ、だんなさま、女というものは、あれじゃありません？　好きでもない男とはあんなことはできないと、いうんじゃありませんか」

「そんなことはいわない方がきみのためだ」〈中略〉

「ジョージは今日妹とアイススケートに行くといっていましたよ。あの坊やも可哀想ですからね、慰めてやるんです」

それから一息つくと一層切り口上でいった。

「だんなさま、ヘンリーさんにお伝えしましたが、お互いに子供でないのだから、坊やと奥さまの二人が考えるがいいといわれましたよ。坊やはアメリカでならピストルで殺されても仕方がない、といっておこりましたけど、そちらの奥さんのことは、奥さん自身に責任をとらせるべきだ、といっておいでになりましたよ」

俊介は、その最後の文句に衝撃をうけた。

夫婦がみちよを玄関に送り出すと、彼女は身体を左右にふりながらどんどん歩いていった。

「もう何をいってもダメなのよ。あんたが計画的だったと失言したばっかりに、なめられているのよ。たかが家政婦に」

と時子はいった。

「ねえ、あんた」

と時子はまたうすら寒く、コタツの中に足を入れて横になりながら、やはり、少し離れて横になっている夫に話しかけた。

「何だ」

と俊介が答えると、時子の足がのびてきて彼の足の指をぎゅっとはさんだ。

「こんなことはあんたは堪えなくっちゃ駄目よ。冷静にならなくっちゃ。あんたは喜劇と思うぐらいでなくっちゃ。外国の文学にくわしいんだもの」

「喜劇？　なるほど、そうか」

「悲劇のように考えるのは、もう古いわよ。あんたの物の考え方はそうじゃなかった？」

俊介は考えこんだ。〈中略〉

「あんたは笑わなくっちゃ駄目よ。私と話しているときはそうでもないくせに、男の友達とは笑わせたり、笑ったり、他人が笑わないときに笑ったりしたでしょ」

「そうでなかったとはいえない」

「私はありがたくないけど、あんたがあんなふうに笑っていたのはよかったわよ。あんたもこんなこと笑うくらいじゃなくっちゃ駄目よ」

小島信夫『抱擁家族』

俊介と時子との性的な関係は、本文中の言葉を借りれば「不首尾」な状態にある。海水浴の折に妻が学生と浮気をしてから、俊介はショックで時子を性的に満足させることができなくなったという。

妻のジョージとの浮気は家政婦にも知られる公然のものとなり、妻も完全に開き直っている。文中の「ヘンリーさん」であれば、「坊やはアメリカでならピストルで殺されても仕方がない」と考えるような修羅場であるが、家の中の様子は大して変わらない。

俊介は「こんなことはあんたは堪えなくっちゃ駄目よ。冷静にならなくっちゃ。あんたは喜劇と思うぐらいでなくっちゃ。外国の文学にくわしいんだもの」と時子から言われると、うまく反論することができないのだ。翻訳で生計を立てている俊介は「外国の文学にくわしいんだもの」という言葉を、自分のことを褒められたように解釈してしまい、「なるほど、そうか」と妙に納得してしまうのである。

俊介は離婚を仄めかすような修羅場でも「あんたがあんなふうに笑っていたのはよかったわよ。あんたもこんなこと笑うくらいじゃなくっちゃ駄目よ」と時子から言われると、「明るい気持」にすらなってしまう。

小島信夫の『抱擁家族』は、アメリカ風の自宅の内で米兵のジョージと妻の時子の浮気をなし崩し的に受け入れてしまう俊介の姿を描いた、「第三の新人」を代表する小説である。そしてこの作品はアメリカによる占領を「何事もなかった」かのように黙殺し、アメリカ風の文化風土を謳歌する戦後日本を風刺した作品でもある。

戦後日本の社会に対する風刺として、自宅内で妻と米兵が浮気することをなし崩し的に受け入れる夫の話ほど、「父性の喪失」を強烈に物語るものはないだろう。

話を吉田修一の作品に戻そう。『抱擁家族』の時子とは異なって吉田修一が「破片」で描いた夕子は、現実に浮気をしているわけではない。それは「テレフォンセックス」であり、大海も「外国の文学にくわしい」わけではない。ただ小島が『抱擁家族』で描く妻と「ジョージ」の浮気も「テレフォンセックス」のように、どこか地に足の付かないものである。彼らの浮気は何処までが本気で、何処までが遊びだったのか、その実態が把握しにくいのだ。

つまり何れの小説も、妻や恋人の「実態のつかめない浮気」に悩まされる主人公が、女性の「精神的な自立」をどこまで許容できるのか、「父性の揺らぎ」にどこまで耐えなければならないのか、前近代的な家族観に苛まれている点で共通している。

言い換えれば、何れの小説の主人公も精神的に自立した女性の「浮気」に際して、自らを慰めることのできる価値観を模索しているのだが、昔から慣れ親しんだ前近代的な家族観以外に手掛かりがなく、女性にまともに取り合ってもらえないことに、苦しんでいるのである。

ただ、どちらの小説でも男性ばかりに悩みがあるわけではない。女性の側にも同様の悩みがある。

小島の作品も吉田の作品も、このような女性の側の悩みを、男性の側から描いた作品の下地として織り込んでいるから、魅力的なのである。吉田修一の作品の重要な構成要素の一つは、男女の性差やそれに根ざした価値観のグラデーションが細やかに描かれている点にこそある。

おそらく「破片」の夕子は物欲に取りつかれているから、テレフォンセックスのバイトをしているのではない。またおそらく『抱擁家族』の時子は性欲に取りつかれているから、ジョージと浮気しているのでもない。彼女たちにとって「グッチのバックを買うこと」や「アメリカ人のジョージと浮気すること」は、男性にとって都合のよい「男女別の秩序」に抗い、恋人や夫から精神的な自立を果たし、自らの価値を維持していくための手段に他ならない。

「グッチ」というブランド名や「ジョージ」というアメリカ人の名前は、日本の男性にとって都合のいい価値観や社会秩序に抗うための彼女たちの武器なのである。

一般にこのような「手段」や「武器」を用いた行動の良し悪しは道徳を通して批判される。しかし彼女たちの精神的な自立という目的は、男女の分業が強化され、女性の就労条件が悪い社会の中で模索される以上、家父長制下の道徳を尺度としては、推し量ることはできない。

かつて江藤淳は『成熟と喪失――〝母〟の崩壊――』の中で、「個人」というのは「達成すべき理想」ではなく「仕方なしに引き受けさせられた過酷な現実」であると述べている。そしてそういう個人には「さしあたり住むべき家がない」。だから「孤独なひとりひとりは『トモダチ』になりあうことによって『社会』を組織しなければならない」と考えている。

吉田修一が「破片」で描き、小島信夫が『抱擁家族』で描いた男女は、このような意味での「住むべき家」を失い、トモダチ同士であることの双方に居心地の悪さを感じている男女である。今日では家を単位とした社会性というのは、核家族化の進展に伴って、旧来の意味では崩壊していると見なされる傾向にあるが、男女が互いの価値を推し量るような尺度としては根強く存在し、未だに日本列島を徘徊している。

また家の幻想に取って代わるトモダチを軸にした社会性も、SNSなどオンライン上のコミュニケーションを含めて一般化している。

その一方で、日本語で表現される「友達」という言葉には、自立した個人間で結ばれる「友愛」のように、近代的な合意に基づき、強固な連帯を意味するようなニュアンスはほとんどない。そこには生まれ育つ過程で同じ共同体にたまたま居合わせた人々の間で結ばれる「空気」のような、前近代的で自然発生的に構築される「友達」というニュアンスが漂っている。

江藤が「トモダチ」とカタカナで記しているように、日本語の「友達」という言葉には、外国から借りてきた概念のような余所余所しさが感じられるのだ。

つまり小島や吉田は現代小説を通して、家父長制の価値観の幻想と、それに取って代わるトモダチの幻想との間で右往左往する「都会の男女の不器用な姿」を描いているのである。

先に引用した一節からは、このようなトモダチのような関係にある女と暮らす「大海の不器用さ」が伝わってくる。

一見すると真吾兄は、「今は無職」で「自分に合う仕事ば、探しよる」ような「よか身分」の大海を上から目線でやり込めようとしているように見える。ただ先に述べたように、その荒々しい言葉とは裏腹に、真吾兄は同じ場所で生まれ育った兄貴分の存在として、都会の女と暮らす大海の「不器用さ」を気遣っている。

「ははは、なんが自立や。そがんと女じゃなか！　自分一人で暮らしていける女なら、わいと一緒に住む必要なかやっか。早う追い出した方がよかぞ」と真吾兄は方言丸出しで、一見すると差別的な言葉を平気で口にしている。

字面を追えば乱暴な言い方であるが、ここには、都会に暮らす大海が個人として、自立した女性と向き合うことの難しさに直面していることを、冗談交じりに気遣うニュアンスが感じられる。長崎の方言を使って補足すれば、真吾兄は「そがん女は早う追い出さんば、東京で生きられんごとなっとぞ」と大海を心配し、励ましているのだと思う。

そもそも大海から見れば真吾兄は、前近代的な家族観を体現しているような存在である。ただ、その一方で真吾兄は大海のようにそのような価値観と現実のギャップに苛《さいな》まれながら暮らしているわけではない。真吾兄は「早う帰らんと」嫁が「怒って迎えにくる」ほど競艇（大村ボート）にはまっているし、弟の岳志はスナック「みさと」の訳ありの女に警察沙汰になるほど入れ込んでいる。どちらもどうしようもない。

ただどうしようもないながら、彼らにはそのような価値観を受け入れてくれる、他に代え難い大切な人間がいることも確かである。真吾兄は競艇に狂っているが、「そろそろ帰らんば、本当にカカァが迎えに来るばい」と口にしているように、そのような価値観を抱擁し、迎えに来てくれる「カカァ」と親密な関係を築いている。

そこには「おい」と「わい」の関係が持つ親密さがあり、前近代的な土地や血縁と結び付いた「しがらみ」の中に生じる濃密な人間関係が感じられる。それは相対的に人間関係の流動性が高く、土地や血縁との関係が希薄な都市では、なかなか得がたい、不自由さを強いる「しがらみ」に根ざした夫婦の親密さといえる。

大海はこのような事実に、小説の最後で気付き、毎晩のようにテレフォンセックスに勤しむ自立した東京の女＝夕子と別れることを決意する。

おそらく大海が求めているのは、土地や血縁の「しがらみ」が持つ不自由さの中でこそ得られる濃密な愛情である。それは、時に涙や血を流すことを必要とし、「骨肉相食む」ような親しい人間関係だから生じ得る、両義的な愛情＝「感情の訛り」に他ならない。

三―二　疑似家族的な親密さ

1

吉田修一が描く「おい」と「わい」の親密な関係は、マルティン・ブーバーがいう「我と汝」の概念を通して考えるとわかりやすい。ブーバーは『我と汝』（一九二三年）の中で、世の中が合理的な思考で認識されるようになると、「我と汝」の親しい関係を通して世界が認識されるのではなく、孤立し抽象化された「我」を中心にして世界が認識され、システマチックな「我とそれ」の関係が世の中を覆うようになると考えている。

その上で彼は「我と汝」を根源語と定義し、「根源語を語るひとは、言葉の中へとはいってゆき、その中に生きるのである」と考えている。つまり「我と汝」「わいとおい」という呼び方は、ただ言葉の上での問題を喚起するものではない。それは人が他人や世界と関わる上での認識のあり方、行動のあり方を左右する言葉なのである。

一般にブーバーはユダヤ神秘主義運動（ハシディズム）の復興者として知られる。正確に言えば、ハシディズムとはヘブライ語で「敬虔な人」を意味する"hasid"に由来するユダヤ教の「敬虔主義運動」である。

狭義のハシディズムは一八世紀初頭にポーランド南東部で起こり、平易で素朴な信仰を特徴に、貧しい人たちに広まったものを意味する。戒律によって禁欲的な信仰を保持することよりも、歌や踊りによって陶酔した状態に浸ることで、神秘主義的な信仰を保持することを目指す。その信仰には娯楽性ないしは享楽性が強かったため、新しいユダヤ教の信仰の形態として広く普及した。

ハシディズムはユダヤ教の正統派からは異端視されたが、近代化を免れたために古代ユダヤ教の民間伝承を多く残しており、二〇世紀になってブーバーが再評価したことで、ユダヤ教徒以外にも広く知られるようになった。

ブーバーが復興したハシディズムの信仰は、すべてこの「我と汝」の関係から出発するものである。一神教の宗教では、神と人間の関係は隔絶したものであり、間に教会や司祭の権力が介入してくるものであるが、ブーバーはそのような信仰のあり方を批判して「神の対話性」を重視する。

「神に向かってなんじと呼びうること、この神に面と向かって立ちうること、この神と交わりうること」こそが、ブーバーにとって信仰の条件なのである。

例えばブーバーは次のように述べている。

ひとりのひとにたいし、わたしの〈なんじ〉として向かい合い、根源語〈われ‐なんじ〉をわたしが語るならば、そのひとは、ものの中の一つのものではなく、ものから成り立っている存在者でもない。

そのひとは、他の〈彼〉〈彼女〉と境を接している〈彼〉〈彼女〉ではない。時間、空間から成り立つ世界の網に捉えられた一点ではなく、また経験され、記述される性質のものでもなく、いわゆる個性と呼ばれるような緩い束のようなものでもない。〈中略〉

メロディーは音から成り立っているのではなく、〈中略〉これらを引きちぎり、ばらばらに裂くならば、統一は多様性に分解されてしまうにちがいない。このことは、わたしが〈なんじ〉と呼ぶひとの場合にもあてはまる。わたしはそのひとの髪の色とか、話し方、人柄などをとり出すことができるし、つねにそうせざるを得ない。しかし、そのひとはもはや〈なんじ〉ではなくなってしまう。

祈りは時間の中になく、祈りの中に時間がある。犠牲は空間の中になく、犠牲の中に空間がある。この関係を逆にするひとは、現実を見捨てることになる。〈中略〉

わたしが〈なんじ〉と呼ぶ人間を、わたしは経験するのではない。ただわたしは彼と聖なる根源語〈われ - なんじ〉の関係に立つのである。

M・ブーバー／植田重雄訳『我と汝』岩波文庫

ブーバーは宗教家であるが、今日でいう現代思想の先駆けとなる考え方を持った哲学者でもある。個人よりも関係が優先するという考え方は構造主義のそれに近く、ここでブーバーがいう「なんじ」とは、現代思想の文脈でいう「他者」に他ならない。ブーバーの思想はハイデガーの『存在と時間』（一九二七年）の内容を部分的に先取るものである。

引用文中でブーバーは何時間、何日と計られる時間も、何処其処と認識される空間も、「我と汝」という「他と代え難い関係」を通してでなければ、意味を持たないと述べている。これはハイデガーが『存在と時間』の中で述べている「本来的な時間性の回復」のニュアンスに近い。

話を吉田修一の小説に戻そう。当然のことながらブーバーがいう「人間と対話する神」が吉田修一の小説に、そのままの形で出てくるわけではない。ただ吉田が小説で描く「おい」と「わい」の親しい関係には、ブーバーがいう意味での「祈りや犠牲」が内包されていると私は考える。

そこには土地や血縁が持つ濃密な「しがらみ」に絡め取られた存在者だからこそ経験できるような濃密な「時間」が横たわっている。

それは抽象的な存在や時間ではなく、具体的で俗っぽく、理不尽で猥雑な存在や時間である。

例えば吉田修一の小説の中には「我と汝（おいとわい）」の濃密な関係に溺れ、社会復帰できないほど存在の有り様や時間の過ごし方を変えてしまうような「不器用な人間」が多く出てくる。惚れた相手ができると、勤務先を欠勤するほどその関係に依存し、結果として転職を余儀なくされてしまう人物や、恋愛次第で友人や同僚たちと付き合い方をガラッと変えてしまうような人物、犯罪者との逃亡生活の中に生＝性の実感を見出してしまう人物などなど。

このような吉田修一の作品の登場人物たちは、大切にする相手ができたことで、その相手との関係を通じて、いつの間にか存在者としての自己の有り様や、日々の時間の過ごし方を変化させ、無意識的に世の中との関わり方も大きく変えてしまったのである。

例えば『悪人』に登場する祐一は、客として風俗店で「サービスなりプレイ」を受ける立場であるにもかかわらず、手作りの弁当を持参して風俗嬢と一緒に食べたり、アパートを借りて一緒に生活をしようと持ちかける。彼はブーバーがいう意味での〈われ-なんじ〉の関係を希求する人物として描かれている。

楽な客ではあった。回が重なってくるうちに美保のほうでも慣れてしまい、腕枕をされながらついうとうととしてしまうことさえあり、いつの間にか、無口な祐一に身の上話までするようになっていた。

祐一はぶたまんの次にケーキを買ってきた。来るたびに何か食べ物を買ってきて、狭い個室で一緒に食べた。徐々に慣れてきた美保も、祐一がくればまずシャワーではなく、冷たい紅茶か、コーヒーを出してやるようになっていた。

祐一が手作りの弁当を持ってきたのは、たしか五回目か、六回目、休日の午後だったと思う。またいつものように何か持ってきたのだろうと、差し出された紙袋を受け取ると、中にスヌーピーの絵柄がついた二段重ねの弁当箱が入っている。

「弁当？」

思わず声を上げた美保の前で、祐一が照れくさそうに蓋を開ける。

一段目には卵焼き、ソーセージ、鶏の唐揚げとポテトサラダが入っていた。下の段を開けると、びっしりと詰まったごはんに、丁寧に色分けされたふりかけがかけてあった。

弁当箱を渡されたとき、一瞬、祐一には彼女がいて、その彼女が祐一のために作った弁当を、自分に持ってきたのではないかと思った。しかし、「これ、どうしたと？」と美保が尋ねると、照れくさそうに俯いた祐一が、「あんまり、旨うないかもしれんよ」と呟く。

「……まさか清水くんが作ったわけじゃないよね？」

思わず尋ねた美保の手に、祐一が割り箸を割って持たせてくれる。

「唐揚げとかは、昨日の晩、ばあちゃんが揚げた残りやけど……」

美保は呆然と祐一を見つめた。テストの結果を待つ子供のように、祐一は美保が食べるのを待っている。

祐一が祖父母と三人暮らしだということは、すでに聞いていた。客の素性などなるべく知りたくないと思っていたので、もちろんそれ以上は訊かなかった。

「ほんとに、これ、自分で作ったの？」

美保はふんわりと焼かれた卵焼きを箸でつまんだ。口に入れると、ほのかな甘さが広がる。

「俺、砂糖が入っとる卵焼きが好きやけん」

言い訳するような祐一に、「私も甘い卵焼きが好き」と美保は答えた。

「そのポテトサラダも旨かよ」

春の公園にいるわけではなかった。そこは窓もなく、ティッシュ箱の積まれた、ファッションヘルスの個室だった。

その日から、祐一は店に来るたびに手作りの弁当を持ってきた。

美保のほうでもシフトを訊かれれば素直に教え、「九時くらいが一番おなか減るかな」などと、知らず知らずのうちに、祐一の弁当を当てにするようになっていた。


『悪人』


なんとも不器用な男女の関わりである。いい歳をした若い男が「春の公園」どころか、「窓もなく、ティッシュ箱の積まれた、ファッションヘルスの個室」に手作りの弁当を持参して、性的なサービスを受けるわけでもなく、風俗嬢と一緒に昼食をとって喜んでいる。この一節は、現代文学らしい不器用な男女の恋愛描写といえるだろう。

このような祐一の優しくも執着するような愛情の抱き方は、前述の「破片」の岳志にも共通する欲望のあり方である。「破片」に登場する岳志は、女性との恋愛に不器用で、相手に気味悪がられるほどスナックの女に入れ込んでいる。

祐一にしても岳志にしても、おそらく都会であれば、彼らは「気持ち悪い」と一蹴され、ストーカー呼ばわりされ、直ぐに警察に通報されてしまうだろう。吉田修一の作品にはこのようなストーカーと紙一重の、パラノイアックな愛情を持てあます人物たちが繰り返し登場する。

それでも彼らは、たとえ金銭を介したサービスなりプレイであったとしても、そこに「我と汝」の関係を構築することでしか、相手と「手応え」をもって関わることができない。彼らは「我と汝」の親密な関係を欠いた人間関係を信じることができないのだ。

もっと踏み込んで言えば、彼らは「我と汝」の親密な関係を欠いている状態では、自己の存在を空しいものと感じ、日々の時間に「手応え」を感じることができないのである。

吉田修一の作品で描かれる恋愛感情が、ブーバーのいう「祈り」にも似た純愛的な側面を持つと同時に、「犠牲」を伴うような偏執狂的な側面を持つのは、「我と汝」に似た「おいとわい」の関係のような親密な人間関係に、多くの作品が立脚しているからであろう。つまり時として「気持ち悪い」ぐらい純粋で極端な恋愛感情こそが、吉田修一の作品を特徴付けていると考えることができる。それは都会の中では浮いてしまうような「愛情の訛り」と言い換えてもいいかも知れない。

『悪人』などの作品で吉田修一が描く恋愛や家族間の愛情が、純愛的な側面を持つと同時に、偏執狂的な側面を持つのは、彼の作品が「我と汝」の関係、つまりは良くも悪くも密接な「しがらみ」に立脚し、「感情の訛り」に彩られた人間関係を描いているからに他ならない。

例えば『悪人』で娘を殺害され、その敵《かたき》を取ろうと奔走する石橋佳男は、久留米訛りの言葉で次のように述べている。

「アンタ、両親はおるね？」と佳男は訊いた。

「はい」と、また鶴田が短く答える。

「仲は？」

「あんまりよくないです」

きっぱりとした答え方だった。

「アンタ、大切な人はおるね？」

佳男の質問に、ふと鶴田が足を止めて、首を傾げる。

「その人の幸せな様子を思うだけで、自分までうれしくなってくるような人たい」

佳男の説明に鶴田は黙って首を振り、「……アイツにもおらんと思います」と呟く。

「おらん人間が多すぎるよ」

ふとそんな言葉がこぼれた。

「今の世の中、大切な人もおらん人間が多すぎったい。大切な人がおらん人間は、何でもできると思い込む。自分には失うもんがなかっち、それで自分が強うなった気になっとる。失うものもなければ、欲しいものもない。だけんやろ、自分を余裕のある人間っち思い込んで、失ったり、欲しがったり一喜一憂する人間を、馬鹿にした目で眺めとる。そうじゃなかとよ。本当はそれじゃ駄目とよ」

つまり大切な「汝」を持たない人間は、「自分が強うなった気」になり、「汝」だけではなく他人や世界との関係をも見失っているのだ、と。これは「我と汝」の関係を重いものとして敬遠しがちな、相対的に「しがらみ」が少なく、流動性が高い人間関係への批判といえるだろう。

確かに経験的に考えてみても、余裕のある立場から「失ったり、欲しがったり一喜一憂する人間」を「馬鹿にした目で眺め」ながら、「何でもできる」と思い込んでいる人間ほど、他人との関係を値踏みする傾向が強い。

しかし流動性の高い人間関係の中では、強い立場に立つ人間と、弱い立場に立つ人間の関係は容易に逆転するものである。強者として振る舞ったツケは、時間が経てば「天に唾する」ように自分自身に返って来る。だから流動性の高い人間関係の中では、多くの人々が「空気」を読みながらリスクを最小化し、打算的に生きる傾向が生じてしまう。

ただ「我と汝」の関係に立脚する人たちも、その関係が穏やかでまともなものであるとは限らない。

先の引用文で登場する佳男は、自分の娘を死に追いやった大学生の増尾に対して、スパナを片手に復讐を企ている。そこには娘に対する純粋な愛情（エロス＝生の欲動）と、娘を死に追いやった男に対する暴力（タナトス＝死の欲動）が混在している。言い換えれば、そこには娘に対する「愛情」の一語で正当化することができないような「狂気《マッドネス》」が感じられるのだ。

それでも「大切な人のためにスパナを手にすることができる人間」だからこそ、説得力を持つことができる言葉があるだろう。近代的な価値観に馴染まない、つまりは前近代的な価値観に突き動かされる不器用な人間だからこそ、初めて開示できる真実がある。

現代文学の重要な役割の一つは、「逸脱」が憚《はばか》られる近代社会の中で、前近代的な暴力や狂気によってのみ開示できる真実を炙り出すことにある。

ブーバーが根源語と呼び、吉田修一が自己の小説で描く人間関係の根底にあるのは、このような「我と汝のしがらみ」に生じる愛情（エロス＝生の欲動）と暴力（タナトス＝死の欲動）の入り交じった「両義的な感情の訛り」であると私は考える。

2

それが根源語であるかは別にして、現代の日本語に慣れた私たちにとって、方言のように訛りを帯びた言葉を通して吐露される感情はどこか懐かしい。ただ方言だけではなく、標準語と思われているものの中にも、昔の方言や訛りが少なからず混じっていることには留意する必要がある。

例えば「です、ます、ざます」調の言葉は、今日では丁寧な言葉、あるいはブルジョアジーの言葉と見なされているが、これらは昔の遊郭の言葉遣いに起源があるという。「コラ」という言葉も、明治の警察に多かった薩摩の方言で、元々は怒るときに使う言葉ではなく、人を呼び止めるときに使う言葉であった。

また「～であります」という軍隊や体育会で使われる言葉は、目上の人に対する礼儀を表した言葉と見なされているが、元をたどれば明治の陸軍に多かった長州（山口）の方言であるという。「～

であります」調が軍隊や体育会に定着したのは、それが「勝った官軍の言葉」だからであろう。

敗れた側には「哀れ」が見出されるのが日本の常であるが、「哀れ」という言葉に様々な意味があることを考えれば、私たちは敗れた側の言葉（方言や訛り）の中にこそ、滅びた日本語が伝える「忘れられた感情」を見出しているのかもしれない。歌舞伎で人気を集める演目に、平家の落ち武者を題材としたものが多いのもこのためだろう。

方言や訛りの中に、標準語や都会の流動的な人間関係に還元されない「感情の訛り」を見出す傾向は、日本に限ったことではない。例えばハイデガーは「言語は、存在の家である」と述べている。この有名な一文も、標準語と方言の落差の中で語られている。

ハイデガーはドイツの小村メスキルヒの教会の堂守りの家に生まれ、教会の奨学金を得ることで都会で高等教育を受け、神学を修めた後に、哲学者として出発している。

ハイデガーの研究者である高田珠樹によると、学生時代に神父になるべく猛勉強していた彼は、同級生の富裕層の子弟がニーチェやイプセンなど流行の思想や文学にかぶれながら、ダンスホールなど盛り場に出入りしていることに「見えない壁」を感じていたという。

そして彼は、後に都会で感じた見えない壁を「本来的、非本来的」という『存在と時間』で使われる区分に置き換えた上で、近代的な都市で生活する人たちが不安にかられ、自らの存在を見失っているのは、故郷を喪失しているからである、と考えるに至る。

つまりハイデガーが『「ヒューマニズム」について』などの文章で「言語は、存在の家である」

という時、そこには田舎から都会に出てきた青年らしい「感情の訛り」が感じられる。言い換えれば、二〇世紀を代表するハイデガーの哲学は、田舎者らしい、極めて私的な感情から生まれているのである。

ハイデガーのいう「家」というのは、近代においては言葉の中に存在するような場所であり、実在の場所として存在しているわけではない。それは近代化が進むにつれて、潰され、ならされ、コンクリートやアスファルトでコーティングされたとしても、私たちがその言葉を使ってコミュニケーションをとる限り、失われることのない場所である。

つまりハイデガーは土地土地に根差した言葉があると言っているのではなく、土地土地と人間との関わりを規定する「本来的な言語」がある、と言っているのである。これはブーバーがいう根源語のニュアンスと近い。

ハイデガーは近代社会において、土地や風土がならされ、方言や訛りが標準語に矯正されて行く中で、「言葉を使った土地と人との関係がならされてきた」ことを問題としている。彼にとって「土地と人との言葉を介した関係」というのは、標準語に還元できないほど多様である。ハイデガーは、『存在と時間』に結実する存在論を通して、本来多様であるはずの「土地と人間との間の失われた言葉をメディアとした関係」を懐古的に創造する野心を抱いていたのだと思う。

具体的に考えてみても、現実に海辺の地方には、人間と海との関わり（例えば漁業）に関連する方言が多く、山間の地方には、人間と山との関わり（例えば狩猟）に関連する方言が多く、そこには標準語に還元されない多様なニュアンスがある。吉田修一や私が生まれ育った長崎には魚の名前や漁業に関連する方言が多いが、それらの多くは東京では通じない。

　このようなハイデガーの「思想の訛り」と、先に挙げた柳田國男の「古語としての方言」の考え方を足し合わせて考えれば、方言というのは私たちがいつの間にかそう思い込んでいるように、必ずしも土地に固有のものではない、ということになる。それは土地と人間の関係が繰り返しなされていく中で、それぞれの時代に即した形で「土地に固有のもの」であるかのように「想像」されてきた言葉なのである。


　そもそも日本語が使われていた地域というのは、私たちが思い浮かべる現在の日本の領土とは大きく異なっている。

　例えば吉田修一の『悪人』にも登場する佐賀の「唐津」という地名が物語っているように、日本列島の中にも「唐」など中国の影響の強い場所が存在していた。弥生時代の石器の形状は多様であるが、太宰府にある九州国立博物館の展示を見ればわかる通り、それらは朝鮮半島や中国で出土したものと酷似しており、古代日本の古墳の形状も、慶州など朝鮮半島に残されている古墳と瓜二つである。

　同様に、日本語に区分される言葉が、すべて日本列島から生まれたものであるといえるかどうかも怪しい。吉本隆明が指摘しているように、日本列島は「たえず優位な文化から岸辺を洗われてきた辺境の島国という歴史的な宿命を負ってきた」のである。

　吉本は『初期歌謡論』の中で次のように述べている。

わが国では、文化的な影響をうけるという意味は、取捨選択の問題ではなく、嵐に吹きまくられて正体を見失うということだった。そして、やっと後始末をして、掘立小屋でも建てると、まだ土台もしっかりしていないうちに、つぎの嵐に見舞われて、吹き払われる。もちろん、その度ごとに飛躍的な高さに文化はひきあげられた。でも、その高さを狐につままれたように、実感の薄いままに踏襲しなければならなかった。

詩歌の歴史も、それとちがわない。古代の歌謡から和歌がうまれ、和歌の胎内から連歌や俳諧が発生し、また、近代詩がうみだされたという歴史は、詩歌の形式的な変遷を語るとともに、その折り目ごとに何かしらの外来の文化的な影響をもかんがえに入れなければ、とうてい解き難いような裂け目を露出した。〈中略〉すべての詩形は、時代に応じてべつべつの器にそれぞれの内容を盛りこみながら、横隊にならんでそれぞれの詩形には抜きさしならない断層があった。

吉本隆明『初期歌謡論』

吉本隆明の詩歌の歴史に文化的な断絶を見出す考え方は、先に紹介した柳田國男の「古語としての方言」に対する認識と近い。また時代毎の言説を成立させる知的枠組み（エピステーメ）に「断絶」を見出す考え方は、ミシェル・フーコーのような二〇世紀を代表する哲学者の「知の考古学」の認識とも重なる。

つまり私たちが日本的であると考えている文化は「嵐に吹きまくられて正体を見失う」ような「断絶」を通して「飛躍的な高さ」にまで発展してきた危ういものに他ならない。

そしてこのような「断絶」を通した文化の発展の歴史は、吉田修一や私が生まれ育った長崎にも当てはまる。

長崎は中国やオランダなどの「優位な文化」の洗礼を浴びてきた「代表的な岸辺」であり、江戸時代の和洋折衷の文化の拠点であった。と同時に長崎は本州の西端に位置し、「島や岬の端」が多く、過去に伝わってきた都の言葉をさほど変化させることなく、「古語貯蔵所」としても機能してきた「訛りの強い場所」でもあった。

例えば、かつての長崎南校の「校区」に多く含まれていた長崎の離島や岬毎に存在してきた方言は、長崎市街地に住む人々の訛りとも異なっている。

柳田や吉本がいうように文化や文明が「断絶と貯蔵」を繰り返しながら発展をしてきたとを考えれば、現代日本の都会の酒場で「ミクスチャーな訛り」が飛び交うのも、何ら不思議な光景ではない。

都会で暮らす現代の人々も、様々な訛りを帯びた言葉や感情を再編集しながら、自己のスラングを紡ぎ出しているのである。私たちは方言やスラングなどの訛りの中に「郷愁」を想像的に回復しながら、新たな訛りを再構築し、言葉を基軸とした都市文化を発展させているのである。

長崎と東京のギャップについて、吉田修一もインタビューで次のように答えている。

「長崎から東京に出てきたときのカルチャーショックと、東京からニューヨークに行ったときのカルチャーショックでは、長崎から東京の方が一〇倍も一〇〇倍も大きかったんです」（前出、「小説の神様は全然降りてこない」）と。

おそらく吉田修一という作家は、無意識的に長崎をはじめとする「地方」の土地に根ざした人々の生き方の中に伝統の「断絶」と「貯蔵」を見出し、方言や訛りの中に「郷愁」を想像的に回復しながら、小説を紡ぎ出しているのだと思う。

三―三　男女別の秩序

1

近代社会では、どんなに大切な「汝」との関係を築いたとしても、そこには人間関係上の努力ではビクともしないような社会秩序や「しがらみ」が介在しているのも確かである。ブーバーの言葉を借りれば、「祈りが時間の中にあり、犠牲が空間の中にある」ような社会こそが近代社会である。つまり近代においては「祈り」に象徴される信仰に根ざした秩序が現実の空間を支配することは少なく、自由を付与された個々人に、日常的に社会的、経済的な「犠牲」を強いるような社会秩序や「しがらみ」が現実の空間を占めている。

どんなに家父長制下の家族観が、近代において「前近代的なもの」として想像的に作られたものであっても、その幻想は社会秩序や「しがらみ」となって、日本全国、津々浦々に浸透している。

そもそも家父長制下の「男は仕事、女は家事」という分業形態は、農耕社会の中では必ずしも一般的なものではなかった。日本の農耕社会においては男女の協業が一般的であり、家督に関しても長男が一括で相続する場合が大半であった。このため、次男以後の男の地位は相応に低く、必ずしもすべての男性の社会的地位が高かったわけではない。つまり男女別の社会秩序の中にも重層的な加害・被害関係が存在していた。

「男は仕事、女は家事」という分業を基にした社会秩序のあり方は、近代に入り富国強兵政策と結び付いた「男女別の分業」を通して強化されてきたものである。マルクスが『ドイツ・イデオロギー』で言及しているように近代社会の発展は、分業の発展と共にある。

男の仕事には、徴兵に応じ兵士として戦争に参加することが含まれ、女の家事には、子供を産み育て人口を増やし、国力の増大に寄与することが含まれる。富国強兵政策と「男女別の分業」の普及によって、江戸時代に三千万人程度だった日本列島の人口は昭和初期には一億人を超えるようになる。

上野千鶴子の『近代家族の成立と終焉』によれば、男女別の秩序の形成には、近代日本が推進した公教育も大きく寄与しているという。

例えば明治初期までは、男も女も一人称を表す言葉として「我」が用いられるのが一般的であり、方言によっては男女を問わず「わし」「おれ」という言葉が使われていた。確かに吉田修一や私が生まれ育った長崎でも「おいとわい」という言葉は、昔は男女の区別なく使われていたと聞く。

しかし近代に入り、国語（標準語）が教えられるようになると、小学校では最初に「ぼく」と「わたし」という言葉が教えられるようになる。言い換えれば、国語（標準語）の教育を通して「男女別の近代的な秩序」が浸透していくのである。

吉田修一は、このような男女別の「言葉の秩序」が持つ残酷さに敏感である。彼の小説に同性愛者の描写が多いのも、男女別の分業を当たり前のように受容している世の中に、言葉のレベルで違和感を覚えているからであろう。

そしてこのような秩序から零れ落ちてくる問題は、血縁や地縁の「しがらみ」が薄い都会と、血縁や地縁の「しがらみ」が強固な地方とでは、その残酷さ、闇の深さにおいて大きな違いが生じる。

吉田修一の『東京湾景』は、都会と地方の「しがらみ」の密度の違いを描いた作品である。この小説は品川埠頭を舞台にしたラブストーリーで、フジテレビの月曜九時枠でドラマ化されている。ドラマは原作と設定や描写が大きく異なるが、原作となった小説は上京してきた「英二」が地方で生活していたときの「しがらみ」を丁寧に描くことで、都会と地方の男女別の秩序の違いを描くことに成功している。

「どうしても行かなきゃ駄目かな?」

まだ十八だった英二は、桜井先生がジャスコで買ってきた喪服に袖を通しながら訊いた。鏡台の前で、真珠のネックレスをつけていた先生が、「私たち、これからきちんと付き合ってくんでしょ?　だったら来てよ」と、鏡に向かって答える。

英二は小さく舌打ちをした。

高校の国語担任だった桜井彩子と、英二は高校を卒業してすぐに一緒に暮らし始めていた。三交代制の自動車部品工場での勤務は、かなりハードな仕事だったが、アパートへ帰れば先生がいることで、仕事での疲れなど吹っ飛んでしまう。

ただ、二人が幸せを感じれば感じるほど、周囲の人たちの目は厳しく、英二の両親に宛てて先生が書いた手紙は、いつも封も切られずに送り返されてきたし、息子が大学進学を諦めたのを先生のせいにしている。同棲を始めて以来、先生のほうでも一度も実家に戻れずにいる。

「いいチャンスなのよ。せっかく、お母さんが呼んでくれたんだから。これでやっと、英二のこと紹介できる」

真珠のネックレスをつけ、鏡の前で首を伸ばしている先生の横顔は美しかった。先生の父親の七回忌法要に、英二を連れて顔を出せと、先生の母親から電話があったのは、法要の三日前のことだった。電話口で、「ありがとう」と、ほとんど涙声で礼を言う先生を、英二は寝転がったベッドの上から眺めていた。教師になった自分の娘が、その教え子に手を出した。同じく学校の教師だったらしい母親には、どうしても許せぬ恋らしかった。

吉田修一『東京湾景』

もしこれが男性教師と女子生徒の関係だったらどうだろうか。そういう小説や漫画やドラマは数多く制作されている。自分の高校時代を振り返っても、卒業生の女性と結婚した男性教諭は何人かいたし、男性教諭と卒業生の恋愛は、ロマンティクなエピソードの一つとして、生徒たちにごく自然なものとして受容されていた。

しかし女性教師と男子生徒の場合は、どうだろうか。ポルノ映画でこのような設定が多用されているように、現代の日本では、少なからずそこに「卑猥なニュアンス」が生じやすいのは確かだろう。

また学校の教師という存在は、人口の多い都市部とは比べものにならないほど、田舎では目立つ存在である。高校教員の彩子と、その元教え子で、大学の進学を諦めて自動車部品工場で働く英二の同棲生活は、田舎では非道徳的なものとして、厳しい目で見られる傾向にある。

男子生徒が大学進学を諦めて、高卒で教師と結婚する場合と、女子生徒が大学進学を諦めて、高卒で教師と結婚する場合では、田舎であればあるほど、異なる道徳が機能してしまう可能性が高い。桜井の母親も同じく学校の教師だったというが、娘が「教え子に手を出したこと」が、自己の道徳に照らし合わせてどうしても許せないらしい。

そういう中、一八歳の英二が、彩子の父親の七回忌法要に、彩子と将来を約束した相手として出席することになる。彩子は恋愛経験に乏しく、不器用な性格であるため、親との関係の修復で頭が一杯となり、行きたくもない法事に付き合わされ「小さく舌打ち」をしている英二を気遣うことができない。

先の引用文に続く一節は、現代を舞台にした恋愛小説としては珍しく、血縁と地縁の「しがらみ」が重層的に折り重なった残酷な場面である。言い換えれば、吉田修一の作品らしい、読み応えのある「修羅場」でもある。吉田は「訛りを帯びた感情」が引き起こす残酷な修羅場を、地に足の着いた言葉で描き出すのが上手い。

事件は、その法要後の酒席で起こった。末席でじっと座っている英二の耳に、ちくりちくりと親戚たちのいろんな批難の言葉が刺さってくる。自ら呼んだくせに、当の英二の若さを目の当たりにした途端、先生の母親は奥の部屋からほとんど出てこなくなっていた。

「あれが彩子の付き合ってる男か？　まだ、子供じゃないか」

「お義母さん、いっつも、うちの彩子は、うちの彩子はって、自慢してたのに、その彩子さんがあれだもん。笑っちゃうわよ」

次々に酒が振舞われ、届いてくる言葉も辛らつで下品になってくる。

「彩子もあれだな、これまでずっと真面目だったもんだから、急に箍《たが》が外れたんだろ。遅咲きの女は、色に狂うと深いからな」

「麻疹みたいなもんよ。若い男の子なんて、すぐに別の女に走ってくわよ」

「おい、彩子に聞こえるだろ」

「聞こえたっていいじゃない。いっつも、お義母さんから、娘の彩子は、娘の彩子はって、自慢されて、比べられて、嫌な思いしてんだから……。こんなときぐらい愚痴の一つも言わせてよ！

……何よ、自慢の娘が、若い男を囲って、それも自分の教え子だってんだから、笑っちゃうわよ。

……そりゃさ、あんなぴちぴちした若い肌だもん、一度くっついたら、そうそう別れられるもんですか。女の業ってすごいんだから。特に、あんな真面目な顔をしてる彩子さんみたいな女っていうのは……」

どの辺まで、これらの会話を聞いていたのか、英二はあまり覚えていない。胸の奥からこみ上げてくる怒りを、じっと堪えているうちに、いつの間にか涙が溢れそうになっていた。これではまるで、先生が、ただ若い男のからだだけが目的で、自分と付き合っているのだ、と言われているようだった。自分と先生は、もっと崇高な思いで向かい合っているはずなのに、ただ年齢が若いというだけで、何も知らぬ大人たちが、その二人の思いを下品な言葉で汚す。

『東京湾景』

「まだ、子供じゃないか」と言われる英二の見た目の「子供っぽさ」と、「うちの彩子は」と自慢される彩子の見た目の「真面目っぽさ」が読後の印象として強く残る。このような視覚的にわかりやすい情報が、容易く身内の間で酒の肴とされてしまうのが、田舎の親族の集まりが持つ闇の深さである。

明るい性格の横道世之介であれば、「江戸時代は一一歳から元服だから、彩子と付き合っても大丈夫ですよね」などと、冗談混じりに会話を弾ませることもできただろう。しかし英二も彩子も不器用な性格であるため、その場を取り繕うような言葉を紡ぎ出すことができない。

「若い男の子なんて、すぐに別の女に走ってくわよ」、「彩子もあれだな、これまでずっと真面目だったもんだから、急に箍が外れたんだろ。遅咲きの女は、色に狂うと深いからな」といった彩子の身内からの罵詈雑言は、何れも彩子の教師としての人格を一刀両断するもので手厳しい。『悪人』の一節を借用すれば、「三日も続けて外出すれば、必ず昨日会った誰かと再会する」ような田舎町では、女性の教師とその教え子の同棲生活は「卑猥なもの」と見なされ、道徳を振りかざした批判者たちの餌食にされてしまう。

彩子の親族からの罵詈雑言を聞いた英二が「先生が、ただ若い男のからだだけが目的で、自分と付き合っているのだ、と言われている」と受け止めてしまうのも無理はないだろう。

2

そもそも彩子と英二の交際は不器用ながら真剣なものである。彩子は英二との交際を親に認めてもらおうと努力し、七回忌に英二と一緒に出ることが認められると、涙声で「ありがとう」とまで口にしている。しかし田舎の身内の集まりには固有の「しがらみ」があり、彩子が英二を父親の法事に連れて行き、交際を受け容れてもらうには高いハードルが存在する。


こんなからだなどなくても、先生は俺を愛してくれる。俺と先生は、からだのもっと深いところで、しっかりと重なり合っている。

座敷での下品な会話はまだ続いていた。自分でも気がつかないうちに、英二はその場で立ち上がった。一斉にみんなのニヤけた視線が英二に向けられる。

英二は横にあった火のついていないストーブを蹴り倒した。途端、悲鳴と怒号が、座敷に響く。興奮して、自分でも何をやっているのかわからなかった。蹴り倒したストーブから英二は灯油の缶を引き抜いた。

「英二くん！」と叫ぶ先生の声は聞こえたが、動き出したからだが止まらなかった。

英二は灯油缶を抱えると、フタを開けて自分の胸に灯油をかけた。

「こんなもんなくっても、先生は俺と一緒にいてくれるんだよ！」

灯油に濡れた白いワイシャツが、胸にべったりと貼りついていた。英二はテーブルに置いてあったライターで火をつけた。悲鳴を上げて、座敷から逃げ出そうとする女たちが、畳の上で転倒し、更なる悲鳴が立ち上がる。

ライターで点火された火は、あっという間にワイシャツに燃え移った。英二は立ち上がった炎に、まつげが燃える臭いを嗅いだ。そのときだった。誰かがいきなり飛び掛かってきた。その弾みで、英二は後ろにひっくり返った。あっという間のできごとだった。次から次に伸びてくる手や足に、英二は畳の上を転がされ、炎の立つ胸を叩かれ、水をかけられ、最後は濡れた座布団で身動きできないほど押さえ込まれた。

肩で息をしながら目を開けると、悲鳴はやみ、座敷はシンと静まり返っていた。何人もの荒い息遣いだけが聞こえる。胸を破られるような痛みが走ったのはそのときだ。シンと静まり返った座敷の中に、「痛ってぇ。マジ、痛ってぇー」と叫ぶ英二の情けない声だけが残った。


『東京湾景』

このような酒席の会話を通して、田舎の血縁や地縁に結びついた「しがらみ」の排他的な側面を露わにしていく描き方は、吉田修一らしくもあり、オーソドックスな近代文学らしい手法でもある。教え子であっても結婚して、周囲に夫婦として認知されれば、状況は変わるかも知れない。そう焦った彩子とその母親は、その準備として、一八歳の英二を法事の場に連れ出してしまう。このことで彩子は田舎の「しがらみ」に絡みとられた被害者となるだけではなく、結果として英二を自殺未遂へと追い詰める加害者にもなってしまう。

この一節は、劇中人物たちが理不尽な「しがらみ」に絡め取られて、藻掻き苦しむ、吉田修一の作品らしい残酷な場面である。結果、英二は彩子とその母親から守られることなく、誹謗中傷の矢面に立たされ、冷静さを失って、灯油を被り焼身自殺を遂げようとしてしまう。

そもそも田舎から若者たちが離れている日本の現状を考えれば、田舎ほど年齢や国籍を問わず、様々な恋愛や婚姻を許容する必要に迫られている。例えば直木賞作家の桜木紫乃は、デビュー作の「雪虫」で、十勝平野の農家の息子にフィリピン人の妻が斡旋される様子を描いているが、外国から妻を迎えることなしには、人手不足で存続することが難しい農家は、現代日本には多すぎるほど多い。

ただ情報の少ない田舎では、ちょっとした価値観の違いが、村八分にされる遠因となってしまう。このため、慣れ親しんだ価値観の外に出て、外国人の妻を娶《めと》るといった大胆な行動に出ることは、都会以上に田舎では難しい。

話を吉田修一の『東京湾景』に戻すと、未婚の女性教師が、卒業した教え子と交際することは、それほど問題なのだろうか。上述の通り、未婚の男性教師が、卒業した教え子と結婚することは「よくある話」として一般化している。先に引用した『東京湾景』の一節では、英二のドラマチックな自殺未遂の場面を通して、男女別の「婚姻の秩序＝しがらみ」が、彩子を追い詰めていく様子が露わになっている。

『東京湾景』は、表題から想像されるような都会的でおしゃれな恋愛劇ではない。田舎で焼身自殺を試みた不器用な若者が、上京して自分と似た不器用な女性と出会い、人生をやり直そうとする、泥臭く、血生臭い恋愛劇である。原作の大幅な設定変更も含めて、フジテレビの月曜九時のドラマとしては異質な作品といえるだろう。

彩子が国語教師であったことは皮肉である。前述のように彼女が専門としてきた「国語」を通して築かれてきた「男女別の秩序」こそが、彼女を追い詰めているのである。しかも彼女にもっとも苛烈な批判を加えているのは、「いっつも、お義母さんから、娘の彩子は、娘の彩子はって、自慢されて、比べられて、嫌な思い」をしてきた身内の女性である。

「比べられる」ほど似たような境遇で育ち、同じく田舎町に留まった女性が、「女の業ってすごいんだから。特に、あんな真面目な顔をしてる彩子さんみたいな女っていうのは」と、親戚たちの先頭に立って彩子を批判する姿は、実に痛ましい。比べられるほど似た「しがらみ」の中で生まれ育ち、不自由な立場に置かれてきた女性からの批判は、田舎に定着している男女別の秩序を、より強固な形で再生産することを助長してしまう。

この法事の後、彩子は、国語教師を辞めて地元を離れ、英二と暮らす道を選ぶか、英二と別れる道を選ぶか、二者択一を迫られることになる。

第四章

吉田修一の「故郷喪失」

四—一　故郷喪失

1

一般に近代小説というのは、「主人公が幾つもの顔を持つ」ものだと考えられている。なぜ「主人公が幾つもの顔を持つ」のかといえば、それは主人公が自由な都市の中で生活しているからである。

上述の通りマルクスは都市に住む労働者を「二重の意味で自由な存在」と定義している。そこには生産手段を持たないという意味での自由と、封建的な身分や土地拘束からの自由という二つの意味が込められている。マルクスの理論が強い影響力を持ち得たのは、このように革命の主体である労働者を、両義的な意味で「自由な存在」として定義したところに拠るところが大きいと私は考えている。

何れにしてもディケンズの小説がロンドンを舞台にし、バルザックの小説がパリを舞台にし、ドストエフスキーの小説がサンクトペテルブルクを舞台としているのは、彼らが描くオリヴァー・トゥイストやゴリオ爺さんやラスコーリニコフなど「近代小説らしい悩みを抱えた主人公」が、マルクスのいう意味での「二重の意味での自由」の中を生きているからだと私は考える。

近代小説は、都市生活の自由さを謳歌しつつも持て余すという、両義的な感情＝「感情の訛り」を抱える主人公の内面を描くことで発展してきた、といっても過言ではない。

近代文学の大家の小説の登場人物たちは、「二重の意味での自由」を手にしたことによって、都会で個人として暮らし、大都会ならではの辛苦を味わうことで、読者の感情移入を誘う。

読者はバルザックやディケンズやドストエフスキーの小説に登場する人物たちを通して、大都会での生活を、他人事のように相対化しつつ、現実感のあるものとして実感する。そしてその登場人物たちが都会に馴染めずに抱え込む「感情の訛り」に安堵しながら、都市生活とは何か、都市の政治・経済・文化を中心とした近代社会とは何か、思いを馳せるのである。

同様に吉田修一の作品の読者も、彼の小説に出てくる人物たちの「感情の訛り」を通して、現代日本の都市を生きる現実感を味わうことができる。


「漫画や映画と比べた時、小説の武器（小説独自の悦び）は何だと思いますか」という伊坂幸太郎の質問に対して、吉田修一は「主人公の顔が世の中に幾通りも生まれるということではないでしょうか」と、先の「文藝　二〇〇五年冬号」のアンケートの中で答えている。一読すると何ということのないコメントだが、具体的に吉田の作品の主人公の描写を思い浮かべながら考えて見ると、そこには一般論に回収できない異質さが感じられる。

例えば「パーク・ライフ」に出てくる女は、スターバックスが嫌いな理由を次のような「感情の訛り」と共に説明している。

「あの店にいると、私がどんどん集まってくるような気がするのよ」と。この説明に初対面の「ぼく」が面食らっていると、彼女は次のように弁明する。「ちょっと言い方がヘンか？　だから、あの店に座ってコーヒーなんかを飲んでると、次から次に女性客が入ってくるでしょ？　それがぜんぶ私に見えるの。一種の自己嫌悪ね」と。「ほら、よくいうじゃない、これは子供を産んでみないとわからない、これは親を亡くしてみないとわからない、これは海外で暮らしてみないとわからないなんて、それと同じよ。別に何したわけでもないんだけど、いつの間にか、あそこのコーヒーの味がわかる女になってたんだよね」と。

確かに、私たちが都会の人混みの中で苛立つ時、私たちは同じ場所なり、店なり、イベントなりに「自分と同じように」やってきた「都会に住む似た趣向を持った人たち」に対して苛立っているのかも知れない。それは「パーク・ライフ」の女がいうように、一種の自己嫌悪に違いなく、都市で生活するとはこのような一種の自己嫌悪を飼い慣らすことだと考えることができる。

言い換えれば、自分と同程度のことを考えている人間が、想像以上に沢山いることを受け入れ、その事実に苛立たないことこそが、都会で生活するための必要条件なのである。

吉田が「パーク・ライフ」の中でスターバックスの固有名詞を使っていることは、芥川賞受賞作品ということもあり、一部の批評家に批判された。ただ吉田は固有名詞の使い方についてインタビューで次のように語っている。

「梶井基次郎の『檸檬』って小説がありますよね。あれには丸善が出てきます。そして、丸善という店をさらっと丸善としてしか書いてない。あれこそぼくがやりたい固有名詞の使い方です。その当時の丸善を知らないのに、作家が描きたかった丸善のイメージがちゃんと伝わってくるんですよね」（楽天ブックス　著者インタビュー『7月24日通り』）と。

『檸檬』のように文学史に残る作品も、その時代の価値観やパラダイムの下で書かれている。このため、その時代を象徴する固有名詞は、作品にとって欠点となるものではなく、使い方次第では武器にもなり得るものである。吉田修一の「スターバックス」の使い方も、現代の都市生活者が感じる「自己嫌悪」を物語る「武器」として一定の説得力を有している。

この小説が書かれた当時と比べると、日本ではスターバックスは珍しい店ではなくなったが、その一方で「〜してみないとわからない」という考え方や、別に大したことをしたわけでもないのに、「〜をしたことで〜がわかった気になる」という感覚は、より一般的になってきたといえるだろう。吉田修一は、現代社会らしい若い男女の価値観のパラダイムの変化を、日常描写の中から抽出して表現するのが上手い。

『日曜日たち』の「日曜日のエレベーター」に出てくる女は、「この世で一番嫌いな場所はどこ?」という質問に「デパートの地下食料品売場」と答えている。理由は「あそこにいる人たちが、みんな何か食べることを考えているのかと思うとぞっとする」からだという。

確かにデパ地下というのは、スーパーやショッピングモールよりもダイレクトに「食べる」という欲求と結び付いた場所である。なぜならそこには調理され、すぐに口に入れて「うまい」と思うことのできる様々な高級総菜が、広いスペースに陳列されている。それは膨大な数の人たちが暮らし、食欲を抱くことなしには存在し得ない、都市に固有の風景であり、食欲が無いときに見れば、「一種の自己嫌悪」を感じてしまうような風景であろう。

「一種の自己嫌悪」無しに都会のデパ地下の風景を活気あるものとして楽しめるようになったとき、その人は都会の人間になったといえるのかも知れない。

「flowers」に登場する僕は、清涼飲料の配送の仕事中、「毎日毎日、同じルートを廻ってると、ふっと外へ飛ばされるような気がしないか?」と同僚に聞かれ、戸惑いながら次のように述べている。「地球を回っている人工衛星が、ふっと力を抜き、『いち抜けたぁ』なんて言いながら、地球の引力から外れ宇宙の彼方へ飛んでいく――そんな姿が目に浮かんだ」と。

「人工衛星」という喩えは、都会の生活に馴染めないまま、都市を浮遊するように生活している人々の「無機質な現実感」を捉えた、小説らしい表現といえる。

『東京湾景』に出てくる「涼子」は、携帯サイトで出会った亮介に対して次のように述べている。

「……キヨスクって、小銭の世界でしょ。だから、ずっと働いてると、自分まで小銭になったような気がして、ときどき嫌になるのよ。暗算だって必要以上に速くなっちゃうし、この前なんか、友達に『ガム食べる?』なんて差し出された途端、その商品の値段を言いそうになっちゃうし……〈中略〉簡単に見えて、結構大変なんだから」

おそらく彼女が「大変だ」と感じているのは、キヨスクの仕事そのものではない。キヨスクの仕事に就いたことで、仕事を離れた場所でも「小銭を数えるような生き方」をしてしまう「自己の不器用さ」に他ならない。

彼女のように、外見は都会で颯爽と生きているように見える女性であっても、内に「不器用さ」を抱えながら、都会の風景に溶け込んでいることもあるのだと思う。

このような「不器用さ」は『パレード』の未来がいうように「他人に期待される自分」を演じて生きる都市生活者が内に抱える「感情の訛り」のようなものであると言い換えることができる。

『東京湾景』で彩子との恋愛が承認されず、焼身自殺を試みた「英二」が、その後の人生の中で「涼子」の「不器用さ」に親しみを感じ、惹かれていくのも無理はない。

『ランドマーク』に出てくる鉄筋工の隼人は、性的な趣味が高じて貞操帯を着けて生活している。ただ周囲の人間が誰もそれに気付かないことに、違和感を覚えて次のように述べている。

こんなもんつけてるやつが、そばにいたり、ふらふら街を歩いたりしてんだぞ。……気味悪くねぇか？　もうちょっと早くバレて、笑われて、それで終わりなんだろうって思ってたのによ。それが、いつまで経ってもバレねぇんだよ。……な？　ちょっと気味悪くねぇか？〈中略〉

俺がこんなもんつけてんのに、誰も気づかないよな？　ってことは、なんていうか、俺が何したって誰も気づかないんじゃねぇかって。たとえば、俺が急にいなくなってもさ、誰も気づきもしねぇで、俺が建てたビルだけが、そこにぽつんと残んだよ。な？　ちょっとイメージしてみてくれよ。せつねぇぞ

吉田修一『ランドマーク』

都会には人間が多い分、変わった趣味を持つ人も数多くいるが、そういう変わった趣味を無関心に放っておく人が多いのも確かだろう。だとすれば変わった趣味を持つ人と同等かそれ以上に、それを無関心に放っておける人も「変わっている」と考えることもできる。

隼人はこういう趣味が「早くバレて、笑われて、それで終わり」にならないような他人への無関

心を「気味悪くねぇ」と感じているのである。そしてどんなに有名で立派なビルを建築したとしても、そういう相互に無関心な人々の中で働き続けることを「せつねぇ」と感じているのである。『横道世之介』では、「世之介」が上京して初めて「ホームレス」を見た時の驚きと、それに慣れるようになった自分への違和感が、次のように表現されている。

考えてみれば、ホームレスを世之介が初めて見たのも、ここ東京である。上京してきたばかりの頃は、たとえば駅のコンコースで、たとえば都心の公園で、段ボールを広げた彼らを見かけると、世之介はまじまじと見つめていた。正直、彼らがなぜこんなことをしているのか理解できなかったのである。仕事を見つけて働けばいいのにと単純に思うこともあった。誰か助けてくれる家族はいないのだろうかと首を傾げたこともある。生まれて初めて彼らを間近に見る世之介にとっては彼らの存在が不思議で仕方なかった。

しかしそれも最初の数ヶ月のことだった。通学路、バイト先へ向かう道、ある意味どこへ行っても彼らを見かけるようになるにつれ、気がつけばなぜ彼らがこんな生活をしているのかという疑問さえ抱かぬようになっていた。

あれはいつ頃だったか、原宿から渋谷のほうへ歩いていると、小さな児童公園の植え込みにホームレスの男性が一人寝ていた。いや寝ていたというよりも倒れていたのだと思う。もしもその日に上京していたら世之介はきっと声をかけたと思う。なにしろ道端で人が倒れているのだ。しかしその時の世之介は一瞥《いちべつ》しただけで通り過ぎた。本当に何も感じなかったのである。

世之介のように長崎の漁師町で生まれ育った人間にとって、ホームレスは異質な存在である。吉田や私が生まれ育った長崎市内でも、ホームレスは珍しい存在であり、歩いていれば、子供から大人まで「誰かに世話を焼かれる」ことの多い存在であった。

原爆災害を経験し、互いに励まし合って復興してきた長崎には、ホームレスの人たちを放っておけない、という相互扶助の風土が長らく存在してきたのだと思う。だから私も大学に入り東京でホームレスを見た時、世之介のように驚いた記憶がある。

ただ東京ではホームレスは珍しい存在ではなく、当たり前のように街中で無視され続けられる存在である。彼らはすれ違う人々に、都会の常識であるかのように「そこに存在しないもの」として扱われている。上京して間もないとき、私も東京で生まれ育った友人がホームレスの存在に驚かないことに、強い衝撃を受けた記憶がある。

同様に世之介が違和感を覚えているのも、ホームレスの存在そのものではなく、ホームレスを「一瞥しただけで通り過ぎる」ような都会の人々である。そしてその都会の「空気」に、当たり前のように溶け込んでいる自分自身の姿である。「道端で人が倒れている」ことに驚かなくなった時、地方出身者は都会の「空気」や「水」に適応した人間になったといえるのかも知れない。

『パレード』に出てくる亮介は、上京したばかりの頃、なぜ「電車の中で歩く人たち」がいるのか、そしてなぜ他の人たちがそのことに無関心なのか、違和感を覚え、次のように回想している。

まだ入学して間もない頃、学校帰りに佐久間と二人で山手線に乗った。当時ぼくには上京以来、ずっと気になっていたことがあった。

「なぁ、今の人たち、どこに行くんだろ?」

吊革に摑まったぼくが、この時、佐久間に尋ねたのは、電車が走っている最中、別の車輛へと移動していく人たちのことだった。もちろん今なら、彼らが自分の降りる駅の出口に一番近い車輛へ移動しているだけのことだと分かっているが、当時はそんな合理的な考えがこの世にあるとは思ってもいなかった。

「今の人たちって?」

佐久間は質問の意味さえ分からぬようで、『もしかすると、どこかの車輛にトイレがあるのかもしれない』とずっと考えていたぼくは、思い切って佐久間にそう尋ねてみた。彼はやっと質問の意味を理解したらしく、「ああ、あの人たちな」と肯《うなず》いたあと、「トイレじゃないよ、ビュッフェだよ。ビュッフェ」と言った。

もしもこの時、佐久間が、『レストラン車がある』と言ったのであれば、さすがのぼくも疑ったのだろうが、缶ジュースや新聞を売るビュッフェくらいなら、山手線の車輛の中にもありそうな気がしてしまった。悔しいから未だに佐久間には言っていないが、それからぼくが、どれほど山手線の車輛を歩き回り、幻のビュッフェを探したことか。

吉田修一はこのように、地方から上京した人々が上京した当初に抱き、やがて忘れていった都会の現実感を、細かなエピソードを通して抽出するのが上手い。

確かに、上京したばかりの頃、私も電車の中で歩く人たちに「危なくないのか」と驚いた記憶がある。揺れが激しく、一両編成に過ぎない長崎の路面電車の車内では、走行中に乗客が車内を歩くという習慣そのものが存在しない。この引用文を読んで気付かされるのは、いつの間にか「標準語」に慣れたように、私自身も「電車の中を歩くこと」にも違和感を覚えなくなったという事実である。

そこには「慣れ」という言葉では言い尽くせない「なにか」が存在するように感じてしまう。『悪人』の祐一はＪＲの電車のことを「汽車」と呼び、路面電車のことを電車と呼んでいる。祐一や吉田や私のように長崎市で生まれ育った人間は、ＪＲの電車のことを「汽車」と呼んで路面電車と区別する。なぜなら長崎市に住む人間にとってＪＲの電車に乗るのは、旅行や部活の遠征に行く時ぐらいであり、それは日常的な行為ではなく、非日常的な行為だからである。

おそらく私と同様に長崎出身と思しき「亮介」も、山手線の車内を非日常的な空間だと感じ、そこに「ビュッフェ」があると勘違いしたのだと思う。

未だに多くの地方出身者にとって、上京したばかりの頃の都会の風景というのは、非日常的なものであるだろう。例えば渋谷のスクランブル交差点は、地方から上京した人々にとって人通りの多さに驚く場所であるだけではなく、近年では外国人観光客の多くにとっても珍しい場所として、人気を集めている。

いつの間にか、自分を含めて、東京に住む人々はスクランブル交差点を、違和感を覚えることなく渡れるようになり、都会の非日常性に何ら違和感を抱くことなく、その風景の中に溶け込んでいるのである。そもそも東京のように、人口が集中する大規模な都市は、世界を見渡しても、両手で数えることができるほどしか存在していない。

もちろん電車の中を歩く人たちは、目的地により速く着くために歩いているのだろう。ただ経験的に考えても、電車の中を歩いたからといって、その安全上のリスクに見合うほど多くの時間を節約できるわけではない。

『パレード』に登場する未来がいうように、私たちは都会の中で「一番ぴったりと適応できそうな自分を、自分で演じていく」うちに、いつの間にか自分を自分で急かしながら「電車の中を歩く」ように生きているのだ。

精神分析の知見を踏まえれば、私たちはいつの間にかフロイトのいう「超自我」のように欲望を抑圧する規範を、「都市の生活にぴったりと適応できそうな形」で作り上げて、無意識のうちに発動させているのである。

『春、バーニーズで』の筒井は、京王線に乗っていて人身事故に遭遇した時の出来事を、尾ひれを付けて次のように語っている。

その話のなかで、筒井は一番まえ、それも前方が見渡せる運転士の背後に立っていたことになっており、「じゃあ、じゃあ、その瞬間を見たの?」と美雪に訊かれて、「見たよ。あのぶつかる直前の、こっちをキッと睨んだそいつの顔が、まだ頭から離れないよ」などと情感たっぷりに様子を語った。もちろん、筒井はその瞬間など見ていない。電車に飛び込んだのが、男か女かさえ知らなかったし、実際にはとつぜん停車した車内で多少の混乱は起こったものの、すぐに事務的なアナウンスが流され、十数分後には何事もなかったかのように電車は走り出したのだ。あの電車は、車輛の下にまだ転がっているはずの死体を踏んで発車した。そうしなければ、死体を片付けられなかったのだろうが。

『春、バーニーズで』

都会で人身事故を経験した筒井の話には尾ひれが付いているが、彼は死体を踏んだ電車が、十数分後には何事もなかったかのように発車したことに違和感を覚えている。このような人身事故の事後処理に対して抱く違和感は、田舎から上京してきた都市生活者らしい、リアルなものである。

もちろん乗降客の多い東京の鉄道会社は、乗客の輸送を安定的に行い、都市の経済活動を支える必要に迫られているから、人身事故が起きる度に「坊さんを呼んでお経を唱えてもらう」わけにはいかない。都市の経済活動を正常に機能させるには、人身事故の死体の処理は迅速に行われ、このような業務は一定の確率で起こるものとして、駅員の仕事の一部としてマニュアル化されておく必要がある。

それでも筒井は、人身事故が起きた瞬間のことを尾ひれを付けて語ることで、その日、京王線に飛び込んで亡くなった人がいることを、無意識的に記憶に留めたかったのだと思う。

いつの間にか私たちは、人身事故が起きても、死者やその家族のことを気遣うことなく、電車が遅れることに、日々苛立つような生き方をしているのである。

筒井が「死体を踏んで発車した」という京王線の車内で感じた違和感は、鉄道会社への違和感であるだけでなく、人身事故による電車の遅延に苛立つような生き方をしている自分自身への違和感でもあり、都市生活をあたり前のものとして享受している自分自身に対する「感情の訛り」であったと考えることができる。

2

吉田修一が描く「上京した地方出身者」の姿を連想させるものとして、ビートルズの「Two of Us」という曲がある。一般にこの曲は帰郷の歌であると考えられているが、離郷の歌でもあると私は思う。

Two of us riding nowhere
Spending someone's
Hard earned pay
〈中略〉
We're going home
You and I have memories

Longer than the road that stretches out ahead
〈中略〉
We're going home
Better believe it

この曲を作ったポール・マッカートニーによれば、「Two of Us」の「Two」は彼自身と、当時、結婚間近だったリンダ・イーストマンのことを指すらしい。ただこの曲はビートルズ解散の間際に作られた曲であるから、ファンの間では、「Two」とはポールとジョンの二人のことではないかという意見も根強い。

その真偽はおくとして、この曲の良さは、「帰郷するときの感情」と「離郷するときの感情」の双方を、表裏一体のものとして歌っている点にあると思う。この曲の行間からは、生まれ故郷の「しがらみ」に対する「僕」の両義的な感情が伝わってくる。「You and I」という一節ではじまるこの曲の根底には、「我と汝」の関係に似た親密さが感じられる。

「僕ら二人、行くあてのないドライブ　誰かが懸命に稼いだ金を使って　僕らは故郷に帰ろうとしているのさ　これまでの君と僕との思い出は　僕らの前に広がっている道よりも　ずっとずっと長いんだ　僕のいうことを信じた方がいい　僕らは本当に故郷に帰るんだよ」とマッカートニーは歌っている。

この曲で歌われているように、二人で故郷に帰ることは、一人で故郷に帰る場合とニュアンスが異なるのだと思う。一人で自分の故郷に帰るのであれば、都会での暮らしを忘れて、一から出直すことは容易であるが、親密な恋人同士の二人で帰るのであれば、それまでの都会での二人の暮らしを、故郷では思い出として引き摺っていくことになる。

故郷では二人が出会い、共に過ごした都会に比べると、不便で不自由に感じることもあるかもしれない。都会で二人で築いた「我と汝」の親密さは、上述の「破片」に登場する真吾兄と「カァ」の関係とは異なって、故郷ではそれほど持続しないかも知れない。

「君と僕との思い出は　僕らの前に広がっている道よりも　ずっとずっと長いんだ」という一節には、帰郷と離郷についての両義的な感情が集約されている。つまりここには「これまでの思い出の方が、これからの思い出よりも大事なものになるかも知れない」、もしくは「都会での二人の暮らしの記憶が、これからの人生の重しとなるかもしれない」という言外の意味が感じられる。

もちろんこの曲に出てくる二人が、都会で何を経験し、どのような理由で郷里に帰るのかは、わからない。ただこの曲が、都会での生活を諦めて故郷に戻らざるを得ない事情を抱えた恋人同士の感情を歌ったものであることは確かだろう。

一般に小説や映画では帰郷というのは、喜びや安堵に満ちたものであり、離郷というのは、不安や悲しみに満ちたものとして描かれる。ただ農村から都会へと人口が流入してきた近代では、このような感情は時として逆転する。

例えば「離郷」が故郷の血縁や地縁の「しがらみ」から解放される「喜び」を意味し、「帰郷」が都会で一旗揚げるのに失敗して、人生の再起をはかることへの「不安」を意味する場合もあるだろう。

つまり近代に入り、工業化が進んで農村から都会へ労働者が大量に移入するようになると、帰郷と離郷に付随する感情は、それ以前よりも両義的な色彩を帯びるのである。例えば夏目漱石の『道草』は、次のような一節で始まる。

健三が遠い所から帰って来て駒込の奥に世帯を持ったのは東京を出てから何年目になるだろう。彼は故郷の土を踏む珍しさのうちに一種の淋し味さえ感じた。

彼の身体には新らしく後に見捨てた遠い国の臭《におい》がまだ付着していた。彼はそれを忌《い》んだ。一日も早くその臭を振い落さなければならないと思った。そうしてその臭のうちに潜んでいる彼の誇りと満足にはかえって気が付かなかった。

夏目漱石『道草』

この一節で漱石が記している「帰郷」の表現には、少々込み入った意味が込められている。『道草』は、漱石が生まれ育った東京を離れ、松山や熊本で教鞭を執った自身の経験を基にして記された作品である。若き夏目漱石は、現実に東京帝国大学を卒業しても、地方でしか高等教育に関わる仕事を得ることができず、故郷である東京を離れることとなった。

本来、漱石にとって、故郷の東京への帰還は手放しで喜ぶべきものであったはずだった。しかし漱石には田舎に下り、教育経験を積んで東京へと凱旋してきたことへの強い自負がある。このため、漱石の東京への帰郷は「一種の淋し味」を感じるものであり、無意識的に「その臭のうちに潜んでいる彼の誇りと満足」を帯びるものであった。

つまり『道草』の健三やこれを書いた漱石にとって帰郷と離郷は、「Two of Us」の「僕」のように、両義的なニュアンスを持つものだったといえる。

「Two of Us」という曲には、夏目漱石も自己の小説に記さずにはいられなかったような帰郷と離郷についての両義的な感情が凝縮されている。

この曲には、恋人たちの都会での「甘い思い出」と、帰郷した後の生活への不安の双方が描かれているから、甘く切ない、両義的な響きが感じられる。言い換えれば、この曲は故郷を離れて都会に出て行くときの「開放感」と、都会で夢破れて帰郷するときの「喪失感」の双方が交錯しているから、魅力的なのである。

そしてこの曲と同様に、吉田修一も「離郷するときの開放感」と「帰郷するときの喪失感」を両極とした感情を、長崎などの地方を舞台とした作品の下地にしていると私は考える。これまで私が「感情の訛り」と呼んできたものは、このような「離郷」と「帰郷」に付随する「開放感」と「喪失感」の間に挟まった「両義的な感情」と言い換えることも可能である。

江藤淳は「文学と私」の中で「日本の近代文学を支えて来た作家の大多数は、『出て来た』作家―故郷のわずらわしい家族関係や因襲をふり切ってひとりになり、そうすることによって自己を実現しようとした人々だった」と述べている。

その一方で江藤は故郷を捨て、都会で自己追求に憑かれた人々を批判し、「もし明治以後の文学がこういう『出て来た』作家によって支えられていたとすれば、漱石はその無言の批判者であった」とも述べている。おそらく江藤が批判しているのは、彼がいうところの「出て来た」作家が、離郷と帰郷についての感情を、単純なものとして描く傾向についてである。

先に引用した『道草』の冒頭部分に表れているように、漱石にとって離郷と帰郷に付随する感情は、独特の「感情の訛り」を伴う、複雑なものであった。漱石はイギリスに留学した経験があり、西洋の人文科学の教養を有し、同時代の日本人が考えることのできない問題について思考することができた。

同時に彼はイギリスや松山や熊本を巡り、地方に住む人々の生活に根ざした自意識の有り様についても相対化して理解できる希有な作家であった。このような離郷と帰郷に関する両義的な感情は、『坊ちゃん』に登場する人物たちの描き方や、先に引用した『三四郎』や『こころ』の一節にもよく滲み出ている。

江藤淳は、帰郷するべき場所と、離郷するべき場所の双方を失った夏目漱石の「故郷喪失者」としての生き方に着目すると、一つの問いが沸き上がると述べている。「われわれは、ずい分遠くへ来てしまったが、『帰るべき場所』はどこだろうか」と。「それは自立した個人として、大人は大人なりの成熟を遂げるための自己追求であり、自己研磨をおこなう場所なのか、それとも高等遊民として、いつしか自問しはじめているのである」と。

漱石の平明な日本語で書かれる小説は、「遠いところから帰ってきた人」によって書かれた作品に他ならない。

同様に、吉田修一の小説にも、漱石と同様に「遠いところから帰ってきた作家」らしい、離郷と帰郷に関する両義的な感情が読み取れる。

四-二　村上龍と村上春樹との風景描写の違い

1

長崎に帰省するたびに、人間よりも野良猫の勢力が拡大しているのが、路地の中に立ちこめる臭いでわかる。それは長崎の港を囲う山の斜面に広がる路地の町の凋落を予感させる臭いでもある。吉田は自宅で金太郎と銀太郎という現金な名前の猫を飼っており、二〇一七年放送のNHK「ネコメンタリー　猫も、杓子も。」では、二匹の対照的な性格の猫たちとの「付かず離れず」の生活を紹介している。吉田は生まれ育った「小島」で勢力を拡大している野良猫たちの臭いが忘れがたいのかも知れない。

近年、吉田修一や私が生まれ育った長崎の「小島」一帯では空き家が増えている。長崎港を望む山の斜面も、いつか軍艦島のような廃墟になる日が来ないとも限らない、と思わせるに十分なほど、坂と階段の町に住む人々は減少している。吉田も通った長崎南高校から複雑に分岐した「小島」の路地を下りながら、私は長崎の山の斜面の将来を、軍艦島と似たようなものとして考えていた。

二〇一七年の元日から吉田修一が朝日新聞で連載した『国宝』では、「小島」の山の斜面の中学校に通う零落したやくざ一家の息子・喜久雄が、朝礼に来訪した土建屋の会長を、ドスで刺殺しようと走り出す場面が描かれている。

昭和から平成に時代が変わっても、長崎では現役の市長が銃撃される事件が二度も起きている事実を踏まえれば、長崎は観光地として人気を集める場所であるが、二面性を持つ街でもあると考えられる。

私にとって長崎の山の斜面の風景は、このようなやくざ者が徘徊するような前時代的な雰囲気と、長崎南高校の抑圧的な雰囲気を想起させるものである。そこは吉田が「Water」で描いたような「爽やかな青春小説」の舞台というよりは、「破片」や『長崎乱楽坂』で描いていたような湿度の高い青春小説が似合う場所である。『国宝』で描かれていたように「ドスを持って駆け出す喜久雄の姿」がちらつく場所といってもいいかも知れない。

前述のように内田春菊や吉田修一や私が通った長崎南高校は、かつて受験戦争が厳しかった時代には、その学習指導の厳しさから、一部では「小島刑務所」と呼ばれていた。朝夕の補習や山奥に隔離された勉強合宿が名物として存在し、これをサボると「脱走兵」であるかのように白眼視され、教師から見せしめに「指導」される「男塾」のような雰囲気が漂っていた。中島貞夫監督の映画に「暴動島根刑務所」とい名作があるが、私は長崎南校について思い出すとき、この映画の脱獄シーンと、松方弘樹が歌う「おとこ流れ歌」が脳裏をよぎる。

前述のように長崎南高校は、長崎南部の三菱重工を中心とする工業地帯の「ブルー」と、離島や長崎南部に点在する漁港に住む漁師達の「ブルー」が重なった、二重の意味で「ブルー」に彩られた雰囲気を持つ学校であった。吉田修一はこのような二重の意味で「ブルー」に彩られた人々の生活について、踏み込んだ描写を行うことが多い。これは実家のある「小島」と、その山頂にある長崎南高校の風土に強く影響を受けたものだと思う。

吉田は水泳部で実績をあげた根っからの体育会系の人間のようだから、記憶領域の筋肉率が高く、高校時代のネガティブな記憶も、ストレッチでほぐせる能力があるのかも知れない。ただエッセイで吉田は腰痛について度々言及しているから、水泳部の練習の副作用も腰に出ているのだと思う。

このような長崎南高校の「文武両道」の旗の下で正当化された抑圧的な雰囲気は、村上龍が『69 sixty nine』で描いた佐世保北高校の雰囲気と似ている。村上龍よりも吉田修一は一七歳年少であるが、長崎の県立高校は県の教育委員会の管轄下にあり、同じ教員が行き来しているため、村上龍の学生時代を知る高校教師に、吉田が教わっていた可能性もあるだろう。

村上龍の『限りなく透明に近いブルー』でのデビューが一九七六年で、この時、吉田が八歳であることを考えると、その後の成長の過程で同じ長崎出身の若きスター作家の作品に馴染みがなかったと考える方が難しい。二〇一七年の芥川賞の選考委員会後のインタビューでも、村上龍について「自分が子どもの時から知っている作家が目の前に座っていることに興奮しました」(「文學界」「新選考委員・吉田修一が語る「文学の図太さ」二〇一七年三月号)と述べている。

村上龍の『69 sixty nine』は、私が高校生だった当時も、長崎の県立高校に通う学生にとってバイブルのような本であった。『69 sixty nine』は感染力の強い本で、単行本化されたのが一九八七年だから、ちょうど吉田修一が大学に入学した年に人気を博した本である。


「もうね、文学とか小説は俺が思うに、古かとさ、死んどる」

「映画か？」

「いや、映画も古か」

「そしたら何や？」

「フェスティバルたい、映画も演劇もそいから音楽も全部に一緒にやるとさ、知らん？」

「知らん」

そう、僕がやろうとしていたのは、フェスティバルだった。フェスティバル、この言葉に僕は興奮していた。様々な催し物、演劇や映画やロックバンド、いろいろな人が集まってくるだろう、純和の女生徒が何百人と集まるだろう、僕はドラムを叩《たた》き監督した映画を上映し、自作のシナリオで芝居の主役をやるのだ、〈中略〉光化の女達も金と花束を持って押し寄せるに違いない。

「俺はね、そのフェスティバルを、この町でやりたいんだ」

と、突然、標準語で僕は言った。

村上龍『69 sixty nine』

吉田修一の多くの作品に「文学とか小説」というよりは、「フェスティバル」のような祝祭的な雰囲気が漂っている点は、村上龍の作品とも共通する。

米軍基地の有無の違いはあるが、長崎と佐世保は港町として類似した起伏の激しい地形を有し、限られた平地に人が密集しているためか、未だに祭りなどの地域行事が盛んである。現代を代表する二人の長崎生まれの作家の「祝祭的な作風」には、二つの港町の類似した「祝祭的な風土」が影響しているのだと思う。

村上龍の『69 sixty nine』は長崎県立佐世保北高校を舞台にした自伝的な青春小説である。作者自身をモデルにしたと思しきヤザキが、美人の女子高校生を口説くという不純な動機で、学生運動とロック・フェスを享楽的に融合した「フェスティバル」を企画し、佐世保に住む高校生ややくざや米兵を熱狂の渦に巻き込んでいく。「朝立ち祭」というフェスティバルの名前が象徴しているように、このフェスティバルには、左翼運動の思想性やヒッピー文化の影響よりも、健康な高校生らしい「エロス＝生の欲動」が満ちあふれている。

この小説は読みやすく、文学作品として過小評価されているが、フランスの演劇論の基礎といえる「三一致の法則」を踏まえた「小説の教科書」に載るような作品である。一九六九年という「年」と、米軍基地のある佐世保という「場所」と、享楽的な学生運動（フェスティバル）の開催に向かう「筋書き」の三つが上手く整っている。

また高度経済成長と呼ばれる右肩上がりの時代の地方都市の雰囲気と、そのような「成長」から取り残された、佐世保郊外の炭鉱町のギャップを描いた作品としても読み応えがあり、細やかな描写に深みがある。

例えばタゴールとゴダールを間違えるような田舎者のアダマが、「国体粉砕」等の落書きをして謹慎処分を受け、帰郷することになった炭鉱の町は、次のように描かれている。

アダマは下宿を引き払い、炭鉱町に戻った。景気不振で閉山寸前の炭鉱町には何もない。靴屋とか乾物屋とか文房具屋とか衣料店しかない。それもフクスケ足袋《たび》しかない衣料店、画用紙はなくわらばん紙だけの文房具店、乾物屋にはボンカレーもなく、靴屋には地下足袋しかない。閉山のうわさは一昨年から町を被《おお》い、人は減るばかりで、目立つのは移ろうにも移れない老人の群れだ。

そんな町に、レッド・ツェッペリンやジャン・ジュネや騎乗位を知ってしまった十七歳がニコニコして謹慎していられるわけがない。

村上龍『69　sixty nine』

閉山の噂が流れる炭鉱町から出て来たアダマにとって、高校から受けた謹慎処分は、前時代に逆戻りするような暗いものとして描かれている。アダマにとって一九六九年の佐世保で参加した祝祭的な雰囲気に満ちた「運動」は、故郷の炭鉱町が頽廃していくのとは対照的に、輝いて見えたのだと思う。

『69　sixty nine』のように戦後史に残るような年と場所を、ユーモアとアイロニーの双方を交えながら描いた文学作品は思いの外少ない。「一九六九年」の「佐世保」の「享楽的な学生運動」という「三一致」で仕上げられた青春小説は、映画やフェスティバルではなく、YouTubeの時代になった現代でも、読み返されるべき水準の作品だと思う。

『69　sixty nine』にはセクシャルな描写が多く、下ネタを含めたユーモラスな描写がめくるめく展開される点は、吉田修一の「Water」にも通じるところがある。

二〇〇四年に『69　sixty nine』を監督した李相日が、吉田修一の『悪人』と『怒り』も監督していることを考えれば、吉田修一が村上龍の『69　sixty nine』に何らかの思い入れがあり、自己の作品の映画化に際して監督の希望を出した可能性も考えられる。何れにしても村上龍と吉田修一の代表作を、オリジナリティの高いアレンジを加えて演出した李相日は、役者の生理をカメラで捉えるような繊細でエロティックな演出が魅力的で、国際的な活躍が期待される。

吉田修一は現代の作家では珍しく、「Water」の監督を務めたり、『悪人』のような大作映画の脚本に積極的に関わるなど、自己の作品の映画化に強い拘りを持っているようである。この点についても『限りなく透明に近いブルー』など自己の作品の監督や脚本を務めてきた村上龍と、吉田修一は類似している。

『69　sixty nine』には、吉田修一の「Water」にも通じる、次のような県立高校の女性教師の描写がある。

前述の通り吉田修一の「Water」で「ボク」は「思案橋の路上で男に縋りついて泣いている」水泳部・顧問の女性教師の「生々しい恋愛」を目撃しているように、村上龍の『69　sixty nine』のヤザキは、夜中に忍び込んだ佐世保北高校の中で拾った財布の中で、独身の女性体育教師の「生乾きの歴史」を発掘してしまう。

女子更衣室は、ところどころ甘い匂いがした。全体に匂いが充《み》ちているのではない。暗い中を手さぐりで進むうちに、成熟途上の少女の匂いとぶつかるのだ。下着をつけたまま泳ぐ者はいない、だからここで少女達は全裸となるのだ、とみんなが思っていた。指紋が付くから止めろと僕が言うのに、みんなが棚をまさぐっていた。マスガキが一番下の棚の隅にあったシュミーズを見つけてからは、全員がパニックになり、指紋の注意も忘れて遺留品捜しに熱中した。〈中略〉

「大丈夫ってば、こがんとこに指紋ばとりに来るわけなかやっか、誰の指紋かもわからんやろ？」

「ボ、ボクはわかるとです、わかってしまうとです、中学校の一年生の時、塩ば作ったでしょ？理科の実験で、そん時、水酸化ナトリウムの原液の指にかかってしもうて、ボク、指紋の溶けてしもうたとです、ボクのごたる指紋は日本でも珍しかて言うてアニキなんかはＮＨＫの『それは私です』に出ろて言うし、指紋のなか男ていうてクラスでも割かし有名かとです、そいけん、きょうはちゃんと手袋ばせんばって思うとったとに、マスガキの拾うたシュミーズに触わってからコロッて忘れてしもうて、どがんしたらよかでしょうか？」

ナカムラの指の腹はケロイドのようにひきつっていて、お、これはすごい、と僕とアダマは笑った。〈中略〉

財布のあったぞう、とフセが懐中電灯で見せびらかすと、アホが、と僕は怒鳴り、クールなアダマも舌打ちをした。〈中略〉スヌーピーがプリントされた、ビニール製の、女物の、普通の、札入れだ。まず紙幣、千円札が二枚と五百円が一枚、バスの定期券があって、名前を読み上げると、みんな吹き出した。二週間ほど前に、僕が、掃除中のプールに突き落とした、生理のあがった女教師のものだった。フミちゃんという愛称で呼ばれる思いきり尻の垂れた頬骨の張った独身の体育教師だった。小銭と釦《ぼたん》と皺《しわ》くちゃの名刺と映画の半券と、写真が出てきた。写真にはモノクロで旧海軍の軍服を着たキュウリみたいな男と若き日のフミちゃんが写っていた。みんな溜め息をついた。二千五百円しか持っていない生理のあがった思いきり尻の垂れた戦争未亡人の女教師、これ以上に暗い人間が世の中にいるだろうか？　返してやろうや、とアダマが言い、みんな頷いた。

『69　sixty nine』

村上龍の『69　sixty nine』の魅力は、このような当事者にとって切実な「生乾きの歴史」を、高度経済成長期に青春を謳歌する若者の視点を通して、「忘れ物」を拾うように描いている点にある。

夜中に高校に忍び込み、女子更衣室に行くという描写は一見すると古典的ながら、「指紋のない男ナカムラ」の自意識過剰な田舎臭さや、「スケベのフセ」の何も考えず財布を拾う安直さや、「田舎者のアダマ」の「戦争未亡人の女教師」に同情する炭鉱町出身者らしい情の厚さなど、一九六九年の佐世保を生きる高校生の特徴を短文でユーモラスに捉えている。

村上龍の作品の中でも特に初期の作品は、若々しく快活なユーモアにあふれ、切れ味の鋭い短文の中で、下世話で、理不尽な「しがらみ」を切り出すことに成功している。勝手に進入した深夜の高校で財布を拾い、抜かりなく紙幣の数を確認した上で、「二千五百円しか持っていない生理のあがった思いきり尻の垂れた戦争未亡人の女教師」と断言する描写は、どれくらいの人を傷付け、どれくらいの人を笑わせただろうか。

財布の中の写真についても「旧海軍の軍服を着た男」と書かずに、「旧海軍の軍服を着たキュウリみたいな男」と記す一工夫に、一九六九年という時代の佐世保に根を張った悪意が感じられる。しかもこのような戦前の日本に対する挑発的な描写も、引用の最後でアダマがいう「返してやろうや」の一言で、巧みに救済されてしまう。

現代であれば、「戦死者を冒瀆するな！」という類いの安直なクレームが寄せられそうな一節だが、登場人物の一挙手一投足を切り離して批判しても意味はない。佐世保という「軍港の街の風土」に根ざした描写の中では、「左右」の歴史観のバランスが巧みにとられているため、そこにイデオロギー上の偏りが生じる余地はないのだ。

『69 sixty nine』は、今日でも「現代小説」として読み、現在進行形の「青春小説」として楽しむことができる優れた作品である。このような切れ味の鋭い「財布一つ」の描写で読者を引き付けることのできる村上龍は、吉田修一が小説に関心を持ち出した頃、文壇の先頭を駆け抜けるスターだった。

二〇〇二年の芥川賞の受賞後のインタビューで吉田修一は、「影響を受けた作家は誰ですか」と質問され、「特にいません」（「文學界」「何かが始まる一歩手前の至福」二〇〇二年九月号）と答えている。その後のインタビューでも「前世代の作家が純文学とエンターテインメント文学の区分を意識して作品を発表したのなら、自分はジャンルにこだわらず、今書きたいもの、書けるものを書いている」（聯合ニュース　二〇〇九年三月三一日）と、見方によっては、前世代の作家に「挑戦状」を叩き付けるような発言を行っている。

「ジャンルにこだわらず」という一節には、「前世代の作家」との違いを明確に打ち出そうとする吉田の小説家らしい「力こぶ」が垣間見える。確かに吉田の「力こぶ」には相応の説得力があり、出版不況の中で人気を保持してきた作家らしく、作品のジャンルは多岐にわたる。

デビュー当初は『最後の息子』や『パーク・ライフ』に代表される純文学系の小説や、『女たちは二度遊ぶ』に代表される恋愛小説が多かったが、その後、『悪人』や『さよなら渓谷』など犯罪小説が映画化されて好評を博し、『横道世之介』に代表される青春小説や、『太陽は動かない』や『ウォーターゲーム』のような本格派のハードボイルド小説、『平成猿蟹合戦図』のような寓話風の政治小説など、多様なジャンルの小説を手がけるようになる。

出版に関わる玄人筋の人たちと話をしても、吉田修一のイメージが人によって大きく異なるのは、吉田が「前世代の作家」と比べても小説の表現の幅が広く、多様な作品を記しているからであろう。

おそらく吉田修一はファンといえるような愛読者にとっても、この系統の作品は好きだが、この系統の作品は苦手だという好き嫌いが出やすい作家なのだと思う。言い方を換えれば、ある作品を苦手だと感じても、別の作品を面白いと感じやすい作家であるとも思う。

出世作となった『パレード』は、二〇〇二年に新潮社の「直木賞」にあたる山本周五郎賞を受賞し、同じ年に「パーク・ライフ」で純文学系の芥川龍之介賞を受賞している。同年にこれら二つの賞を受賞する作家は、向こう数十年は現れないのではないだろうか。前者の賞を受賞した『パレード』と、後者の賞を受賞した「パーク・ライフ」の表現の振れ幅の大きさが、吉田修一の作家としての「力こぶ」の硬さを物語っている。

吉田は二〇一六年の下半期から芥川賞の選考委員を務めているが、どちらかといえば直木賞寄りの作品も多く執筆している。吉田自身は自己の作風について、芥川賞と直木賞の選考会場である築地の新喜楽の建物に喩えて、次のように述べている。

「純文学とエンタメがクロスオーバーする最近の風潮それ自体はいいと思っているんですけれども、新喜楽の一階（芥川賞）と二階（直木賞）の階段じゃないですけど、お互いを行き来する時は、作家も編集者も緊張感を持った方が良いと思っています」（「文學界」二〇一七年三月号）と。

2

吉田修一はその小説の表現の幅とは対照的に、長崎という場所に拘った小説を多く執筆している。前述のようにインタビュー（「作家と90分」）でも、基本的に「知っている場所」しか小説の舞台として選ばず、「書き始める前に場所を見つけにいくことはしない」と述べているから、自ずと生まれ故郷の長崎を舞台にした小説が多くなるのだろう。

長崎を舞台にしたと考えられる吉田修一の主な書籍化された小説を、本文中の描写を手がかりに、私が推測した地名も含めて列挙してみると次のようになる。

「最後の息子（長崎市街地・南山手、東山手）」、「破片（長崎市街地・星取町）」、「Water（長崎市街地・「小島」、長崎南高校）」、「キャンセルされた街の案内（長崎市郊外・野々串港、軍艦島）」、『パレード（長崎市街地・「小島」）』、『長崎乱楽坂（長崎市郊外・稲佐山中腹〜稲佐）』、『7月24日通り（長崎市街地・「小島」）』、『春、バーニーズで（長崎市街地・南山手、東山手）』、『悪人（長崎市郊外・深堀）』、『横道世之介（長崎市郊外・蚊焼）』、『平成猿蟹合戦図（長崎県離島・五島）』、『橋を渡る（長崎県離島・対馬）』、『国宝（長崎市街地・丸山・銅座・「小島」）』となる。

前述の通り、これらの長崎の地名は、離島も含めてすべて二〇〇二年以前の長崎南高校の広義の「校区」と呼べる場所である。『国宝』を除くと、近年の作品になるに連れて、吉田の実家のある「小島」近辺から遠ざかる傾向にあることがわかる。

例えば実家の酒屋をモデルとした二作目の「破片」は、「小島」ではなく、わざわざ数百メートルほど山の斜面を上った所にある「星取」を舞台にしている。二〇〇二年から二〇〇三年にかけて文芸誌の「新潮」に掲載された『長崎乱楽坂』では、「やくざ」を題材にした作品であることを配慮したためか、吉田の実家のある市街地近くではなく、わざわざ長崎港を挟んだ対岸の稲佐へと舞台を移している。

二〇〇七年の『悪人』も長崎に住む祐一を中心とした話であるが、母親と離れ祐一が住んでいる祖父母の家は、吉田の実家のある「小島」近辺から一二キロほど南に下った三菱重工長崎造船所・香焼工場近くの深堀を舞台としている。二〇〇九年の『横道世之介』は吉田修一の自伝的なニュアンスの強い作品であるが、夏目漱石の『三四郎』のように、田舎から上京したという設定を強調するためか、世之介の実家は「小島」から一五キロほど南に位置する漁港の町、蚊焼に変更されている。

また前述の通り『悪人』の中で郊外の深堀に住む祐一が、長崎の繁華街にあるというファッションヘルスに通い詰め、手作りの弁当を持参して風俗嬢に食べさせるシーンがある。一見するとこのシーンは、長崎の市街地を描いているように見える。しかし長崎には観光条例があるため、現実には店舗型の風俗店は存在しない。つまり『悪人』の祐一が訪れているのは「架空の長崎市街地」ということになる。

『悪人』は長崎を舞台にした小説として最も多くの人々に読まれた作品であるが、吉田の実家に近い長崎市街地の描写はほとんど無い。

このような長崎の中で実家から徐々に遠ざかっていく小説の舞台設定は、吉田修一が「小説を書くとき、僕はまず場所ありきなんですね。場所が定まらないと書けない」と述べていることを考えれば、明らかに意図的に行われているものである。

例外として二〇一八年の『国宝』が挙げられる。この作品では近年の吉田の作品の中では極めて珍しく、丸山の料亭や銅座の飲み屋街、「小島」の中学校など、吉田修一の地元の長崎の市街地が小説の前半の舞台として描かれている。ただ『国宝』は『長崎乱楽坂』と一部の設定が重なるため、『長崎乱楽坂』の続編というニュアンスもあり、作品の起点は長崎であるが、物語の大半は大きな歌舞伎の舞台のある東京、大阪、京都を舞台として描かれている。

つまり吉田修一はかつての長崎南高の「校区」を舞台にした長編小説を多く書いているが、吉田の実家の近辺の「小島」や長崎市街地を舞台にした小説は、「破片」「Water」『パレード』『7月24日通り』『長崎乱楽坂』など、ほとんど初期の作品に偏っているのだ。吉田はある時期まで、小説の舞台となる場所だけではなく、登場人物の描写も身近な人をモデルにしていたらしいから、初期の作品には長崎が多く登場するのかも知れない。

二〇〇二年の芥川賞受賞後のインタビューで吉田は次のように述べている。

「生まれ育った長崎にしても、自分の町という実感があるかというと、そうでもないんですよね。〈中略〉長崎の方と話すと、『長崎のご出身なので、自分の町として愛着が……』というふうに訊かれることがあるんですけど、どうもそれにも違和感を覚えて。『いやいや、そんなに思い込みがあるわけでもないし』と」（前出、「文學界」「何かが始まる一歩手前の至福」）

この発言には、「パークライフ」の芥川賞の受賞をきっかけに、小説の舞台をより大きなスケールで展開しようという意気込みが感じられる。

吉田修一は長崎を舞台にした小説を多く執筆しているため、郷土愛に満ちた作家として、その風貌も含めて「さだまさしの後継者」のような存在として理解される傾向がある。しかし吉田は生まれ育った長崎について、「自分の町という実感」が持てないのであり、それは単なる「距離的な隔たり」というよりは、「時間的な隔たり」として小説の中で展開されている。

そしてこのような現代の作家としては珍しい、「都会と故郷との隔たりを描く」ような作風は、

「地方」出身の作家らしい「言葉の訛り」だけではなく、東京の生活が長くなるに連れて身に付けたと思しき、「感情の訛り」を通して展開されている。吉田修一の作品では、故郷の言葉を使う劇中人物の自意識と、その劇中人物の自意識に「隔たり」を覚える作家の自意識が交錯したところに、固有の「間」を持った「感情の訛り」が浮かび上がってくるのである。

例えば『国宝』で兄弟のように一緒に育ち、共に長崎から逃げ出してきた喜久雄と徳次の大阪での「別れ」の場面は次のように描かれている。

「まあ、離れ離れになったって、俺《おい》と坊ちゃんの関係は変わらんたい」

とつぜん懐かしい長崎弁でございます。

「……俺は、坊ちゃんからの恩は一生忘れんばい。俺がこうやって字書けるのも、計算できるのも、全部、教えてくれた坊ちゃんのおかげやけん」

小学生用の五十音順ひらがなの練習帳に、一文字ずつ確かめながら、震えた文字を書いていた徳次の姿が思い出されます。立花組の組員たちの名前を全て漢字で書けたときの満足そうな徳次の笑みが、つい昨日のことのようでありますす。

「徳ちゃん……」

喜久雄はそれだけ言うのがやっと、引き止めたところで、ここに徳次の居場所がないことも分かってはいるのです。

『国宝』

吉田修一はこういう「間」を持った人間関係を、「感情の訛り」を通して親密なものとして描くのが上手い。

西洋でいう「リズム」とは、日本語でいう「間」であるが、吉田の作品には劇中人物たちが発する言葉の「リズム」に訛りが感じられるというよりは、劇中人物たちが気まずく黙り込む時に生じるような「間」の中に、「感情の訛り」が感じられる。

吉田修一の風土や訛りの描写とは対照的に、佐世保出身の村上龍は、初期の代表作『69 sixty nine』などの作品を通して、故郷としての佐世保の風景と正面から向き合い、自分をモデルとした人物を主要な役回りで作品に登場させている。

また次のような短文のエッセイの中でも、村上は祖父の時代＝帝国海軍の時代の佐世保と、団塊世代の時代＝米軍の時代の佐世保を重ね合わせながら、佐世保湾を時間的な奥行きのある風景として、内面化した上で描いている。

　佐世保は、その天然の良港をもって街を保って来た。学校ではいつも教えられたものだ。つまり、以前は人口数千の小漁村だった、それが明治以後海軍の工廠となって栄えていったのです、というわけである。

　佐世保は、「近代」の象徴のような街だ。

祖父は昭和の初期に、帝国海軍砲術兵曹長として佐世保に来た。祖父は、弓張岳の中腹、佐世保湾が一望のもとに見渡せるところに土地を借り、家を建てた。

戦前、戦中の祖父は厳格で、生気にあふれていたそうだ。戦後になっても、町内会の役員や、保護司をしていたから、海軍が権勢をふるっていた頃の祖父がいかに元気だったか、想像がつく。

私は、生後六年間、祖父の家に住んだ。

祖父は、庭からよく湾を眺めていた。帝国海軍の基地や施設がすべて米軍のものとなった、佐世保湾である。

朝夕、スピーカーから流れてくるのは、「星条旗よ、永遠なれ」だった。祖父は私を可愛がってくれた。祖父の話は面白かった。

南方の土人は裸足で歩き、その足裏は革靴の底より硬いのだとか、上海港に沈んだイギリス戦艦引き上げだとか、どうやって大砲を敵艦に命中させるかとか、そういった話である。

町内には多勢のパンパンが住んでいて、米兵の往来も激しかった。毎晩、隣家から大きなボリュームでジャズやロックンロールが流れてきた。祖父は何度も、うるさい、と文句を言いに言ったが、そのボリュームが下がることはなかった。

祖父は武器の話もしてくれた。軍刀やピストルはどうしたのか？　と私は毎回聞いた。アメリカに奪われたのだ、と祖父は答えた。

駆逐艦の砲弾の薬きょうを切って作った灰皿だけが残っていた。直径は十五センチもあっただろうか。祖父は、隣家のジャズとパンパンの嬌声が聞こえてくるたびに、その灰皿に痰を吐いた。

帝国海軍の威信は、直径十五センチの痰つぼと化していたのである。

佐世保は「戦後」を象徴している街でもあるのだ。

日の丸が星条旗に変わっても、佐世保港の美しい曲線は変わっていないにちがいない。私は十八年間、港をながめて育ったわけだが、不思議なことに、「港」という言葉から佐世保港を想い出すことはない。


村上龍「『場所』としての佐世保港」『村上龍全エッセイ1987〜1991』所収

佐世保港の風景を、祖父の記憶に、自己の価値観を重ねながら記す村上龍の描写は、デビューから五年後の二〇代で書かれたものとは思えない、成熟した作家らしいものである。

この一節には、釣った魚を船の上で捌き、捌《さば》いた包丁の上に刺身を載せて、「早よ、食わんば」と客に提供する長崎の釣り船の漁師のように、コンパクトな描写の中で、風景の中に自己の実存に関わる意味を見出し、手際よく自己の主張を暗示するような、一流の作家らしい表現のプロセスが凝縮されている。

このようなリズミカルで手際の良い文章を書くには、物事の急所を摑《つか》み取り、無駄な感情を大胆にそぎ落としていくような醒《さ》めた批評的な意識が必要とされる。

テレビ出演が多いためか、近年では村上春樹に比べて評価されることが少ないが、村上龍は批評的な感度の鋭い作家である。芥川賞の選評では孤立することも多かったが、過去の選評を振り返れば、吉田修一や佐川光晴や島本理生などの作家としての資質をいち早く評価するなど、確かな批評眼を持っていることが窺える。

　芸人や俳優など様々な出自を持つ作家が「候補」として名を連ねる今日の芥川賞の選考会では、芸人や俳優以上に「多様な経験」を持つ村上龍の選評が、候補作の急所を摑み取る批評として存在感を増していたが、二〇一八年に村上は芥川賞の選考委員を退任した。

　吉田修一の八作目の「熱帯魚」が、二〇〇一年に四回目の芥川賞の候補作となった時の選評でも村上龍は、選考委員の中で唯一人、この作品を受賞作に推し、「わたしはこの作者の今後を注目したいと思っている。さまざまな可能性を持つ作家だと思う」と記している。

　この時点で吉田は「文學界」以外に小説を発表した経験がなく、単行本もわずか一冊しか出していない。四回目の芥川賞の候補だったが、この時の吉田修一は一新人作家に過ぎなかった。結果として村上の予想は的中し、現実に吉田はジャンルに囚われない「さまざまな可能性を持つ作家」となった。

　芥川賞の選評は、遡って検証すると、選考委員の批評眼の良し悪しがよくわかって面白い。著作権の管理が面倒そうだが、選評のみの単行本が出版されても面白いと思う。

　村上龍は批評的なエッセイも多く書いており、自らの文学観・芸術観についても若い頃から明晰な文章で記している。その一方で上記の一節のように、短文で戦前と戦後を架橋する「風景」を批評的に描くことができる作家でもある。

　先の一節で村上は、故郷の佐世保港の風景を、自己の価値観と記憶の中で、時間的な奥行きのある風景として鮮やかに描くことに成功している。

3

デビュー時から村上龍と比較されることの多かった村上春樹も『ねじまき鳥クロニクル』等の作品で、戦前と戦後を架橋する風景を描き、虚実が入り交じった擬史として展開することに成功している。ただ村上龍が記したような故郷の佐世保が持つ歴史や「しがらみ」の具体的な描写と比べると、村上春樹がデビュー作の中編『風の歌を聴け』で描いた故郷の芦屋の風景は、より匿名的なものであったといえるだろう。

村上龍と村上春樹の作家としての文章表現の違いは、その風景描写によく表れている。

街について話す。僕が生まれ、育ち、そして初めて女の子と寝た街である。

前は海、後ろは山、隣りには巨大な港街がある。ほんの小さな街だ。港からの帰り、国道を車で飛ばす時には煙草は吸わないことにしている。マッチをすり終るころには車はもう街を通りすぎているからだ。

人口は7万と少し。この数字は5年後にも殆んど変わることはあるまい。その大抵は庭のついた二階建ての家に住み、自動車を所有し、少なからざる家は自動車を2台所有している。

この数字は僕の好い加減な想像ではなく、市役所の統計課が年度末にきちんと発表したものである。二階建ての家というところが良い。〈中略〉

鼠の父親については僕は殆んど何も知らない。会ったこともない。どんな人なのかと僕が訊ねると、俺よりずっと年上で、しかも男だ、と鼠はきっぱりと言った。

噂によると鼠の父親は昔、ひどく貧乏だったらしい。戦前のことだ。彼は戦争の始まる直前に苦労して化学薬品の工場を手に入れ、虫よけの軟膏を売り出した。その効果にはかなりの疑問はあったが、うまい具合に戦線が南方に広がっていくと、軟膏は飛ぶように売れ始めた。

戦争が終ると彼は軟膏を倉庫に放りこんで、今度は怪し気な栄養剤を売りだし、朝鮮戦争の終る頃には突如それを家庭用洗剤に切り替えた。それらの成分はみな同じであるという話だった。ありそうなことだ。

25年前、ニューギニアのジャングルには虫よけ軟膏を塗りたくった日本兵の死体が山をなし、今ではどの家庭の便所にもそれと同じマークのついたトイレ用パイプ磨きが転がっている。

そんなわけで鼠の父親は金持ちになった。〈中略〉

街にはいろんな人間が住んでいる。僕は18年間、そこで実に多くを学んだ。街は僕の心にしっかりと根を下ろし、想い出の殆んどはそこに結びついている。しかし大学に入った春にこの街を離れた時、僕は心の底からホッとした。

夏休みと春休みに僕は街に帰ってくるが、大抵はビールを飲んで過ごす。

村上春樹『風の歌を聴け』

村上春樹がデビュー作で描いた「匿名性もしくは抽象性の高い芦屋の風景」は、村上龍が描いた「具体性の高い佐世保の風景」と対照的なものである。ただそれはその後の村上春樹の作品に通じるような資質が滲み出た固有のものともいえる。

村上春樹は都市空間を、匿名化・抽象化した上で、「それはどこか他の町でもあり得たのでは」というリアリティを織り込んで描写するのが上手い。先の引用文も片足は高く宙に浮いて空想の世界を展開しているが、もう片足は地面深くに根を張って現実の世界を捉えるようなアクロバティックな風景描写である。

芦屋は戦前からの高級住宅地で、谷崎潤一郎の『細雪』で蒔岡家の四姉妹の次女・幸子の分家が描かれた場所でもある。谷崎が『細雪』で描いた近代文学らしい重厚で、地縁と血縁の「しがらみ」の濃さを感じさせる描写とは異なって、村上春樹は同じ町について、大学を休学中の「鼠＝自己の分身」と共に音楽を聴き、女の子と遊び、倦怠感に満ちた時間をやり過ごした場所として描いている。『風の歌を聴け』と『１９７３年のピンボール』は、現代文学らしいフラットな時間感覚を通して、故郷の芦屋の風景を描いた、村上春樹の自伝的な作品である。

これらの作品で描かれる芦屋は、旧家の末裔たちだけではなく、怪しげな「虫よけの軟膏」と「家庭用洗剤」で財を築いた鼠の父親のような人々が住む町でもある。そしてフィッツジェラルドの『グレート・ギャツビー』のように、若くして金に困らない生活が保障された人間が抱える「喪失感」が漂う町でもある。

「時々ね、どうしても我慢できなくなることがあるんだ。自分が金持ちだってことにね。逃げだしたくなるんだよ。わかるかい？」と、鼠は和製フィッツジェラルドとでも呼ぶべき、芦屋という土地に根ざした実存的な問いを、軽やかな会話の合間に投げかける。

村上春樹がデビュー作で描いた芦屋の風景は一見すると抽象的で単調なものに思える。しかしそれはその後のバブル経済で再開発された日本の町の風景を先取りするようなものであった。僕と鼠が抱える「喪失感」は、そういう再開発の馬鹿馬鹿しさを横目に、毎日のように酒を飲んで、倦怠感をやり過ごしてきた「芦屋の若者」らしいものである。

このような「喪失感」と「倦怠感」に満ちた風景は、谷崎が『細雪』で描いたような、手に触れると儚く崩れ落ちてしまいそうな繊細な感情が通った「近代文学らしい風景」とは異なるが、村上春樹らしい、匿名的・抽象的でフラットな「現代文学らしい風景」といえる。

先の一節では、芦屋や鼠に関連する描写は匿名化・抽象化されているが、効果の怪しい「虫よけの軟膏」や「家庭用洗剤」についての描写は具体化されている。「虫よけの軟膏」が戦時中は「日本兵の死体」の山を作り、戦後になると栄養剤や家庭用洗剤として「同じ成分」で普及しているという描写は、人物や町の風景が匿名化されているからこそ説得力を持つものだろう。

このような村上春樹の初期の作品の「習作」のような風景描写は、長編三作目の『羊をめぐる冒険』からより大きなスケールで展開され、現実的な風景と非現実的な風景が複雑に織り交ざった都市の「暗部＝集合的無意識の世界」へと読者を誘っていく。引用文の「虫除けの軟膏」を「水先案内人」とした芦屋の匿名的・抽象的な風景の描写は、軽く読み流してしまうような箇所だが、その後の大作の「暗部＝集合的無意識の世界」への大きな入り口であると私は考える。

例えば同様の構図は二〇一七年の『騎士団長殺し』でも採用されている。この作品ではモーツァルトの歌劇「ドン・ジョヴァンニ」を、飛鳥時代の設定として「翻案」した一枚の日本画が作品の中心に据えられている。そしてこの絵の片隅に描かれている「顔ながー」が、ナチス＝ドイツ支配下のオーストリアから現代日本に繋がる「暗部＝集合的無意識の世界」へと読者を誘う「水先案内人」の役割を務めている。

このような「暗部」へと読者を導く物語構造と、半ば現実的で、半ば非現実的な風景描写は、デビュー作の『風の歌を聴け』から継承されてきた村上春樹の作品の大きな特徴である。

戦後日本の第一次ベビーブーム世代の二人の先輩作家と比べると、吉田修一の作品は、村上龍ほど、戦前から戦後に引き摺ってきた歴史を「具体化」しているわけではない。その一方で、村上春樹ほど自己の生まれ育った場所や作品の舞台となる場所について「匿名化・抽象化」してもいない。吉田修一の作品には歴史的な描写はほとんど無く、その一方で吉田は、自分や家族の具体的な経験を匿名化・抽象化した上で小説として展開しながら、同時代の時空間と向き合うことが多い。つまり吉田の小説の描写は、「前世代の作家」の代表といえる村上龍の具体性の高い描写と、村上春樹の匿名性・抽象性の高い描写の中間に位置するような、両義的な特徴を有しているのだ。

吉田修一のデビュー作「最後の息子」には、次のような風景が、「ぼく」の長崎の実家から見えるものとして記されている。

家を建て替えたので、窓からの景色もすっかり変わっていた。同じ街の風景なのに、少し窓の位置が変わっただけで、こんなにも新鮮なものになるのだ。昔は、大きな樫の木のせいで見えなかった港全体の風景が、新しい窓からは一望できるようになっていた。

あの頃、もしもこの障害物のない窓からの景色を眺めていたとしたら、ぼくはこの街を去ろうとしただろうか？


「最後の息子」


長崎観光の絵はがきが思い浮かぶようなロマンティックな一節である。この一節を読むと吉田修一の実家が、洋館が建ち並び、港が一望できる東山手や南山手にあるように思える。

ただ残念なことに、大きな樫の木があろうがなかろうが、吉田の実家がある「小島」の民家から長崎港全体の風景が見えることは物理的にあり得ない。そもそも「小島」には、「火事が起きたら、避難できるのか」と思うほど、数十センチ単位の細い路地の中に家が建てられている場所が多い。このため下水道の普及が遅れたのか、バキュームカーがヘビのように長いホースを伸ばし、定期的に糞尿を汲み上げに来る風景は、昭和から平成に元号が変わっても、その臭いと共に変わることはなかった。

デビュー作で吉田修一が「ぼく」の実家を「小島」から「南山手や東山手」に移したのは、吉田の実家が「小島」ではなく、瀟洒な洋館が建ち並ぶ長崎の一等地にあるかのように、見栄を張ったからだろうか。あるいは村上春樹がデビュー作で描いた芦屋の風景のように、長崎の風景を意識的に匿名化・抽象化して描きたかったからだろうか。

何れにしても吉田は後に「文藝春秋」のエッセイで、デビュー作の実家の場所の描写について、弁明するように次のように記している。

多少、二日酔いだったせいもあり、撮影が終わると、タクシーを拾い、実家へ戻った。運転手さんに行き先を告げる際、無意識に言葉が長崎弁に戻っている。夏日を受ける急な坂道を上がる。上がるにつれ、港を中心とした長崎の街が眼下に広がっていく。実家近所でタクシーを降り、そこからは車が入り込めない路地に入る。路地の先に階段がある。やはりそこからも、いっそうひらけた長崎の街が見下ろせる

「長崎　戻る」「文藝春秋」二〇〇七年八月号

ここでいう「港を中心とした長崎の街」というのは、デビュー作で吉田が記した「港全体の風景」よりも陸側に遠ざかった場所から見える風景である。「いっそうひらけた長崎の街」というのは、私の実家も近い、崇福寺の停留所から歓楽街の丸山や思案橋にかけての市街地で、長崎の港の風景ではない。

デビュー作で記した「小島」の風景に関するエクスキューズが、わざわざデビューから一〇年ほど経った後の月刊「文藝春秋」のグラビアという檜舞台で律儀になされていることを考えると、吉田が自己の作品で展開する「小説家らしい嘘」は、綿密に計画されたものであることがわかる。

吉田修一は「何処までが創作で、何処までが現実か」を細やかに記憶した上で、意識的に作品で描く場所を匿名化・抽象化して描いているのである。

四―三　吉田修一とカズオ・イシグロの長崎

1

一般に急傾斜地は自殺率が高いらしい。ある学者のグループ研究によると、商店や医療施設へのアクセスが悪く、人と人との関わりが分断され、人々が孤立しやすいのが原因だという。ただ吉田修一や私の故郷の長崎市は、急傾斜地の代表といえる都市ながら、自殺率は例外的に低いのだという。厚生労働省の賃金構造基本調査などを参照すると、長崎県の平均賃金は全国平均よりも大幅に低く、自殺率が所得と相関していることを考慮に入れれば、その低さは異常とさえいえる。

先の学者は長崎の自殺率が低い理由について、市街地がすり鉢の底にあり、住宅地が山の斜面に軒を連ねて出来ているため生活の便が良く、人口密度が高くて人々の結び付きが強いためであると分析している。確かに長崎では、どの山の斜面の住宅地からもバスを使えば、すり鉢の底の市街地に短時間でアクセスできるし、吉田修一や私の実家の近辺の「小島」一帯の近所付き合いは、まだ健全に機能しているようである。

『悪人』の中で、マスコミに囲まれた祐一の祖母（映画版では樹木希林が演じる）が、「ばあさんが悪かわけじゃなか、しっかりせんといかんよ」と、日頃は愛想がいいとはいえない長崎バスの運転手に励まされる場面がある。長崎のバス路線は山の斜面に網の目のように張り巡らされており、バスは長崎の市民にとって身近な存在だから、長崎の土地に根ざした感動的な場面といえる。

似たような市街地を持つ釜山では、バスが山の途中までしか乗り入れないためか、山の上に行けば行くほど、貧しい人たちが住んでいるとされる。釜山を舞台にした映画を観ると、貧しい主人公は帰宅するのに時間が掛かることが多い。

長崎は山の上までバス道が通っているので、必ずしも所得の低さは標高の高さと相関しない。長崎のバスの運転手たちは運転技術を競うように、山の斜面に建てられた住宅をすれすれの距離で交わしながら、日々、細い山道を上下している。

長崎市の自殺率の低さは、地形や人々の結びつきの問題というよりは、日本の他の都市と比べても、統計の上でカトリック信者が多いことが原因だと私は考える。試みに「カトリック教会現勢二〇一六」を調べてみると、東京教区の人口比の信者率が〇・四九二%であるのに対して、長崎教区は四・四〇八%と突出している。仙台教区が〇・一四五%、名古屋教区が〇・二一七%、全国平均が〇・三四四%だから、長崎のカトリックの信者率が全国でも群を抜いて高いのがわかる。

経験的に考えても長崎の小学校、中学校、高校の同級生には、カトリック信者の友人が多かった。教会の中には日曜日に「カトリックの教え」に関する虫食いテストを出題するところもあり、赤点を取った友人が神父にゲンコツを食らっているのを見たことがある。カトリックの教義でゲンコツが認められているのかは不明だが、少なくとも自殺に関しては、カトリックの教えでは「自分を殺す」という殺人罪にあたるため、重い罪に問われる。カトリック信者が多い国で統計的に自殺者が少ないのはこのためである。

多変量解析を用いた「実証的な研究」には有益な成果も多いが、その一方で「信仰」のように、実証しにくい人文科学的な要因を「関数」として考慮せず、人間の存在について考える上で肝心な真実を見落としていることがよくある。

吉田修一の作品の大きな特徴の一つとして、犯罪小説であっても、罪を背負った作中人物が容易に自殺しない、という点が挙げられるだろう。この点にも長崎の風土が少なからず影響していると私は考える。

例えば『悪人』の祐一がどんなに追い込まれた状況でも自殺を考えないのは、作品の中で深堀の教会が描かれているように、カトリックの信仰が影響していると推測することができる。祐一が暮らす深堀の近くには、江戸時代に潜伏キリシタンが多く暮らしていた「神ノ島」や「女神」などの場所がある。吉田修一は長崎の信仰上の風土も勘案した上で、『悪人』の舞台となる場所を選定しているように思える。

遠藤周作の『沈黙』や、それを映画化したマーティン・スコセッシの「沈黙」で描かれている通り、江戸時代の禁教下で過酷を極める弾圧に耐え、カトリックの信仰を保持した先人たちが多く存在したことも、長崎のカトリックの信者率の高さに大きな影響を与えている。二〇一八年に移転されるまで長崎県庁があった場所も、元々はローマ教皇庁に寄進された土地であり、家康が慶長の禁教令（一六一二年）を出す以前は、多くの長崎の人々がカトリック教徒だったといわれる。

そもそも「信仰」とは「信じ仰ぐ」と書くように地上を離れて存在する超越者を信じ、儀式・儀礼などを通してそれを崇拝することを意味する。これに対して日本語では、信仰という言葉を「信向」もしくは「信迎」とも書くように、地上に存在するものを信じ、それへ「向」かい、「迎」えるというニュアンスがある。

例えば柄谷行人が『日本精神分析』で指摘しているように、芥川龍之介の「神神の微笑」は、日本の宗教的な風土が、外来の一神教を多神教的な土着信仰に換骨奪胎していくプロセスを描いた作品であった。

「泥烏須も必ず勝つとは云われません。天主教はいくら弘《ひろ》まっても、必ず勝つとは云われません。」

老人はだんだん小声になった。

「事によると泥烏須自身も、この国の土人に変るでしょう。支那や印度も変ったのです。西洋も変らなければなりません。我々は木々の中にもいます。浅い水の流れにもいます。薔薇の花を渡る風にもいます。寺の壁に残る夕明りにもいます。どこにでも、またいつでもいます。御気をつけなさい。御気をつけなさい。………」

芥川龍之介「神神の微笑」

つまり日本では信仰の対象となる神は、人間の世界から超越した所に存在しているというよりも、人間と同じ世界に存在していると理解される傾向がある。遠藤周作が『沈黙』で描いているように、日本の農村部を中心として伝来し、土俗化したキリスト教も、人間と同じレベルに神が存在すると考える異端信仰に似た傾向があった。

潜伏キリシタンの信仰に、一般にキリスト教で禁止されている聖母マリア崇拝の拡がりが見られたのも、日本的な「信向」もしくは「信仰」の伝統が影響したからだろう。

『沈黙』の中で棄教と信心戻しを繰り返すキチジローは次のように弁明している。


「なんのために、こげん苦しみばデウスさまはおらになさっとやろか」

それから彼は恨めしそうな眼を私にふりむけて言ったのです。

「パードレ、おらたちあ、なあんも悪かことばしとらんとに」

聞き棄ててしまえば何でもない臆病者のこの愚痴がなぜ鋭い針のようにこの胸にこんなに痛くつきさすのか。主はなんのために、これらみじめな百姓たちに、この日本人たちに迫害や拷問という試煉をお与えになるのか。

遠藤周作『沈黙』

踏み絵に唾を吐き、聖母を「淫売だ」と罵り、棄教するキチジローにとって、信仰とは、カトリックの教えに従ったものというよりは、どこまでも日本的なものであった。彼は主や聖母を、自分が生きる俗世間の延長に存在するものとして容易に信奉したり、唾棄したりする。

長崎の人々の無意識的な価値観を考える上で、このような土俗的なカトリック信仰は重要な意味を持つ。それはカトリック信者に限った話ではなく、長崎で暮らす他の人々にも、信仰の風土として、無意識的なレベルで強い影響を与えているように思える。

長崎は「和華蘭（わからん）」の文化を持つといわれる。「和」は仏教と神道を中心とした日本の多神教的な信仰や文化、「華」は中華の民間信仰や文化、「蘭」は、オランダから来たプロテスタントの信仰や文化というよりは、それ以前から日本に定着していたカトリックの信仰や文化を意味する。

当初長崎ではカトリックの国であるポルトガルの信仰や文化の影響が強く、例えば長崎名物のカステラや、「和華蘭料理」の代表とされる卓袱《しっぽく》料理のメインディッシュの天麩羅も、ポルトガルから伝来したものであった。つまり長崎には、食文化を含めて、土俗的な意味でのカトリック信仰の影響が散見される。

『悪人』のヒロインの光代について、吉田はインタビューで次のように述べている。「最初は光代も殺される話を考えていたんですけれど、あるショッピングモールで一人の女性が買い物していて、その姿がなんというか、とても楽しそうなのに寂しそうで、その姿を見ているうちにこの人は殺せないと思ったんですよね」（前出、「作家と90分」）と。

『悪人』がベストセラーとなり、現代日本を代表する「犯罪小説家」の一人となった割には、吉田修一は「敬虔なクリスチャン」のように、作中人物に優し過ぎるところがある。この点が、残忍で複雑なトリックを好むミステリー・ファンに、吉田が文句をいわれやすい理由なのだろう。

また長崎では土俗化したキリスト教の影響だけではなく、中華圏の文化の影響も色濃い。爆竹を鳴らしながら死者を見送る「精霊流し」は「さだまさし」の歌で有名だが、長崎のカトリック教徒にとっては「異教徒の行事」という位置付けになる。吉田修一の「破片」で描かれているように、お盆の時期になると長崎では、各家庭でも中華街で矢火矢（ロケット花火）を購入して、墓場から打ち上げることで、賑やかに先祖の霊を呼び寄せて弔う習慣がある。

八月一五日には親族を亡くした家庭や町内毎に、その霊を供養すべく、大量の爆竹や花火を鳴らしながら、極楽浄土へと向かう「西方丸」の旗を掲げた精霊船を海に流す。「文藝春秋」の二〇一七年一二月号の「日本の顔」のページには、紋付き袴を着た吉田修一が立派な造作の精霊船でこの年に亡くなった父親を弔い、見送る姿が写っている。「小島」の山の麓には、かつて約二千人の中国人が居住していたとされる広大な唐人屋敷跡が存在し、現在の中華街もその近くに位置している。長崎は伝統的に中国や朝鮮半島など近隣のアジア諸国に対する文化的距離が近い街であり、吉田が台湾など中華圏の文化風土に、「長崎に似ている」と好感を持つのも理解できる。

また「小島」など長崎の山の斜面の坂道や階段道には、江戸後期にシーボルトが長崎に来た時からそこに存在しているような古い墓場が、外人墓地も含めて移転されることなく点在している。このため陽が落ちた後に「小島」の高台にある長崎南高校から、市街地の方に向かって下校すると、墓場の中を下る肝試しとなる。

吉田の初期の短編「破片」では仕事終わりに、ふらっと家の近所の母親の墓に参りに行く場面が描かれている。土俗化したキリスト教と中華圏の「信向」や「信仰」の影響が相俟って、長崎の山の斜面の多くの家には身近な場所に墓場があり、生者の世界と死者の世界が近接している。

吉田修一や私の実家も、このような墓場が家と近接する山の斜面に位置している。

2

昔ながらの「やくざ」一家を描いた吉田修一の『長崎乱楽坂』には、生者の世界と死者の世界の境界がぼんやりとした長崎の文化的な風土が下地として織り込まれている。「やくざ」の一家に生まれながら、絵を描くことを好み、若くして首を括って自殺した「哲也」が、古びた離れの家に「幽霊」として存在している。この小説では哲也に限らず、長崎の山の斜面に住む「昔ながらのやくざ」の総体が「幽霊」であるかのように描かれている。

『長崎乱楽坂』は、吉田修一が『パレード』で山本周五郎賞を取り、「パーク・ライフ」で芥川賞を取った後に書いた文芸誌向けの小説である。

この作品はタイトルだけ見ると、長崎の市街地近くの斜面を舞台にした吉田の自伝的な作品のようで、吉田の実家の酒屋が、やくざの一家に喩えられているようにも読める。ただこの小説は長崎の市街地近くの「小島」を舞台にした作品ではなく、市街地の対岸の稲佐山の中腹の斜面を舞台にした作品である。

「東京で盛大な解散式を執り行った安藤組の噂が、ここ九州まで流れてきたのがその数年前のことで、戦後古いやくざ組織を尻目に跋扈《ばっこ》した愚連隊が、徐々に旧来の広域組織に呑み込まれることで近代やくざへと変貌しようとする動きが、ここ九州の西端長崎でもすでに起こり始めている頃だった」と時代背景について説明されている。

この一文だけ見ても「跋扈」「呑み込まれる」「変貌」といった他の吉田修一の作品ではほとんど使われないような言葉が使われていることがわかる。おそらく東映の実録路線のヤクザ映画のナレーションを意識した文章で、吉田は芥川賞をとったばかりということもあって、文士として少々、力んでいたのだろう。

吉田は自作品の中で、度々、東映の任侠映画やヤクザ映画と関係する役者に言及しており、長崎の坂の町を実録路線のヤクザ映画に見立てて描きたかったのだと思う。『国宝』にも同様の影響が見受けられる。

ただ『長崎乱楽坂』は、鶴田浩二や高倉健や菅原文太が活躍した東映の映画のように、仁義や作法を重んじる平仮名の「やくざ」から、仁義なき戦いに明け暮れる片仮名の「ヤクザ」に変わりゆく時代を描いた作品である。

例えば次の一節では、小学生の駿が、やくざの息子であることを理由に部活動の最中にいじめられる様子が描かれている。重松清の「いじめ」を題材とした小説のような雰囲気で、やくざ一家の息子という「しがらみ」を背負った駿が、馬鹿にされ、いじめられる様子を通して、坂の町のやくざ一家の零落が浮き彫りにされていく。

「なんや、そのツラ！」

石倉がまたボールを投げつける。駿は思わず目を閉じて、自分の顔面をまたわずかに逸れたボールが、鉄扉に当たる振動をその小さな背中で感じる。石倉は何度もボールを拾っては投げ、拾っては投げてきた。一回投げるごとに一歩ずつ近づいてくる。背中に伝わってくる衝撃が、一球ごとに強くなる。

「ほら、もうやめろ」

止めるキャプテンの声が聞こえ、「三村の家、やくざぞ」と囁く誰かの声が、かたく目を閉じた駿の耳まで届く。石倉がその声でピタッと投げるのをやめる。おそるおそる駿が目をあければ、すぐそこに石倉の小さく盛り上がった咽仏《のど》がある。その瞬間だった。

「やくざがなんや!」と叫んだ石倉が、ボールを駿の顔面にグシャッと押しつけたのだ。〈中略〉

結局、駿の鼻血は智也とのパスの練習中にボールをぶつけたことになった。先生にすぐ保健室に行くように言われ、駿が体育館を出て校舎への渡り廊下を歩いていくと、背後から誰かがあとを追いかけてくる。智也だろうと、振り返ったそこには、険しい表情をした石倉が立っている。

「今日のこと、家の者《もん》にいうつもりや?」

石倉にそう尋ねられ、駿は「言わん」と首をふった。

「別に言うてもよかぞ」

歩き出した駿の顔を横から石倉が覗きこむ。駿は黙って首をふり、逃げるように歩調を速めた。

校舎への重い扉を開けようとすると、その扉をドンと手で押さえた石倉が、「お前んとこ、もう落ちぶれやくざぞ」と嫌らしく耳元で囁く。駿がいくら力を込めてドアを引いても、抑えられたドアが開かない。

「……戦後の筍やくざの時代は終りって。俺の父ちゃんがそう言いよった」

駿はニヤニヤ笑っている石倉のからだを押しのけてドアを開けた。保健室へと続く廊下を走り出すと、「家の者に言うたら、ぶっ殺すけんな！」と叫ぶ石倉の声が追いかけてきた。

この石倉の父親は、下平で理容院をやっていた。三村の家の男どものほとんどがそこで散髪している。もちろん駿も、年に二度、盆と正月の前になると弟の悠太を連れてそこへ行き、自分たちのことを「坊ちゃん」と呼ぶちょび髭を生やした石倉の父親に伸びた髪を切ってもらう。店で石倉本人に会うことはない。たまたま店にいても、駿が入っていくと、石倉は逃げるように店からいなくなる。

石倉の父親のような町の大人を、駿はもう何人も知っている。会えば笑いかけてくれるが、陰では三村の家のことを小馬鹿にしている大人たちを。


『長崎乱楽坂』


駿が生まれ育った「やくざ」一家は、東映の映画のように華々しく闘争で敗れることもなく、周囲に小馬鹿にされながら、だらだらと凋落していく。吉田修一は中学校時代はバスケットボール部に所属していたらしいから、この一節もある程度は自己の経験を下地にしているのだろう。

笠原和夫が脚本を書き、深作欣二が監督を務めた映画『仁義なき戦い』は、原爆スラムで育った若者たちが、復興と高度経済成長の時代に、老練のヤクザたちに都合良く利用され、「鉄砲玉」として使い捨てにされていく姿を、華々しい抗争の劇の中で描いた作品であった。

これに対して吉田修一の『長崎乱楽坂』は、深作欣二の映画のように抗争の劇を描くのではなく、的屋に毛の生えたような「しのぎ」しかない零細やくざ一家が、時代の変化と共にゆっくりと零落し、「幽霊」のような存在となっていく姿を、一家の子どもの視点から描いた作品である。

安藤組の解散が一九六四年で、それが「数年前」と記されていることを考えれば、一九六八年生まれの吉田の幼少期の長崎を舞台としていると考えられる。近作の『国宝』でも、同じ時期の長崎のやくざの抗争が描かれている。


長崎のやくざについては、私も思い出が一つだけある。幼少の時、長崎の「小島」にある大徳寺の公園で、近所の友達五、六人とケイドロをやっていた時のことである。大徳寺の公園は歴史が古く、永井荷風も訪れ、美輪明宏も子供の頃に遊んだことがあるとエッセイに記している。「小島」の近辺は坂道と階段道ばかりで公園が少なかったことを考えれば、おそらく吉田修一も遊んだことがあると思う。

ある日、その公園で友達とケイドロをやっていると、当時流行っていたリーゼントの髪型の兄ちゃんが走ってきて「小遣いばやるけん、三時間ばっかし、こん袋ば預かっとってくれんね」と、妙に下手に出て頼んできた。慌ただしく茶色の袋と三〇〇〇円を私の友人に渡すと、「袋ん中ば開けたら、うたるっぞ（長崎弁で「殴られるぞ」という意味）」と半笑いで脅しをかけ、周囲を気にしながら走り去っていく。三〇〇〇円は子供にとって大金で驚いたが、そのチンピラ見習いのような若者の挙動が面白く、私たちは彼の物真似をしながら、当然のごとく袋を開けてみることにした。

袋の中には二重、三重にガムテープで巻かれた風呂敷のようなものが入っていて、それを広げてみると、日頃私たちが遊ぶのに使っていた銀玉鉄砲やエアガンよりもずっしりと重い、金属製の黒い拳銃のようなものが入っていたのである。今思い出してみても、この「拳銃のようなもの」の黒々とした光沢と、経験したことのない重さが忘れがたく、おそらく私は子供心に強いショックを受けたのだと思う。

この後の記憶があやふやなのだが、本物の拳銃かどうかを試すわけにもいかず、友達と相談してすぐ近くの丸山の交番に届けたか、恐くなって公園のトイレの裏の藪の中に隠して、公衆電話で通報したか、どちらかだったと思う。「うたるっぞ」というチンピラ見習いの若者の冗談半分の脅し文句は、三〇年以上も経った今でも記憶の底に残っている。

私が思い浮かべる「小島」や丸山の街のイメージは、このエピソードに集約できる。『長崎乱楽坂』の表紙には、少年が拳銃に玉を込めている絵が使われているが、長崎は港町ということもあって、拳銃の入手が相対的に容易だったのか、銃を使った犯罪事件が多かったという印象が強い。吉田修一が『長崎乱楽坂』と『国宝』で繰り返し長崎の「やくざ」を描いているのも、「小島」の身近なところにやくざやチンピラが住んでいたからだろう。

平成期に現職の市長が二度も銃撃されているように、長崎の体感治安は、東京と比べても格段に悪い。長崎に住む同級生が「東京は恐かけん、行きとうなかあ」というのを聞く度に、私は笑いを堪えてしまう。現代日本で市長が二度も銃撃される自治体が、長崎の他にあるか、と。

吉田修一は『悪人』に関するインタビューで、「九州北部に特別な思い入れがあったのですか?」と聞かれ、次のように答えている。「あまり的確な表現ではないかもしれませんが、少し治安が悪いというか……。住んでいる人たちの〝情〟が濃いというイメージがあります」（「con-Quest」「原作、脚本・吉田修一　インタビュー」二〇一〇年九月）と。吉田が『長崎乱楽坂』や『国宝』で長崎のやくざを描いているのも、「小島」近辺での何らかの経験を踏まえてのことかも知れない。

またこの作品には、吉田修一の長崎を舞台にした作品としては珍しく、原爆に関する間接的な描写がある。一家を取り仕切る年配の文治の描写は、原爆の被害が少なかった様子で、次のようなものである。

爆弾の落ちてきた時も、旦那が飛行兵やった女と布団の中で乳繰りおうとって、街ん方でドーンて鳴ったときにゃ、女の旦那がとち狂うて戦闘機で突っ込んできたかと思うて、布団から飛び上がったもんさ

『長崎乱楽坂』

坂口安吾の「戦争と一人の女」のように、原爆の投下時にもごく普通の人間のセクシャルな日常が存在していたことを想起させる一節である。その一方で年齢が若い正吾の描写は、原爆の投下時に爆心地近くにいたことが連想されるもので生々しい。

悠太を抱えた正吾の脇腹には、肉を抉ったような火傷の痕がある。夜道では、背中の緋鯉を呑

み込む炎のようにも見えなくもない。この火傷痕は正吾が生後間もなくの頃に落ちた爆弾のせいだと駿は聞かされている。駿の学校の教頭先生も、それと同じ理由で両耳が焼け爛れたままで、担任の植田先生からは、「じっと見たら駄目よ」と何度も注意されている

『長崎乱楽坂』

「被爆者」と一口にいっても、健康被害の程度は、原爆が炸裂した時にいた場所によって大きく異なる。長崎の市街地を投下目標にしていた原子爆弾は、天候の影響で約三キロ北側に投下され、長崎に住む人々の生死を残酷に分けた。ある人はたまたま爆心地近くから離れ、ある人はたまたま爆心地近くを訪れていたというような偶然も、その人の生死とその後の人生を大きく左右している。『原爆災害――ヒロシマ・ナガサキ』によると、長崎に落とされたプルトニウム二三九型の原子爆弾はTNT爆薬に換算して二万二千トンで、これは当時、世界最大の爆撃機であったB29の四四〇〇機以上の搭載量に相当するという。広島に落とされたウラン二三五型の原子爆弾が、TNT爆薬に換算して一万二千五百トンであることを考えれば、長崎に落とされたプルトニウム二三九型の原子爆弾は、広島に落とされたものの約一・七六倍の破壊力を持っていたことになる。

その一方で長崎では広島よりも死傷者が少なかったのは、海に面した中州の街の広島に比べて、市街地の周囲に山や丘があり、一山、一丘の高低差のある起伏が、そこで生活していた人々の生死を分けたからである。

『長崎乱楽坂』で描かれる稲佐山も、爆心地側の山の斜面と反対側の山の斜面で、明確に生死が分

かれた場所の一つである。私の母方の祖父は稲佐山の爆心地側の山の斜面で防空壕を掘っていた時に被爆し、防空壕から半身を出したところで、体の半分を焼かれる重傷を負い、約一〇年間の闘病生活の末、亡くなっている。

もし原爆投下時の一瞬でも、外の様子を気にせずに防空壕の中で作業をしていたなら、祖父は助かっていた可能性は高いが、事実はどうにも変えようがない。稲佐山の北東部は爆心地から距離も近く、長崎の中でも大きな被害を受けた場所の一つであるが、南西部は爆心地からの距離に比して、被害が少なかった場所の一つである。

この小説では被爆に関して両義的な意味を持つ「稲佐」という土地に住む人々が経験した人生の明暗が、文治と正吾の対照的な描写に表れている。おそらく文治は爆心地と逆側の南西部の山の斜面にいたため、原爆の被害を受けることがほとんど無かったのだろう。

このような描写の細かさを考えると、吉田修一が、稲佐という「被爆」に関して両義的な意味を持つ土地について綿密に調べた上で、『長崎乱楽坂』を書いたことがよくわかる。この作品には、地元の人間でも、身近な人がそこで被爆した経験がないと知り得ないような細かな事実が、小説の現実感として堅実に積み上げられている。

3

『長崎乱楽坂』の舞台となった稲佐については、二〇一七年にノーベル文学賞を受賞した作家のカズオ・イシグロもデビュー作『遠い山なみの光』で記している。イシグロは一九五四年に長崎で生まれ、五歳まで長崎で育っているため、実際に幼少期に稲佐を訪れた思い出を持っており、インタビューでも「稲佐山からの眺めはいまでもはっきり覚えています」(「Switch」一九九一年一月号)と述べている。

デビュー作『遠い山なみの光』では戦後の復興期に、作中人物たちが行楽で稲佐を訪れる様子が描かれている。

佐知子が越す前に、一日どこかへいっしょに遊びに行こうという話になったのも、たしかこの時だったはずだ。そしてそれからまもなく、ある暑い午後に、わたしは佐知子母娘といっしょに、ほんとうに稲佐へ行ったのだった。稲佐は長崎の港を見おろす、景色が美しいので有名な丘陵地帯である。わたしたちの住んでいる所からもそう遠くはなかったのだが――実はアパートの窓から見えたのも稲佐の山々だった――とにかくそのころのわたしはどこかへ行楽にでかけることなどめったになかったので、稲佐行きは大旅行のような気がしたのだった。何日も前から楽しみにしていたことを、いまだにおぼえている。おそらくそのころの幸せな思い出のひとつと言っていいだろう。

わたしたちは午後の日ざかりに、フェリーで稲佐へ渡った。ガンガンいうハンマーの音、機械の唸り、ときどき鳴りひびく船の太い汽笛――港のさまざまな騒音が、海面を追いかけてきた。けれどもそのころの長崎では、こうした騒音もやかましい感じはしなかった。それはむしろ復興の槌音で、まだ何となく気持ちを昂揚させてくれたのである。

対岸へ渡ってしまうと海からの風はいっそうつよまり、日ざかりの蒸し暑さもそれほどではなくなった。港の音は、ケーブルカーの駅がある広場のベンチに座っていても、まだ風にのって聞こえてきた。


カズオ・イシグロ／小野寺健訳『遠い山なみの光』

吉田修一の『長崎乱楽坂』は、カズオ・イシグロが描いた「景色が美しいので有名な丘陵地帯」に向かう（日本語でいう）ロープウェイの真下の山の斜面に並ぶ集落を舞台にした小説である。言い換えれば、そこは多くの観光客が長崎港や稲佐山の美しい風景に見とれているうちに、ロープウェイで「素通り」してしまうような場所でもある。

吉田修一は、このような「通過点」に過ぎないような「中途半端な場所」を小説の舞台として好んで採用している。長崎を舞台にした作品でも「キャンセルされた街の案内」の野々串港や『悪人』の深堀、『横道世之介』の蚊焼など、未来永劫、文学作品に登場することのないような「中途半端な場所」が、次々と登場し、作品の固有の風景として記録されている。

『遠い山なみの光』は、原爆が投下され、朝鮮戦争が勃発した後の復興期の長崎での生活を、娘の自殺を経験した「悦子」の視点から回想した作品である。この作品でカズオ・イシグロは幼少期を過ごした長崎の風景を、前後する時間と、朧気な記憶の中で再構築しながら、原爆の深刻な被害から、心身両面で傷を抱えた長崎の人々が、日常生活をたくましく取り戻していく姿を描いている。

作品の主な舞台は、市街地のある平野部の外れの中島川沿いの中川町で、実際にイシグロが五歳まで家族と住んだ新中川町のすぐ近くである。中川町や新中川町は私が通っていた長崎市立桜馬場中学校から近いため、私はイシグロが住んでいた場所に行き、周囲の風景を確認したことがある。「実はアパートの窓から見えたのも稲佐の山々だった」という小説の記述は、当時のアパートの高さを考えれば、地理的にあり得ない描写である。イシグロは薄れ行く長崎の記憶の中で、自宅近辺の新中川の風景と、稲佐を行楽で訪れた時の思い出を重ね合わせながら描いたのだと思う。

吉田修一も『最後の息子』の長崎の実家の描写のように、虚実を交える手法で、作中人物たちの「回想の中の風景」を組み立てることがよくある。イシグロの場合も作家らしい嘘をつき、「記憶の中の長崎」を創作したのだろう。

市街地側の山の斜面にある「小島」と同様に、対岸の山の斜面の稲佐もブルーカラーの仕事に就く人々が多く暮らす場所である。イシグロが「ガンガンいうハンマーの音、機械の唸り」と記しているのは、稲佐の山の下に広がる三菱重工長崎造船所や三菱電機の工場から聞こえてきた音だと推測できる。

世界文化遺産に登録された三菱重工長崎造船所に関連する施設も、この稲佐山の麓の海岸に集中している。例えば戦艦武蔵を建造したことで知られる三菱重工長崎造船所の二号ドックは、稲佐山の麓の海沿いにあり、私の父方の祖父も二号ドックの製図場に通い、戦艦武蔵の建造に関わっていた。

現在でも稲佐山の山頂は夜景で有名で、カズオ・イシグロが訪ねた頃よりも多くの観光客で賑わっている。ただロープウェイで通り過ぎてしまう稲佐山の中腹の集落には、『長崎乱楽坂』で描かれている通り、時代に取り残された雰囲気が漂っており、観光地らしい賑わいは全くといっていいほど感じられない。

かつて稲佐山の麓の町には、造船所の労働者向けの歓楽街が存在しており、賑わっていた。遊郭好きとして知られる永井荷風も長崎を訪れた際に稲佐を抜け目なく訪ねて、次のように記している。

到る処《ところ》散歩に適する市街の光景は皆自分に向つて、日本中でお前が身を隠すに適当な処は支那でもなく日本でもなく西洋でもない、此《この》特別の長崎ばかりだぞと囁くやうに思はれた。幾ケ所とも知れぬ長崎の古い寺々は蔦《つた》まつはる其《そ》の土塀《どぺい》と磨滅《すりへ》つた石段と傾いた楼門の形とに云ひ知れぬ懐しさを示すばかりで、奈良京都の寺院の如くに過去の権威の圧迫を感じさせない。曲学阿世《きよくがくあせい》の学者が無理やりに過去の日本歴史から造り出した教訓的臭味を感じさせない。若《も》し此地《このち》に過去の背景があるとすればそれは山の手なる天主堂の壁にかけてある油絵が示してゐるやうな、悲壮なる宗教迫害史の一節か、然らずば鎖国の為《た》めに頓挫した日本民族雄飛の夢のはかない名残りのみである。痛嘆すべきこの二つの歴史は、畿内の山河がいつも自分に向つて消極的教訓を語るに反して、長崎の風景に対して一種名状しがたき憤恨《ふんこん》と神秘の色調を帯びさせてゐるやうに思はれる。今では同じく京都のやうに悲しく廃れ果てゝはゐるものゝ、猶絶えず海と船とによつて外国の空気が通つてゐるが為めか京都ほど暗くはない。狭くはない。支那風に彩色した軽舟は真青な海の上と灰色した堀割の石垣と石橋の下をば絶えず動いてゐる。西洋人と支那人と内地人の子供は青物市場のほとりに入乱れて遊んでゐる。稲佐と丸山の女は日本語とロシヤ語と英語とで一夜の恋を語つてゐる。海岸通の酒場では黒奴《ネグロ》が弾くピアノにつれてポルトガルの女が踊つてゐる。

永井荷風「海洋の旅」『荷風全集　第一三巻』岩波書店所収

短期間の滞在ながら、長崎を代表する稲佐と丸山の遊郭で遊んでいるのが実に永井荷風らしい。遊郭をこよなく愛する随筆家として面目躍如たるものがある。稲佐には幕末からロシア人の船乗りが多く住んでおり、荷風はそこで遊女たちが日本語とロシア語と英語を話せるかどうかを抜け目なく確認し、文章として残している。

「日本中でお前が身を隠すに適当な処は支那でもなく日本でもなく西洋でもない、此特別の長崎ばかりだぞと囁くやうに思はれた」とあるが、荷風は何から「身を隠」したかったのだろうか。それは時代の空気というべきものだったのだろうか、世間の風評というべきものだったのだろうか。何れにしてもそれは、「エロス＝生の欲動」に忠実な文学者にとって、「悲壮なる宗教迫害史」と重ねて語らずにはいられない類のものだったのだろう。

長崎は荷風が若い頃に戯作者としての修行で世話になった福地源一郎が生まれ育った場所であり、この文章を読むと彼にとっても思い入れのある場所だったことがよくわかる。

永井荷風が世話になった福地源一郎は、蘭学を修め、岩倉使節団の一等書記官として欧米を巡った経験から、国際情勢に通じたジャーナリストとして名を上げ、様々な分野で活躍した人物である。

『国宝』では、彼が東京・銀座の歌舞伎座の設立に尽力した人物として、次のように紹介されている。

さて、この界隈《かいわい》がまだ舗装もされず、行き交う馬車が土埃《つちぼこり》を上げておりましたころ、ここに歌舞伎座を創設したのが福地源一郎という男でございます。幕末に生まれ、維新後はジャーナリズムの世界に足を置きながらも、翻訳戯曲など書いておったのですが、渋沢栄一の紹介で伊藤博文と意気投合し大蔵省に入るなど、維新前後の人間らしいバイタリティーに溢《あふ》れた男でございまして、歌舞伎座を創立したころにはとうとう小説なんぞにも手を出しており、開場後はいよいよ病《やまい》膏肓《こうこう》で座付き作者となり、活歴物や新舞踊などの脚本を書いていたという変わり種でございます。

『国宝』

かつて福地源一郎は東京日日新聞の主筆やジャーナリストとして、存命中は福沢諭吉と比較されるほどの言論人であった。「社会」という日本語を"society"の翻訳として最初に使ったのも福地である。しかしその一方で生意気な性格と、政府との関係の近さが災いし、地元では生家跡の碑が残るぐらいで、ほとんど忘れられた存在と化している。

福地の生家は私の実家のすぐ近くにあるが、彼の風評は町内でも芳しくない。生家跡の碑についても、同じ町内の八坂神社の神主が福地の文章を嫌っていたため、わざわざ神社の近くの場所から移されて、現在の場所に遠ざけられたと聞いている。

世間から爪弾きにされた永井荷風が、このような経歴を持つ福地源一郎を慕っていたのも理解できる。

『長崎乱楽坂』で描かれるやくざの三村の家は、永井荷風が訪れた稲佐の歓楽街の「しのぎ」を頼りにしていたと考えられる。ただ稲佐山の麓の街は、長崎市街地の対岸という立地の悪さもあり、数十年も前からシャッター商店街のような様相を呈している。荷風が記したような造船所や軍需工場が賑わっていた時代のエキセントリックな町の面影は、ミハイル・ゴルバチョフも来訪した外国人墓地を除けば、全くといっていいほど残っていない。

山の中腹の集落も交通の便が悪いためか、観光客向けのホテルを除けば、すでに軍艦島のような廃墟に近付きつつある。『長崎乱楽坂』の終盤でも「三村の家は、この終点からしばらく県道を上がり、今ではけもの道のようになっている狭い石段を下りていく。長く細い石段は、まるで虫歯だらけの歯のように、所々が欠けており、青苔に覆われている」と記されており、そこはやくざの「幽霊」が徘徊するような頽廃した場所として描かれている。

このような『長崎乱楽坂』に登場する人々と近い場所で生きてきた人物として『悪人』の祐一の祖母、房枝のエピソードが思い浮かぶ。『悪人』の中には次のように、戦前・戦後の厳しい時代に、房枝が長崎市郊外で送った生活に関する詳しい描写がある。

房枝は長崎市郊外の畳職人の三女として生まれた。十歳のときに、出征間際だった父親が肺結核で亡くなり、その年に母は次男を産んだ。長女はすでに生まれて三日で亡くなっていた。母親は十五歳の次女、十歳の房枝、四歳の長男と、生後間もない次男の四人を抱えて残されたのだ。

母親は親類を頼って、市内の西洋館という食堂で働き出した。十五歳の次女は学徒動員で工場に通い、四歳と生まれたばかりの赤ん坊の面倒を、十歳の房枝が一人でみた。

ときどき母親が勤め先の食堂から、卵を盗んできた。それが一番のご馳走だった。一度、夜になっても母が戻らないことがあり、心配した房枝は次女と二人で食堂へ迎えに行った。母は卵を盗んだところを番頭さんに見つかり、厨房の柱に縄でくくりつけられていた。次女と二人で泣いて詫びた。その姿を見て、縛られた母も声を殺して泣いていた。

当時、すでに配給制が始まっており、房枝はいつも四歳の弟の手を引き、赤ん坊を背負って大人たちの列に並んだ。配給が多いときには、子供だからと先頭にも並ばせてもらえるが、少ないときには、いくら列に並ぼうとしても、殺気立った主婦たちの尻に押し出された。配給係の男は横柄《おうへい》で、まるで野良犬のように房枝たちを扱った。小突かれ、芋やとうきびを投げられたこともある。うまく受け取れず、地面に転がった芋を房枝は四歳の弟と必死に拾った。

「馬鹿にされてたまるか。馬鹿にされてたまるもんか！」

心の中でそう叫びながら、涙を堪えて芋を拾った。

戦争が終わっても生活は楽にならなかった。奇跡的に家族の誰一人、原爆にやられなかったことだけでも、自分たちは運が良かったのだと母は言っていた。中学を出て、魚市で働き始めた。そこで夫の勝治と知り合い結婚した。しばらく子供ができず、姑《しゅうとめ》にはいじめられたが、それでも日に日に生活は楽になり、気がつけば、幼い二人の娘らと、年に一度の温泉旅行を楽しめるまでになっていた。

『悪人』

房枝の描写には「ヨイトマケの唄」の母親のような苦労が感じられる。父親がいない家庭で房枝は、「十歳」から赤ん坊の面倒を見ながら配給の列に並び、中学校を卒業して直ぐに魚市で働くなど、地縁や血縁上の「しがらみ」に絡め取られながらも戦前・戦後の厳しい時代を生き抜いてきた。『悪人』ではこのような苦労を経験してきた房枝が、「年に一度の温泉旅行を楽しめる」程度に穏やかであるはずの老後の生活の中で、孫の祐一が関与した「殺人事件」に巻き込まれ、戸惑う姿が描かれている。

『長崎乱楽坂』の舞台である稲佐山の集落に住む人々の中にも、房枝のように、戦前・戦後の時代に生活の苦労を経験した人は多かったと思う。私の祖父のように原爆で大火傷を負わなかったとしても、放射線を浴びて原爆症を発症し、日々の仕事や生活に苦労した人々は数多く存在していた。

一見すると『長崎乱楽坂』で描かれる物語は、長崎の市街地に住む人間にとっては、長崎港を挟んだ反対側の山の斜面でやくざ一家が凋落していく「対岸の火事」のようなものに思える。しかしそれは高齢化が進行し、空き家が目立つようになってきた長崎の市街地周辺や日本中の集落の未来の姿でもある。

例えば吉田修一は沖縄を舞台にした『怒り』の中で「下平」という地名を使っている。おそらく吉田は『長崎乱楽坂』の「下平」の町のように、地縁と血縁の「しがらみ」に囚われた集落が、過疎化が進行する日本の田舎のあちこちに、「幽霊」のように遍在している現実感を浮き彫りにしたかったのだと思う。そしてもっと自由であり得たはずのそこに住む人々の人生が「しがらみ」の中で蝕まれてきたことを、小説を通して読者に体感させたかったのだと思う。

この作品ではやくざの一家の衰退だけではなく、「下平」という集落全体の荒廃が描かれている。このため小説の終盤になると、長崎の坂の町の一つが軍艦島のように集落ごと廃墟となり、そこを時代遅れのやくざが「幽霊」のように徘徊しているかのような雰囲気が漂ってくる。

平仮名の「やくざ」が全国的な規模の片仮名の「ヤクザ」との権力闘争に呑まれ、敗北してきたように、かつて人々が生活の必要に根ざして、軒を連ねるように犇めき合って生活していた「下平」のような集落は、利便性や快適さを追い求める全国規模の再開発競争の中で取り残され、「巨大な幽霊屋敷」のように荒廃し、忘れ去られようとしている。

おそらく吉田修一が、山本周五郎賞と芥川賞を受賞した後に、再度、長崎の山の斜面を舞台にして『長崎乱楽坂』を書いたのは、ノスタルジックな思い出に浸りたかったからではなく、自分の故郷の長崎の山の斜面の町の行く末を、小説を書く行為を通して確認したかったからだと思う。

下平のやくざ一家の凋落を見届ける役割を与えられた「悠太」が、吉田とほぼ同じ年齢という設定であるのは、集落に残存する「幽霊」の「おくりびと」のような役目を与えられたからであろう。

このような役目は、「地方」を舞台として小説を記す、現代日本の作家に託された重要な仕事の一つであると一般化することもできるかも知れない。

東京にある大学に進学し、長崎の「下平」に帰省してきた悠太は次のように述べている。

この長崎が舞台になっている映画は多い。悠太自身、これまでに何本となくそんな映画を観てきた。ただ、スクリーンに映るのはたしかに自分が見知っている長崎の街なのに、なんと言えばいいのか、そこに本物の長崎の人間を見出せたことがない。ちょうどさっき目にした撮影風景のように、ロープを張られ、その外側に立たされているような感じだ。

『長崎乱楽坂』

つまり『長崎乱楽坂』で描かれる人間たちは、吉田修一にとっては対岸の架空の土地に住む人々ではなく、成長の過程で「小島」で出会い、忘れ去られようとしている「本物の長崎の人間」だったのだと思う。

言い換えれば、この作品は単に昭和の時代の長崎のやくざの一家の凋落をノスタルジックに描いた物語ではなく、過疎化が進行する日本の地方に遍在する集落が、「巨大な幽霊屋敷」のように凋落していく「未来」を描いた物語に他ならない。

4

社会問題について直接的な意見を述べることの少ない吉田修一であるが、各時代の作品を注意深く読み解いていくと、小説という形式を通して同時代の問題と格闘してきた痕跡が浮かび上がってくる。

かつて江藤淳は「一つの感想」と題したエッセイで「本来陰であり、虚であり、裏側の世界の生息者」であるはずの文人が、アウトローを気取りながら「表通りで営業している」ことを「恥ずかしい」と自戒を込めて述べている。

長崎の「ブルー」に彩られた町で生まれ育った吉田修一も「アウトロー」を気取ることはなく、テレビへの出演など「表通りでの営業」をほとんど行っていない。

江藤によると、言文一致運動の頃、日本語の書き言葉が確立される時期には、文士は「片手で国家建設という『実業』に従事しながら、残った片手で近代小説の確立という『虚業』に従事するという奇妙な一人二役」を強いられてきたという。そしてこのような時期には「伝統的な陰陽・虚実・裏表の関係が、社会の不文律のなかに維持されていた」という。

例えば明治期に二葉亭四迷が文学を生業とする自分に対して、「くたばってしまえ」という意味の自虐的なペンネームを付けたのは、やくざが刺青を入れて裏世界を生きる覚悟を決めるように、「虚業」としての文学に従事する覚悟を示すためであった。つまり明治の言文一致の頃は、文学者が実業と虚業を両立することは「奇妙な一人二役」であり、そこには矛盾が自覚されていたのである。

そしてこのような矛盾は、三島由紀夫のような戦後の作家にも引き継がれていく。「かつて三島由紀夫氏がボデー・ビルをはじめ、胸毛の濃さを誇ったころには、功利的実社会に陽の人間として生きるための『仮面』を、その肉体に求めざるを得なくなった病者・不具者のアイロニー」が存在していたのだ、と。

しかし江藤によると、「現在自らの不具性・廃疾性・生活無能力者性を白昼堂々と掲げて、旺盛に政治と商業をおこなっている文士たちには、すでにこのアイロニーの自覚はうしなわれているかのように見える」という。確かに、現代でも「アウトロー」の看板を掲げ、自らの「不具性・廃疾性・生活無能力者性」などを自慢しないことには、他に書くことがなく、芸能活動に勤しまないことには「文章の間が持たない」ような作家や評論家は枚挙に暇がない。このような人々は、江藤のいう意味で「アイロニーの自覚」を失っているのである。

平たくいえば、身長一六三センチの小柄な三島由紀夫が「ボデー・ビル」をはじめたり、「胸毛の濃さ」を誇ったり、左翼運動に対抗して「楯の会」を結成したり、憲法改正とクーデターを企図して自衛隊に決起を迫り、遂に市ヶ谷で自害したことには、文学者として一命を賭した「アイロニー」があった。江藤にいわせれば、三島由紀夫の政治的な振る舞いを神格化することは、文学者としての三島由紀夫を冒瀆することに他ならない。

このような意味で、吉田修一は近代の文学者が継承してきた「アイロニー」に意識的な作家であると思う。吉田はヤンキーややくざやチンピラが長崎を闊歩していた時代に、その震源地だった「小島」で育ったからといって、「アウトロー」を気取ることもないし、三島由紀夫のように、長崎南高校の水泳部で鍛えた体を、「ボデー・ビル」のように自慢したり、自らの「胸毛の濃さ」を誇ったりすることもない。

かといって、自らの「不具性」や「廃疾性」や、日常生活の「生活無能力者性」を売りにして、世間の関心や同情を集めようとしたり、その関心を人気に換金しようとすることもない。テレビにも「ネコメンタリー」など、本人以外が主役であるような番組を除けば、全くといっていいほど出演しておらず、二〇一七年の「新選考委員・吉田修一が語る『文学の図太さ』」によると、「文学賞のパーティー」にも全くといっていいほど出席していないという。

その一方で、吉田は小説の中で同時代の社会と向き合うような題材を意識的に取り上げている。芥川賞を受賞した「パーク・ライフ」は、米同時多発テロへの作家らしい反論とも読める作品であったし、『太陽は動かない』は、産業スパイを主人公とするハードボイルド小説ながら、東日本大震災以後の「太陽光発電の推進」の裏側で展開される「油田開発競争」を暴くような作品であった。『怒り』も、二〇〇七年に起きたリンゼイ・アン・ホーカー殺害事件をモデルにした作品であるが、逃亡犯よりも「誤った目撃情報」を通報した人々の方を詳細に描くことで、身近な人間を疑いながら生きる現代人の「無意識に巣食う闇」に迫った内容であった。『国宝』でも、秋田出身の力士の荒風が、二〇〇七年に起きた「時津風部屋力士暴行死事件」を彷彿させるいじめを経験し、「布団にくるめられて窒息寸前」となったエピソードが描かれている。

このような同時代の社会や人間と向き合う作品を通して吉田修一は、文学者はテレビに出演する芸能人や文壇政治家にならなくとも、経済的にも精神的にも自立することが可能であり、自らの作品を通して同時代の社会や人間と向き合い、格闘できることを証明している。

小説家らしい表現で、同時代の社会と四つに組むスタンスこそが、吉田修一が現代の芥川賞作家として例外的に多くの読者を獲得している大きな理由であると私は考える。

『国宝』の舞台となった長崎・丸山の史跡料亭　花月

第五章

吉田修一の「悪」

五―一　新宿

1

「最後の息子」は、一九九七年の第八四回で応募総数一三四五篇の中から文学界新人賞を受賞し、選考で高い評価を得て第一一七回芥川龍之介賞にも候補作としてノミネートされている。この作品は「ぼく」が、閻魔ちゃんが買ってくれた「質流れのハンディカム」を使って、実験映画のように新宿の生活を記録している点が特徴的な作品である。

前述の通り、吉田修一は自己の作品の映像化に拘りを持つ作家であり、カメラで撮影することを小説の題材として織り込んだ作品をいくつか記している。

例えば、単行本化されていない「別冊文藝春秋」連載の「コンセプチュアル・デイズ」では、下北沢のマンションに住む若者を無断で覗き見するための「ネットワーク・カメラ」が重要なモチーフとして採用されている。またインタビュー（前出、「作家と90分」）によると、二〇一六年の『犯罪小説集』の「曼珠姫午睡」の後半は、「監視カメラの視点」で描かれているらしい。つまり吉田はデビュー作から近年の作品まで「カメラの視点」で小説を描くことに強い関心を抱き、近年では読者がほとんど気付かないところで、「カメラの視点」を小説の中に織り込んでいる。

吉田修一はカメラを通すことで、感情を抑制し、無機質的でありながら、カトリックの神のように超越的でもあり、土俗的でもある「三人称的一人称」による小説の俯瞰的な祝座を獲得している。このような小説の表現手法は、デビュー作から二〇一八年の『国宝』まで一貫したもので、吉田修一の小説の大きな特徴といえる。

閻魔ちゃんが質流れのハンディカムを買って来たのは、確か、ぼくが閻魔ちゃんの部屋に転がり込んだ翌週だったと思う。風呂に浸かり、気分良くオアシスのワンダーウォールを歌っていると、ズボンの裾《すそ》を捲った閻魔ちゃんが、ビデオを抱えて入ってきた。

「ちょっと！　こっち向きなさいよ」

そう言って撮影を始めた閻魔ちゃんに、ぼくは照れ臭そうに微笑みかけている。

「まるで新婚さんだな。これで俺が、赤ちゃんでも抱いてたら、完璧なハッピーファミリーだ」

「やめてよ。赤ちゃんなんて考えるだけでノイローゼになるわ」

閻魔ちゃんの声は、ビデオを通しても、やはり酒嗄《が》れしたダミ声だ。

この時ズボンの裾を捲った閻魔ちゃんの格好は、お世辞にも褒《ほめ》められたものではなかったが、この画面の中のぼくは、どことなく幸せそうな顔をしている。

このとき確か、ビデオを抱えた閻魔ちゃんが、どうも赤ちゃんを抱いた自分の奥さんのような気がして、ついそのビデオに向かって「パパでちゅよぉ」と言いそうになったことを思い出した。

この映像の中で、閻魔ちゃんは「アンタが歯を磨いている姿って好きだわ」と言う。

これから、生まれて初めてキスをする男の子のような、そんな磨き方だと言うのだ。

鏡越しに映されているぼくは、荒々しく口をゆすぎながら「そんな男の子が、あんな舌使いするか？」と言い返している。

この頃のテープを再生してみると、一方的にぼくばかり映されているのが分かる。やっぱりぼくは、愛されていたのだろうと思う。別に自慢しているわけではない。それに愛されるのは簡単なことだ。それよりも愛され続けるのが至難の業《わざ》なのだ。

ぼくの狡《ずる》いところは、それを知っているくせに知らないふりをしていることだと思う。たとえば、いつも使っているグラスが、バカラ製だと知っているくせに、ぼくは「これ高そうに見えるよなぁ」と知らないふりをしている。そういった無知をひけらかすことによって、自分の隠しようもない品の良さ、みたいなものを、閻魔ちゃんに匂わせているつもりなのだ。でも、結局ぼくが隠しているのは、生来の品の良さなんかではなく、計算ずくめの、姑息《こそく》な愛され方でしかない。

ある時、髪を切るようにと言われて、閻魔ちゃんに五千円渡されたことがあった。翌日、ぼくがやったことはといえば、その金で髪は切らず、代わりに閻魔ちゃんへシャツを買って来たのだ。結局、伸びていた髪は、世界一幸せそうな美容師が、この部屋で切ってくれた。そしてそういう夜に限って、ぼくは自分が閻魔ちゃんを愛していないということを、思い知らされる。

ここに映っているぼくの顔、閻魔ちゃんに髪を切ってもらいながら、鏡に映った自分を撮影している映像には、そういうことを思い知らされた男の、投げやりで下品な明るさが収められている。

吉田修一「最後の息子」

新宿二丁目には閻魔大王を安置した太宗寺があり、江戸の内藤新宿の時代から庶民に慕われている。「閻魔ちゃん」の名前も太宗寺の閻魔像からとったものだろう。

この作品は新宿二丁目でおかまバーを経営する「閻魔ちゃん」とぼくのぬるま湯のような生活を描いた作品であると同時に、ハンディカムで撮影した映像を見ながら、その生活について時間をおいて、内省的に振り返った作品でもある。つまりこの作品で描かれる時間は重層化されており、「投げやりで下品な明るさ」に満ちた自己を恥じる程度に相対化されている。

このような「質流れのハンディカム」を使った「青春時代の有限性」を感じさせる描写は、この作品が新人賞を受賞する前年の一九九六年にブロードウェイで成功を収め、トニー賞の最優秀ミュージカル賞を獲得した「レント」から影響を受けたものだと私は考える。

「レント」は映画監督になることを志す若者が、「ニューヨーク版の新宿二丁目」ともいえる場所＝イーストヴィレッジで、ミュージシャンやダンサーを志す若者たちと、家賃の支払いをペンディングしながら、モラトリアム＝円環的時間を謳歌する内容である。

脚本や作詞・作曲を手がけたジョナサン・ラーソンが、プレビュー公演直前に亡くなったことも手伝って、この作品はアメリカの若者たちに熱狂的に支持され、二〇世紀末から二一世紀初頭にかけてブロードウェイでロングラン上演される「伝説的な作品」となった。

「レント」は今日でいうＬＧＢＴＱの恋愛や、麻薬中毒者の社会復帰など表現の上でタブー視されてきたテーマを、若者の青春劇として正面から描いた作品でもある。「Seasons of Love」など役者たちが歌う楽曲は、日本でもＣＭソングに採用されているから、歌だけでも耳にしたことがある人も多いだろう。

私も学生時代にニューヨークで「レント」を観て、その表現が捉える射程の広さと、表現上のタブーを次々と打ち破っていくダイナミックな演出に感銘を受けた。

私はトニー賞を中心としたアメリカのミュージカル文化について大学の授業で説明するとき、この作品を最初に学生に紹介することにしている。初演から二〇年以上が経った現在でも、この作品は若い学生の関心を引き付けるだけの自由な魅力に溢れている。

ただ「レント」とは異なって「最後の息子」は、LGBTQの人々の恋愛を描いた作品というよりは、主人公のぼくが、倦怠感に満ちた「モラトリアム＝円環的時間」を「体調の良い病人」のように生きる姿を通して、その庇護者である閻魔ちゃんの存在を浮かび上がらせた作品といえるだろう。

インタビュー（前出、「作家と90分」）によると吉田修一は芥川賞の受賞後、「一週間以内で受賞記念の短編を書け」と言われて、すぐにホテルニューオータニに缶詰にされて『春、バーニーズで』を書いたという。芥川賞の受賞直後の作品に「閻魔ちゃん」と思しき人物を小説で再登場させていることを考えれば、小説家・吉田修一の恩人は、他の誰よりも「閻魔ちゃん＝岩倉雅人」であり、彼女の店がある「新宿二丁目」という街だったのだと思う。

「最後の息子」を大学で学生に読ませてみると、「『ぼく』の小狡さが面白いけど、都合が悪くなると、閻魔ちゃんから逃げ出すのが許せない」という感想や、「あんなに貢いで尽くしたのに、閻魔ちゃんが可哀想」といった同情や、「私も閻魔ちゃんに囲われてみたい」といった願望など、閻魔ちゃんサイドに立ったリアクションが多いことに気付かされる。

吉田修一だけではなく、若い学生にとっても、母親と父親の双方の長所を兼ね備えた閻魔ちゃんは、魅力的な存在なのだろう。野球でいうと、ピッチャーとキャッチャーの両方ができる監督といった存在である。

デビュー作「最後の息子」の続編、『春、バーニーズで』では、次のようにぼくと閻魔ちゃんと思しき人物が、新宿で「再会」する生々しい場面が描かれている。

筒井がその人と暮らしていたのは、今から十年近くも前のことになる。きっと自分も、さっきの青年と同じような仏頂面で、「これが似合うわよ。もっと小奇麗な格好しなさいよ」などと言われながら、あの人の横に突っ立っていたのだろうと思う。〈中略〉

何が原因で、あの人のマンションから逃げ出したのか、今、筒井はそのときのことをまったく思い出せない。もしかすると、そこを――、なんの苦労もなく生活だけはできたその場所を、逃げ出す理由さえ見つけられない自分に焦り、そして怯えて、飛び出してしまったのかもしれない。愛せない人に愛されることに罪悪感を感じたと言えれば格好もつくが、実際には、愛せる人を愛そうとしない依怙地な自分に嫌気がさしたのかもしれない。

バーニーズの六階で、心配そうにちらちらと連れの青年を目で追うその人に、筒井が別れを告げようとすると、「ねぇ、もしよかったら、今度どっかで食事でもしないかしら?」と誘われた。誘われたその瞬間、心のなかをふと冷たい風が吹いた。冷たい風が吹いて、すぐにそれが暖かいものに変わった。

この人は今、すでに三十を越えた自分ではなく、靴売り場をうろうろしているあの青年に夢中なのだ。それこそ命がけで愛している最中で、そんなとき、この人は他のどんなものにも興味を持てない。だからこそ、こんなにも気軽に自分を食事に誘えるのだ。もちろん靴売り場をうろついている青年が羨ましいわけではなかった。ただ、この人をいつか捨てるだろうその青年が、筒井には少しだけ輝いて見えた。〈中略〉

「ほら、このおばちゃんに挨拶しなさい」と、筒井はその人の前で自分の息子を抱きあげた。しばらく、文樹はきょとんとその人を見ていたが、「男の人だから、『おばちゃん』じゃないもん」と、まるで手品の仕掛けを見破ったように笑い出した。

「どうして？　男の人でも『おばちゃん』はいるんだよ」

そう筒井がふざけて言うと、「ちょっと、やめなさいよ。子供が混乱するじゃないのよ」と、慌ててその人が止めに入る。

「男の人は『おじちゃん』だもんねぇ」

そう言って、文樹の頭をやさしく撫でるその人に、「いいんだよ、おばちゃんで」と筒井は微笑みかけた。「こいつには、俺の息子のこいつにはさ、今のうちから、いろんなこと、混乱させといてやりたいんだ」と。

吉田修一『春、バーニーズで』

デビュー作で別れた人物と、芥川賞の受賞後に小説の中で「再会」を果たすという「恩返し」の仕方が小説家らしくて素晴らしい。

大袈裟な言い方をすると、この一節はレイモンド・チャンドラーの『長いお別れ』のラストシーンに匹敵するような文学史に明記されるべき「再会」の場面であると思う。「ギムレットには、まだ早い」というフィリップ・マーロウの決め科白と、「春、バーニーズで」という決め科白（タイトル）は、ほぼ同じニュアンスを有している。日本の近代文学史に明記されるべき新宿二丁目を舞台にした「ハードボイルド小説」である。

この再会のシーンは、新宿二丁目を生きてきた一人の「おばさん」と、その元ヒモでモラトリアムを脱出した一人の青年の「ハードボイルドな再会」を描いた場面である。と同時に、再会を約束することのない、「ハードボイルドな長いお別れ」を描いた場面でもある。

このような劇的な再会と別れの場所は、かつて上京したばかりの筒井が「その人」に小奇麗な格好をさせてもらった場所であると同時に、「筒井の息子」＝『最後の息子』の息子」に小奇麗な格好をさせるための場所こそが相応しい。

吉田修一にとってその場所は、新宿のバーニーズ・ニューヨーク以外にはあり得なかったのだと思う。吉田修一は生まれ育った長崎の中でも、小説の舞台となる場所を細かく描き分けているように、東京のホームタウンといえる新宿の中でも、小説の舞台となる場所を細かく描き分けているのである。

バーニーズ・ニューヨークでの再会の場面は、短文ながら瑞瑞しい感情にあふれている。ドラマ版の「春、バーニーズで」は市川準らしい成熟した演出で、西島秀俊＝筒井による、若い頃の吉田修一の写真から抜け出て来たような演技と、田口トモロヲ＝閻魔ちゃんによる、新宿二丁目を四半世紀以上は生き抜いてきたような演技が光っている。

個人的な好みでは、筒井と閻魔ちゃんのハードボイルドな再会と「長いお別れ」の場面は、エストニア、タルトゥ生まれの伝説的レスラー、ジョージ・ハッケンシュミットの必殺技、ベアハッグ（熊式鯖折り）のような「熱い抱擁」で「極め」て欲しかった。しかしドラマ版は西島秀俊と田口トモロヲの玄人らしい演技の完成度が高く、大人向けの落ち着いた作品に仕上がっている。この二人には今後も吉田修一原作の映画で、名コンビとして活躍してほしい。

2

ただ「最後の息子」の中でモラトリアムを謳歌していたのは、無職の若者のぼくであったが、それから一〇年近くの年月が経ち、『春、バーニーズで』の中でモラトリアム＝円環的時間を謳歌していたのは、定職に就き、妻と息子のいる筒井ではなく、昔の生活を変わらず続けている「その人」の方であった。バーニーズ・ニューヨークで再会した「その人」は、一〇年近く前のぼくのような若い男を新たに見つけ、「バブルの延長戦」を生きていたのである。

しかしこのような生活が長く続くとは限らない。二〇一四年に刊行された『怒り』の中には次のような一節が記され、「その人」と思しき人物のその後の人生が描かれている。

今日優馬は会社からの帰り道である人を見かけた。若いころに通っていたゲイバーのママで、当時は芸能人も来るような人気店だったが、毎晩の深酒で体を壊し、数年前に店を閉めたと噂で聞いていた。酔うと中森明菜《なかもりあきな》の真似をする愉快な人だった。

そのママが道路工事現場のガードマンとして立っていた。ヘルメットをかぶり、サイズの合わない制服を着て、通行人に頭を下げていた。

もちろんガードマンという仕事をバカにしているわけではないが、半分冗談だったにしろ、女王のような人生を夢見ていた当時のママの姿が浮かび、思わず足早にその場を離れた。見てはいけないものを見た気がした。ダメなものはダメなのだと、世間からママが笑われているようで、もっといえば、その笑い声が、直人との平凡な幸せを夢見ていた自分にもまた向けられたようで、とにかくその場から逃げ出していた。

『怒り』

『怒り』で描かれる優馬と最後の息子＝筒井は年齢的に別人である。ただこのガードマンの仕事をする「ゲイバーのママ」は、「酔うと中森明菜の真似をする」という芸風から考えても、「その人」だと推測できる。若い優馬にとって、ゲイバーのママがガードマンの仕事をして働く姿は落ちぶれているように見えて哀れで、見かけると逃げ出したくなるものだったのだと思う。

ただ私は閻魔ちゃん＝その人が、バブルの時の習慣が抜けずに身を持ち崩すのではなく、吉田修一の小説らしく「ブルー」に彩られ、地に足の着いた仕事をして再登場してくれたことが嬉しく思えた。年をとっても「その人」には、強くたくましく、母親と父親の双方の長所を兼ね備えていてほしい。

二〇一五年に「別冊文藝春秋」に掲載された短編「愛を誓う」では、筒井が閻魔ちゃんと病院で再会する場面が描かれている。閻魔ちゃんはリーマンショック後に一度、店を手放すことになったが、その後も新宿二丁目で小さな店を切り盛りしているという。

リーマンショックをガードマンの仕事で乗り切った閻魔ちゃんは、やはりヨイトマケのおばさんのように強くたくましかったのだ。プロレスラーに喩えれば、閻魔ちゃんは様々なリングを渡り歩き、「不沈艦」の異名をとったスタン・ハンセンのような「おばさん」なのである。

何れにしても新宿のゴールデン街から二丁目にかけての飲み屋街というのは、もの書きや編集者や映画監督や芸術家や大学教員など、和製英語のサラリーマンが築いてきた「スーツにネクタイの装束」や「高層ビルの秩序」に馴染めない人々が集う、都心のエアポケットのような場所である。

近年、このあたりは外国人観光客にも人気の観光地となり、そこには吉田修一も含めて、モラトリアムの延長のような稼業で一〇年、二〇年、三〇年……と、都市文化を支えてきた人々が、多く集っている。

私も新宿から徒歩圏のコリアン・タウンとして知られる新大久保の近くに長らく住んでいたので、ゴールデン街や新宿二丁目や歌舞伎町や新大久保のような「ディープ新宿」が内包する旨味と臭みの双方がわかる。ただ肉は腐りかけが一番旨いが、食あたりになるリスクもあるように、街も古臭くて壊れかけぐらいが居心地がいいが、トラブルや犯罪に巻き込まれるリスクもある。

学生時代に私が大久保に住んでいたとき、近所の路地を散歩していると、何度か職安通り沿いのステーキ店で話し込んだことのあるコロンビア人娼婦が二〇人ぐらい、「ハルマゲドン」が起きたかのような形相で走って来るのに出くわしたことがある。

警察の摘発から逃げているのだろう、と思い「大変だねぇ」と笑いながら、他人事のように通り過ぎようとしたら、その中の一人が何を思ったか「ニク、イッショニ、タベタネ」と私に向かって、余計なことを叫んだのである。この時の「とっさの一言」のおかげで、娼婦たちから私に「何か暗号のようなものが伝達された」と勘違いされ、追いかけてきた警官に、私も共犯だと疑われて長時間にわたって職質を受けることになった。

こういう類いの話が、日常的に起こる「ディープ新宿」は酒場のネタに困らない楽しい場所ではある。しかしそこに留まり続けながら、「モラトリアム＝円環的な時間」を堪能するには、相応の若さを必要とする場所でもある。

吉田修一も「期限付きの場所」として、小説の舞台を描くことが多い作家であるが、「ディープ新宿」に集う全ての人々が、モラトリアムの延長戦のような稼業で、永久に生活を続けられるわけではない。

作家として成功した吉田修一ですら新宿を一番きらいな街と一番すきな街の双方に挙げていることを考えれば、吉田もこの街で「色々なこと」を経験したのだろう。リーマンショックでガードマンの仕事に就いた「その人」にとっても、新宿という街は好き嫌いが交錯する両義的な街であり続けるのだと思う。

このように場所にこだわる吉田修一と似た創作上のスタイルを持つ人物として思い浮かぶのは、

庶民の生活に根ざした場所の描写にこだわり、生涯に九〇回以上も引越を行ったとされる葛飾北斎である。葛飾北斎は、北斎漫画のように人や風景の急所を簡潔に捉えた作品から、神奈川沖浪裏のように西洋画の遠近法や幾何学、木彫りの職人の伝統的な技法を融合した複雑な作品まで、様々な表現を試みている。

ただ吉田修一には絵心はあまりないようで、長崎の地元のデパート（おそらく長崎の浜屋）で開催された「防災ポスター展」で入選して、作品がデパートの階段に飾られ、両親と見に行ったことを自慢している（「翼の王国」「空の冒険」April 2014）。私の幼少期の記憶によると、長崎では警察や消防が主催する「ポスター展」は絵の選考が甘く、浜屋の階段には子供たちが描いた大量の絵が「客寄せ」として貼られていたから、吉田の画力は大したレベルのものではないと思う。画力に関して吉田と北斎が似ていると評するのは、おこがましい。

それでも吉田修一の小説表現の多様さは「北斎的」であると私は考える。吉田は芥川賞と山本周五郎賞の双方を受賞しているだけではなく、『太陽は動かない』や『ウォーターゲーム』のように、現代の産業スパイを主人公に据えて、アジア諸国を舞台にしたハードボイルド小説を書いたり、『橋を渡る』のように時間軸が交錯するストーリーの中で、二〇八五年の東京や砂漠化した対馬を舞台とするSF小説を書くなど、幅広いジャンルの小説を手掛けている。

発表した作品が多い点や、発表した作品の幅の広さや、小説が内包する「エロス＝生の欲動」の旺盛さという点で、吉田修一は現代の作家では最も「北斎的」だといえるだろう。

吉田は二〇一五年に公開された橋口亮輔監督の映画「恋人たち」のパンフレット内の解説でも

「橋口作品は全篇が濡れ場に見える」と述べている。ちなみにこの映画は過去の橋口作品と比べてもシリアスな内容で、妻を通り魔に殺されて失った若い男の「喪失感」を描いた作品である。

私から見ると「濡れ場」というほどの「濡れ場」のない真面目な映画を、「全篇が濡れ場に見える」と評する吉田のエロス＝生の欲動は旺盛という他なく、向こう数十年は、吉田の小説を書くモチベーションが枯渇することはないと私は考える。

五－二　悪人＝吉田修一の故郷

平野部が多い日本の都市部とは異なって、起伏が激しい長崎の地形は、人々の生活に明暗のコントラストを落とすと言われる。長崎に限らず、例えばリヴァプールやナポリや釜山など観光地として知られる港町には、外向きの顔と内向きの顔があると言われる。

近代化の進展に従って港町で発展してきた労働集約型の重工業は、より賃金の安い発展途上国に流れるのが常だから、港町の人々は衰退する重工業に代わって、観光で雇用を生み出そうとする。

観光客が来れば、土地に金が落ち、雇用が生まれるため、「外向きの顔」は愛想良く、観光地周辺の街並みは重点的に見栄えのするものとして整備される。その一方、観光地の開発や新しい産業の誘致など行政の保護を巡る権益の奪い合いが生じるため、「内向きの顔」はシビアなものとなり、観光で潤う場所と潤わない場所の差が際だってくる。

観光地が持つ「外向きの顔」が明るくなり、「内向きの顔」がシビアなものになるほど、観光地に根を張って暮らす人々の生活には、明暗のコントラストが生まれ、光のあたる部分は輝き、光の届かない闇は深くなる。

吉田修一の『悪人』は、長崎の深堀に住む土木作業員の祐一を通して、長崎という観光地の陽の当たらない部分を描いた作品といえる。この作品は二二〇万部を超える大ベストセラーとなり、妻夫木聡と深津絵里のW主演で映画化もされ、この時点で吉田自身も「ベストの作品」と振り返る自身の代表作となった。

小説の内容についても長崎の田舎の深堀に住む祐一と、佐賀バイパス沿いの佐賀市郊外に住む光代という二人の「ブルー」に彩られた「非正規雇用の若者の物語」という点で、吉田修一の代表作に相応しい特徴を有している。

祐一と光代は出会い系サイトで知り合い、付き合い始めるが、祐一がそれ以前に出会った佳乃を殺害していたことを告白した後は、逃亡劇となる。ただ小説の冒頭から明らかにされる佳乃の殺害について、一方的に祐一が悪いと言い切れるかは微妙な問題で、この点が小説の読み所となる。

出会い系サイトで売春を行っていた被害者の佳乃にも、相手を苛つかせるような挑発的な態度をとる癖があった。また殺害の直前まで佳乃が会っていた大学生の増尾にも、佳乃を殺してはいないが、佳乃を加虐的に弄《もてあそ》ぶことで、精神的に追い詰めた責任があった。

またこの小説では、芥川龍之介の短編「藪の中」のように、主要な人物たちが事件に関して、微妙に異なる証言を行うため、事件の原因や責任の重さについて、一定の説得力を持った「異なる見解」が提示されていく。このため微妙に食い違う証言を通して誰が「悪人」なのかという問いが重層的に投げかけられ、その批判の矛先は、殺人事件に直接は関与していないが、間接的に関与している登場人物や事件の傍観者にも向けられる。

例えば、娘の佳乃を亡くした父母の家に送られてくる誹謗中傷のファックスや手紙の文面は、小説の読者や映画の観客のような立場にいる事件の傍観者から届いたもので、見方によっては事件以上に残酷な内容である。

テレビや雑誌では遠回しに表現されていても、手元に届く嫌がらせのファックスや手紙は、やはり露骨だった。

「売女《ばいた》の娘が殺されて悲しいか？　自業自得」

「俺もお前の娘買いました。一晩五百円」

「あんな女、殺されて当然。売春は違法です」

「仕送りしてやれよー」

直筆のものもあれば、パソコンからプリントアウトされたものもあった。毎朝、郵便配達員が来るのが恐ろしかった。電話線を抜いていても、夢の中で電話が鳴った。娘が日本中から嫌われているようだった。日本中から自分たち親子が憎悪されているようだった。

『悪人』

つまり石橋佳乃は、殺人事件の被害者としてのみ殺されるのではなく、売春を行っていた女性として実家の床屋を特定され、久留米という土地で生まれ育った存在としても誹謗中傷を受け、二重の意味で「殺される」のである。残された両親は、匿名の人々から浴びせられる悪意のある言葉の中で、娘の尊厳に関わる「死」を繰り返し経験することになる。

先の一節に象徴されるように、この小説は殺人事件の「真犯人＝極悪人」を探し出す小説というよりは、その殺人事件の背後に浮かび上がってくる「様々な種類の悪意を抱いて生きている人々＝悪人たち」が囚われている、地縁や血縁に根ざした「しがらみ」を炙り出す小説であると考えることができる。

この作品では脇役で出てくる人たちにも、人間関係に応じて使い分けている「多面的な顔」があり、見方によっては、誰もが小さな嘘や見栄を重ねた「悪人」に見える。例えば殺害された佳乃が友人たちに黙って出会い系サイトで売春を行っているように、佳乃の友人たちも福岡＝都市の匿名性の中で、過去の自分を現在の自分にとって都合良く書き換え、化粧を顔に施すような気楽さで自己のイメージを取り繕っている。

このような描写に触れると、人が都会に引きつけられるのは、教育や仕事や出会いを求めるだけではなく、過去の自分を、地縁や血縁の「しがらみ」から解き放ってリセットし、小さな嘘を重ねて新たな自分を作り出すためである、と考えることもできるかも知れない。例えば東京という近代都市は、徳川時代の家格の違いや士農工商の身分秩序や、藩の上下関係の「しがらみ」をリセットするための革命の中で生まれたものであった。

吉田修一は『悪人』の「祐一」の人物像について、桐野夏生との対談で次のように説明している。「ヤンキーというほどの自己主張もなく、本当に空っぽというか、小説の中にも書きましたが、校庭に落ちているボールみたいな男なんです」（「小説トリッパー」「現実のリアルとフィクションの強度」二〇一七年秋号）と。「誰かに蹴ってもらわないと、自分からは動けない。母親に蹴られ、祖母に蹴られ、佳乃、光代に蹴られて」とも。

吉田は「キャンセルされた街の案内」でも「兄」について「蹴って下さいとばかりに、ぽつんと転がっている広場のボール」という喩えを用いている。同じボールを使った喩えから、『悪人』の祐一は、「キャンセルされた街の案内」で描かれる二人兄弟の「兄」、つまりは吉田自身に近い人物をモデルにしていると考えることもできる。

インタビュー記事（前出、「作家と90分」）によると、『東京湾景』で品川埠頭の貨物倉庫で働く「亮介」と『悪人』の祐一は同じ人物をモデルにしたものらしい。どちらの作中人物も、小説やインタビューなどから垣間見える吉田修一の性格と類似しており、吉田の作品の中にはバルザックの小説のように、異なる名前で再登場する人物が多く存在する。

何れにしても「ボール」という喩えが残酷なのは、母や祖母といった肉親も含めて、祐一がどんな女性に蹴られるように弄ばれても、なかなか「校庭から出ることができない」という点にある。

精神分析の考え方を参考にすると、ボールが延々と蹴られ続ける場所である校庭は、「モラトリアム＝円環的時間」の言い換えだろう。

前述通り吉田は「小説を書くとき、まず場所ありき」と考える作家らしく、『悪人』の「祐一」

の性格についても、「モラトリアム＝円環的時間」の喩えとして「校庭という場所」を思い浮かべながら書いているのだ。

りも雄弁に物語る風景描写でもある。

一見すると無機質的な場所の描写だが、『悪人』の主人公の「祐一」について、登場人物の誰よ

えば『悪人』の主人公、祐一が暮らす場所は、次のように描かれている。

『悪人』という小説は場所の描写が、登場人物の感情や置かれた状況を雄弁に語る作品である。例

この交差点はとてもグロテスクな形をしていた。まるで巨人が造った広い道路と小人たちが造った細い路地が交わっているように見えるのだ。

たとえば広い国道のほうから走ってくると、直角に右へ曲がっているL字型の道にしか見えない。しかし実際はL字型カーブと見えた先には細い路地が伸びており、国道と平行に走る水路にかかる小さな橋がある。そしてこの水路が、昭和四十六年に埋め立てが完了し、沖合の島が陸続きになるまでの海岸線だったのだ。

陸続きになった島には造船所の巨大なドックがある。これが巨人の街だ。そして海岸線を奪われた以前の漁村には、未だに細い路地が張り巡らされている。〈中略〉

この道は長崎半島を南北に走る海沿いの唯一の国道で、市内とは逆方向に、この半島を下りていけば、沖合に廃墟の軍艦島が見え、夏になれば市民で賑《にぎ》わう高浜、脇岬《わきみさき》の海水浴場があり、

樺島《かばしま》の美しい灯台に突き当たる。〈中略〉

国道から狭い路地に入り、軒先の表札がサイドミラーに触れてしまうような道が、くねくねと漁港のほうへ伸びる。埋め立てでほとんどの海岸線を奪われたあと、辛うじて残った小さな漁港には、小型の漁船が数艘停泊している。波止めで囲まれた湾内はおだやかで、漁船を繋《つな》ぐロープの軋《きし》む音だけが、ときどき思い出したように辺りに響く。

『悪人』

このL字型に見える交差点は、観光地が集中する長崎市内から車で三〇分ほど南にある深堀の風景をモデルにしたものである。深堀は、三菱重工長崎造船所の香焼工場と、江戸時代の武家屋敷の垣根が残る昔ながらの街並みが混在する町で、小説で描かれているように、巨人の街と小人の街が無理にくっつけられた場所のようにも見える。

深堀は一二代にわたって佐賀藩の家老職を務めた鍋島氏の領地で、長崎の港の警固を担う侍が多く住む町だった。前述のシーボルトの引用文に登場する「皇帝の警備兵」というのは、深堀に住んでいた佐賀藩の侍のことである。

現在でも深堀には武家屋敷跡が残されているが、交通の便が悪いことから、観光地というほどの整備はされておらず、地元でも郷土史に関心のある人以外が観光目的で訪れることはほとんどない場所である。

祐一が住む場所は、歴史が匂い立つような観光地ではないが、団地やニュータウンというほど、人工的に整備された場所でもない。良く言えば市街地と田舎の中間、悪く言えば「中途半端な場所」である。前述のように、吉田は初期の作品から一貫してこのような「中途半端な場所」を小説の舞台として好んで選んでいる。

深堀もかつての長崎南高校の「校区」と呼べる場所だから、吉田は高校時代からその風景の「中途半端な面白さ」に着目していたのかも知れない。私も高校時代の友人が小人の街・深堀と巨人の街・香焼の双方に住んでいたので、このあたりには繰り返し足を運んだことがある。

長崎市街地の北部の国道沿いであれば、大規模な団地やニュータウンも多く、都市部に本社を構えるような大企業が出資した店舗が並び、東京の郊外の風景とさほど変わらない風景が広がる。しかしこの長崎南部の国道四九九号線沿いは、漁港が点在するような場所で、高度経済成長以後に新たに造成された住宅地も限られているため、大企業が出資した店舗やコンビニもほとんど存在しない。

この場所について、吉田修一はインタビューで、次のように述べている。「『悪人』に登場する祐一が住んでいるような長崎の漁村で暮らしていると、何かが足りないと思うし、東京で暮らしていても足りないと思うかもしれません」（前出、「原作、脚本・吉田修一　インタビュー」）と。吉田が深堀を、地元の人間らしく「漁村」と呼んでいることからも、このあたりの鄙《ひな》びた風景が想像できるだろう。

そこには東京に「足りない」ような美しい海の風景が広がり、近くには海水浴や釣り場として、日本でも屈指の魅力的な場所が点在しているが、その魅力に二七歳の祐一は気付くことができないでいる。

このため祐一が住む場所を、東京や福岡近郊の「郊外」の国道沿いと一括りにするのは誤りである。郊外と一口に言っても、買い物など生活の利便性が相応に高い都市部の近郊と、大資本が店舗を出すのを渋るような「中途半端な場所」は明確に異なる。

上京して私が驚いたのは、東京の郊外は田舎というほどの場所ではなく、「国道」と一括りに言っても、長崎の国道沿いには存在しない数の大型店舗が軒を連ねているという事実である。前述の通り、日本の都道府県の中でも長崎は県外への人口流出者数が多い県の一つであり、未だにコンビニすらない離島も多く、店舗に並ぶ商品の選択肢の数では、都市部とは圧倒的な格差が存在する。『悪人』の冒頭では「長崎市郊外に住む若い土木作業員が、福岡市内に暮らす保険外交員の石橋佳乃を絞殺し、その死体を遺棄した容疑で、長崎県警察に逮捕された」と意図的にニュース報道のような文体が使われ、深堀は「郊外」と一括りにされている。しかし先の引用文の通り、吉田が深堀を「漁村」と呼んでいることからも明らかなように、長崎で深堀を東京の郊外と同一視する人がいれば、失笑を誘うだろう。

つまりこの小説で吉田修一が焦点を定めて描いているのは、テレビや新聞が伝えるメディア報道の中で、バイアスの掛かった形で伝達され、省略されてしまうような、当事者にとって切実で細かなニュアンスや感情に満たされた場所が持つ意味である。

祐一が住む国道四九九号線を一五分ほど南下すると、横道世之介の実家がある蚊焼に着く。『横道世之介』では県道という表記になっているが、この国道は一九九三年に県道一三号線から変更された道路である。こういう場所の記述に関して吉田修一は実に細かい。

この道路沿いには、吉田や私が通った長崎南高校の学生が多く住む町が並び、『横道世之介』や『悪人』、「キャンセルされた街の案内」などで吉田の小説の舞台となった場所が点在する。日本列島の西の行き止まりのような場所である。

吉田修一は場所にこだわる作家らしく、小説の舞台として魅力的な「中途半端な場所」を作品の舞台として選んでいる。『横道世之介』の世之介は、祐一と同じ国道沿いの漁村、蚊焼で育ち、東京の大学に出て、明るい性格と偶然の出会いをきっかけとしてカメラマンになることができた。しかし同じ国道沿いの漁村、深堀で祖父母の養子として育った『悪人』の祐一は、不器用な性格と主体性の無さが災いして殺人事件の加害者となってしまう。

吉田は長崎南部の同じ道路沿いに住む二人の若者の人生の「明暗」を二つの新聞連載の人気作を通して、対照的なものとして描いたのである。

主人公の人生の明暗に焦点を絞れば、『悪人』と『横道世之介』は対となる作品である。前述の通り、吉田は『悪人』の祐一と『横道世之介』の世之介の双方を、一定程度、自分自身をモデルとして描いていると推測できる。吉田にとっては東京に根を張って生活することができた世之介の人生も、都会に出ることなく、地元に根を張って生活する準備を整えていた祐一の人生も、身近に実感できるものだったのだと思う。

二人の人生の「明暗」には、「離郷」と「帰郷」の感情に挟まれながら、生まれ育った長崎を描いてきた吉田修一という作家の「こころ」が投影されていると私は考える。

祐一が逮捕されたのが二〇〇二年の年初だから、刑期を考えれば、祐一はそろそろ出所してもいい頃である。房枝はまだ深堀で元気に暮らしているのだろうか。光代はまだ「佐賀バイパス」沿いの町から離れられないのだろうか。新しいパートナーはできたのだろうか。増尾が継いだ湯布院の高級旅館の経営はどうなっているのだろうか。二〇一六年の熊本地震の影響は受けなかったのだろうか。一二三は就職して一家は借金の返済を終えたのだろうか。誰が出所した祐一を真っ先に迎えにいくのだろうか。

『悪人』は登場人物たちの「それから」が気になってしまう作品で、『横道世之介』と同様に続編を期待してしまう。

何れにしても吉田修一は、『悪人』という作品を通して、様々な立場で事件に関わる人間の視点から、都市と地方、金持ちと貧乏人、大卒と高卒、正規雇用と非正規雇用など、現代社会に潜在する「見え難い段差」を浮き彫りにすることで、小説の表現の幅を拡げることに成功し、現代日本を代表する作家としての地歩を固めたのである。

五-三 長崎から歌舞伎座へ——『国宝』の風土

1

『国宝』は、やくざの一家で育った喜久雄が歌舞伎役者として大成していく小説である。この作品を通して吉田修一は、零落していくやくざ一家の人々の姿と、人気を失っていく関西の歌舞伎役者の人生を重ね合わせながら、彼らの浮き沈みの激しい人生を、引用される歌舞伎の演目と共鳴させている。劇中で紹介される義太夫狂言を中心とした演目と、役者たちの人生を交錯させる構成は重層的であり、小説の技法も高度なもので、吉田修一の作家としての円熟を感じさせる作品である。

喜久雄のモデルとなる人物がいるとすれば、女形の「人間国宝」という点から、真っ先に坂東玉三郎の名を挙げることができる。玉三郎は梨園の出身ではなく、生家は料亭であり、『国宝』が長崎の丸山にある「花月」を想起させる料亭からはじまるのは、料亭で生まれ育った玉三郎を意識してのことだろう。「鷺娘」が国際的に高く評価された点や、琴・三味線・胡弓の高い演奏技術が求められる「阿古屋」を演じている点からも、ストイックに芸を磨いていく喜久雄の背後には、現役の女形の人間国宝・坂東玉三郎の存在が感じられる。ただ『国宝』の物語そのものは、坂東玉三郎の人生とは全く異なる。

この小説は、長崎の丸山の料亭「花丸」で行われた、長崎のやくざ一家の立花組の新年会のシーンからはじまる。冒頭から長崎のやくざの抗争が、歌舞伎舞踊の名作「積恋雪関扉」の内容と共鳴しながら描かれ、朝日新聞の連載小説としては物騒ながら、吉田修一の作品らしく、暴力とエロスに彩られた風景が強い印象を残す。大雪の料亭の庭に血飛沫が飛び交う、義太夫狂言さながらの甘美な丸山の料亭の描写は、「生来の悪の香り」を有し、「悪性までが、そのまま反転して魅力となっていく」立女形《たておやま》・喜久雄にとって原風景のような場所となる。

前述の通り、丸山は江戸の吉原、京都の島原と共に日本三大遊郭に数えられた場所で、旧引田屋（現・花月）は出島ができた翌年の一六四二年に創業している。カステラの福砂屋本店や、美輪明宏の実家の「世界」という屋号のカフェ兼料亭、福地源一郎の生家や山本健吉の実家、吉田修一や私の実家もこの場所から近い。料亭・花月にはシーボルトの愛妾の「其の扇（お滝の源氏名）」の間や、頼山陽や向井去来、坂本龍馬の書などが飾られた部屋があり、花街としての丸山の面影を残す数少ない場所の一つとして、現在も観光客で賑わっている。

『国宝』の長崎時代の舞台は、吉田修一の作品としては珍しく、丸山・銅座・思案橋の歓楽街であり、吉田が生まれた高度経済成長期を描いている。

花街だった丸山にほど近い思案橋界隈《かいわい》というのは、長崎随一の歓楽街でございまして、この当時は、席数千席を誇るキャバレーの「十二番館」や「銀馬車」を中心に、高級クラブ、スナックが狭い路地の先の先までびっしりと建ち並び、長崎の巨大地場産業である三菱造船所の好業績の勢いにも乗りまして、まさに毎夜が祭りのような賑《にぎ》わいを見せておりました。

『国宝』

キャバレーの「十二番館」や「銀馬車」は長崎の歓楽街に実在した店である。前者の専属バンドは「思案橋ブルース」を歌ったコロラティーノであり、後者の専属バンドは「長崎は今日も雨だった」を歌った内山田洋とクール・ファイブである。

日本の造船業は一九六〇年代に英国や米国の生産量を抜いて、世界一となるが、その代名詞的な存在であった三菱重工長崎造船所が活気に湧いていた頃、長崎の思案橋から銅座にかけての歓楽街は、全国区のバンドを送り出すことのできる経済的、文化的な力を有していたのである。丸山明宏（美輪明宏）の「ヨイトマケの唄」も、長崎の歓楽街が賑わっていた頃に生まれたヒット曲である。ただ、美輪明宏が背負った長崎の歓楽街が持つ「文化的な奥行き」は、原爆災害からそれほど時間を経ていない街の外見には、表れておらず、そこは東京の銀座のような石造りの美しい街並みとはほど遠い場所であった。

この銅座川の両岸には、へばりつくように小さなスナックやサロンやバーが並んでいるのですが、大晦日《おおみそか》の今夜はさすがにどの店も休業で、先週まではクリスマスの飾りも賑《にぎ》やかなネオンがドブ川の水面に映り、それはそれで情緒がありはしたのですが、今は太った鼠《ねずみ》が這《は》いまわる本来のドブ川に戻っております。

『国宝』

『国宝』の主人公・喜久雄は、このようなドブ川沿いの歓楽街に根を張った立花組の組長の息子として生まれている。組長の権五郎は、自らの名を歌舞伎の「暫」の鎌倉権五郎から採った豪快な人物で、暴力で名を上げ、長崎のやくざの抗争を勝ち抜いてきた。その息子の喜久雄の素行も褒められたものではなく、中学生にして彼女の春江を丸山公園に立たせて売春をさせたり、ドスを手にして復讐を企てたりしている。吉田修一の作品らしい「不良」の描写である。
『国宝』で権五郎が率いる立花組の成り立ちは次のように説明されている。

戦後の長崎は原爆のあとの焼け野原にまず掘っ立て小屋が建ち始め、闇市が生まれます。どこの町でも同じでしょうが、マーケットが生まれれば愚連隊が誕生し、戦前から続く俠客《きょうかく》一家との小競り合いが起こります。権五郎はまさにこの愚連隊上がりでございました。

『国宝』

権五郎は仁義を介したやくざの秩序を重んじる人物でもあるが、政略的な人物でもある。宴会の席でも権五郎は、「兄貴分である大親分を新年会に呼びつけて、末席に座らせるような仕打ち」をしておきながら、「大親分が虚勢を張れば張るほどに、当の権五郎は恭しく拝聴し、その姿が逆に、権五郎の威勢を列席者たちに見せつけるという寸法であります」と、自らの威光を示すことを計算している。

その後、長崎でのやくざの抗争は、一般市民を巻き込む形で長引き、「このころの権五郎は裏社会との繫がりを更に強め、台湾のヤクザと杯を交わしますと、拳銃、薬物の密輸に手を染めていくのであります」と説明されている。このような武力抗争は、やがて時代遅れのものとなり、権五郎率いる立花組の暴力支配は長くは続かず、権五郎は裏切りにあい、命を落とすことになる。

中学生にして四一歳の父親を亡くし、天涯孤独の身となった喜久雄は、「自分の父親が何かに負けて人生を終えることが悔しくて、涙があふれてまいります」と悔しさを露わにするが、中学生で組を引き継ぐことは難しく、どうすることもできない。喜久雄の長崎への思いは、愛憎入り混じる両義的なものとして描かれている。

その後、権五郎を裏切った愛甲会の辻村が立花組を取り仕切るようになり、立花組は愛甲会の下部組織へ成り下がっていく。辻村は、三流の寺と三流の坊主で権五郎の一回忌法要を行うなど、自己が権五郎に取って代わる存在であることを対外的に示し、関西の広域暴力団とも良好な関係を築いた上で、九州を代表するやくざ一家へと飛躍していく。この作品では、辻村の裏社会での成功は、喜久雄の梨園での成功と表裏一体のものとして描かれている。

ただ辻村は権五郎への恩義を忘れたわけではなく、喜久雄を関西の人気歌舞伎役者・花井半二郎に紹介することで、喜久雄の人生を後押しする。このような両義的な感情の描き方に、辻村と喜久雄の間に横たわる義理の親子に近い「感情の訛り」が感じられて味わい深い。

辻村は過去に原爆で母親を失った経験があり、闇市で当時愚連隊だった権五郎に助けられた恩義がある。その後も辻村は喜久雄をタニマチとして金銭的に支援し続け、喜久雄は辻村の支援で、弟子や付き人を食わせ、どうにか丹波屋の歌舞伎役者としての面目を保っていく。

喜久雄の父親代わりとなった辻村は、自らの組の創立二〇周年の祝賀会で喜久雄に出演を依頼する。喜久雄はすでに立女形として国際的な名声を得ており、この祝賀会にも大規模な逮捕劇があるとの噂が流れていることから、割に合わない申し出であったが、「小父さん、その二十周年のパーティー、精一杯踊らせてもらいますよ」と、辻村の依頼を快諾する。「もしここで小父さんの頼み聞いてやれないんだったら、俺、生まれてきた甲斐ないって」と、喜久雄はやくざ一家の息子らしく、自己に悪評が立つリスクを冒して仁義を貫く道を選ぶのである。

喜久雄は自己の代表作「鷺娘」を祝賀会で披露し、辻村は瀕死の鷺を演じる白無垢姿の喜久雄を見ながら、原爆投下直後の長崎で母親を亡くした時のことを思い出す。


ふと浮かんでくる実母の背中は赤く焼け爛《ただ》れ、幼い辻村がその小さな手で払っても払っても、黒々とした蠅《はえ》がたかります。

八月の長崎、風も通らず、鼻が曲がるような悪臭こもる教会の講堂の床には、足の踏み場もないほどの熱傷者。いくら辻村が「母ちゃんば、助けて」と叫んだところで、子供の声など大火傷《やけど》した者たちの断末魔や、肉親を探し回る大人たちの声にかき消され、幾晩もつきっきりだった辻村が、たった一度だけ外へ小便に出た短い隙に、微《かす》かに繰り返していたその息を、母は引き取ったのでございます。

頼りにしていた父は戦地から戻らず、原爆で焦土と化した長崎の町には帰る家もなく、その後自分がどのように生きていたのか、辻村には記憶がございません。

『国宝』


「母ちゃんば、助けて」という幼い辻村の叫び声が、大火傷した人々の断末魔の声にかき消される凄惨な一節である。長崎の爆心地近くにカトリック教徒が多かったことを考えれば、原爆で重症を負い教会に運ばれた辻村の母親はクリスチャンだったのだろう。辻村が、小便に出た短い間に母親が息を引き取る描写は実に生々しい。上述の通り、母親の死に目に会えない辻村の姿には、吉田修一自身が母の死に目に会えなかった経験が重ねられていると推測できる。

辻村のように実際に原爆で親を亡くし、闇市で幼少期からやくざの道に足を踏み入れることとなった子供は、現実に長崎や広島に多く存在していた。例えば映画「仁義なき闘い」でモデルとなったやくざの多くも、脚本家の笠原和夫によれば、広島の原爆スラムで育った若者たちだったという。吉田修一の長崎のやくざ一家に関する描写にも、笠原和夫の脚本のように簡潔ながら、その背後に戦前・戦後の時間的な広がりが感じられる。

『原爆被害　ヒロシマ・ナガサキ』によると、被爆直前の長崎の人口が推定で約二一万人であったが、一九五〇年七月の調査で原爆による死亡者が七万三八八四人、重軽傷者が七万四九〇九人であった。つまり長崎では原爆によって人口の約三五・二％が死亡し、それ以外に人口の約三五・七％が重軽傷を負ったことになる。この数字には、被爆から十年経って亡くなった私の母方の祖父も含めて、その後の火傷や原爆症などによる死者や患者の数は含まれていない。

長崎を起点とした『国宝』には、長崎が原爆災害を通して経験した史実が、登場人物の原体験として織り込まれている。長崎で生まれ育った主要な登場人物たちが、被爆した母親を幼い頃に亡くしているという設定は、前述の通り、吉田自身が母親を失った経験を踏まえて意図的に織り込まれたものであり、過去の吉田修一作品にない、深い「喪失感」に彩られたものである。

主人公の喜久雄は、生まれ育った長崎の町について次のように回想している。

中学校へ続くこの長く急な坂段は、広い墓地のなかを伸びておりまして、立ち並ぶ御影の墓石が朝日を受けて、濡れたように輝いております。
振り返れば、長崎の町が一望できます。一度は負けた町ですが、喜久雄を育てた大好きな町でもあります。

『国宝』

『国宝』の主要な登場人物たちは、長崎の風景に対して、「一度は負けた町」として愛憎半ばする感情を抱いている。このような感情は、『長崎乱楽坂』など長崎を舞台にした吉田修一の作品に共通するものでもある。『国宝』は吉田が「長崎から出て来た作家」として、その原点となる場所に回帰した作品に他ならない。
吉田修一は、作家としてのデビューに前後して母親を亡くし、『国宝』の新聞連載時に父親を亡くしている。デビューから二〇年を迎えた吉田は、父母の喪失に耐え、女形として大成していく喜久雄の姿に、自らの作家としての姿を重ねながら、「喪失感」の底から反転する明るさの中で、新しい小説表現の「フロンティア」を開拓することに成功している。

2

詩人のフェルナンド・ペソアは「神は一なる存在ではない。どうして、私がひとつでありえようか」と述べている。吉田修一はペソアの詩集を、作家としてデビューした頃に影響を受けた作品として挙げている。

このペソアの一節のように、吉田の作品で描かれる人物たちは、都会の中で「ひとつ」の自我を持つのではなく、「幾つもの顔」を持ち、非日常的な生活の中で「感情の訛り」を持て余しながら、都会で当たり前のものとして受容されている価値観の一つ一つと、孤独な戦いを繰り広げているように思える。

吉田は、デビューから間もない頃に書いた「作家のシネマ・セレクション」（ダ・ヴィンチ）の中で大木裕之監督の「ターチ・トリップ」をお気に入りの作品として挙げている。他所でもルイ・マルの「ダメージ」や、ペドロ・アルモドバルの「欲望の法則」などの映画を「何度観てもいい映画」として挙げている。ただおそらく大木の「ターチ・トリップ」や「HEAVEN-6-BOX」のような作品は、吉田の初期の作品と最も近い雰囲気を有している。

前述の通り、吉田はデビュー作「最後の息子」の中で、ハンディカムを手にした「ぼく」が「閻魔ちゃん」や「大統領」など身近な人たちを撮り続けている姿を描いているが、このような撮影方法は日常の風景をハンディカムで撮り続ける大木裕之の制作スタイルと似ている。

吉田は、大木裕之の「ターチ・トリップ」を次のように評している。

この『ターチ・トリップ』を観始めた時、前にも観たことがあるような気がした。だが、いつどこで観たのか覚えていない。観終わって、やっとその誤解が解けた。僕はこの映画を観たことがあるのではなく、大木監督が映像に収めた「この日」を知っていたのだ。『ターチ・トリップ』には、思い出すだけで誰もが胸苦しくなってしまう「あの日の風景」が、徹底的に郷愁を切り捨てた形で詰まっている。

ダ・ヴィンチ「作家のシネマ・セレクション」

大木裕之の作品は国際映画祭に多く招待されているが、日本では「現代アート」の作品として美術館で上映される機会が多い。かくいう私も大学生時代にイメージフォーラム付属映像研究所という実験映画の制作学校に夜間通学していたため、その学校の講師の一人であった大木の人柄とその作品をよく覚えている。

私は彼以上に強烈な印象を残す性格の人物に出会ったことがない。イメージフォーラムの入学式の日、大木監督は主として中高生が着ているような小豆色の体操服で登場し、東北を旅した時にその体操服を電車で声をかけた高校生から物々交換で手に入れたことや、近所の八百屋の二階がデットスペースになっていたので、今、無料で住ませてもらっていることを得意げに話していた。大木は東京大学工学部建築学科を卒業していたが、一般常識に囚われない生き方をしており、東大卒の学歴を遠く離れたところで、放浪生活を送っているように見えた。

おそらく彼にとっては、既製品を買うとか、家賃を払うとか、定職に就くとか、男女別の性的な秩序を守るとか、そういう「近代的な常識」が馬鹿馬鹿しいものに感じられていたのだと思う。だから彼は「近代的な常識」に満ちた世の中を転々とし、時に手酷い批判に曝されながら、作品を作らざるを得ないのだろう。彼が流浪し、世の中から爪弾きにされればされるほど、彼の作品は際どく、魅力的なものになる。

一見すると「ターチ・トリップ」はノスタルジックな作品である。しかし吉田が指摘しているように、そこにある「あの日の風景」は、「徹底的に郷愁を切り捨てた形」で描かれていて、幸福そうなシーンでもどことなく悲しい。言い換えれば、彼が描く地方都市の周縁の風景は懐かしく、どこでもあるようで、どこでもないようである。漱石にとってそうであったように、大木裕之にとっても離郷と帰郷に付随する感情というのは、独特の「感情の訛り」を伴う、複雑なものなのだと思う。

例えば先に挙げたペソアは「もうずいぶん前から、私は私ではない」と言い、「何も感じない場所」を「私の家」だと言っている。映像詩人と言われる大木が描く風景もペソアの詩のように、「何も感じない場所」へと開かれている。それは先に引用したブーバーのハシディズムにも通じる考え方でもあり、吉田修一の作品にも通じる感覚でもある。

大木裕之も吉田修一も、作品の中でその対象を描くのではなく、その対象との距離を描くのである。そしてその距離の中で「徹底的に郷愁を切り捨てた形」が生まれ、その「懐かしさ」は近代的な時空間との結びつきを失い、「言葉の中へとはいってゆき、その中に生きる（ブーバー）」ような力を持つ。

上述のように吉田修一が「破片」や『長崎乱楽坂』や『7月24日通り』や『悪人』や『国宝』の

ような作品で描く長崎の風景は、どこにでもあるようで、どこにでもないようなものである。それは「徹底的に郷愁を切り捨てた形」で描かれている。

そしてこのような「徹底的に郷愁を切り捨てた形」は、G・ルカーチが『小説の理論』でいう「故郷喪失」という概念や、江藤淳が『成熟と喪失』で用いている「喪失」という概念と共通するものである。例えばルカーチは、『小説の理論』の冒頭で、このような故郷喪失の概念について次のように記している。

> 星空が、歩みうる、また歩むべき道の地図の役目を果たしてくれ、その道を星の光が照らしてくれるような時代は、しあわせである。そうした時代には、すべてが目新しくてしかもなじみぶかく、すべてが冒険的であってしかも確実な所有のようである。世界ははるかに遠いが、しかもわが家のようである。〈中略〉「哲学は本来、郷愁であり、あらゆる場所においてわが家にあるがごとくにあろうとする衝迫である。」とノヴァーリスはいっている。それゆえ、生の形式としての哲学、また文学の形式を決定し、それに内容を与えるものとしての哲学は、つねに、内部と外部との分裂の徴候であり、自我と世界との本質の違和、心情と行為との不一致のしるしである。したがって、幸福な時代はすべて哲学をもたない。あるいは、同じことだが、そのような時代の人間はすべて哲学者であり、あらゆる哲学のもつユートピア的目標の所有者である。
>
> G・ルカーチ／原田義人・佐々木基一訳『小説の理論』

つまりルカーチにとって哲学とは、「故郷喪失」によって生じる「内部と外部との分裂」や「自我と世界との本質の違和」や「心情と行為との不一致」の上で紡ぎ出される思考である。そしてここでルカーチのいう分裂や違和や不一致とは、江藤淳が『成熟と喪失』でいう「喪失」と同義である。

ルカーチや江藤のいう「喪失」に耐えてなお、哲学なり文学を行うには、都会の中で「仕方なしに引き受けさせられた過酷な現実」の中を生きている個人に目を向ける必要がある。

ルカーチは同じ著書の中で、近代において個人が抱く理念と世界の現実との間のもっとも大きな食い違いは「時間」であると述べた上で、このような時間を描く近代小説を「故郷喪失の形式」と定義している。江藤が『成熟と喪失』で、先に述べた小島信夫らの小説に見出していたのも「故郷喪失の形式」に他ならない。

つまりルカーチと江藤淳の考えを踏まえれば、世の中が近代化してきたことによって故郷を喪失した個人と、固有の風景を失った世界との間で食い違う時間こそが、小説という近代に固有の文学の形式を決定していると私は考える。

そしてルカーチと江藤にとって、このような「故郷喪失の形式」を有する近代文学は、心の拠り所として帰るべき風景が喪《うしな》われ、多くの人が離郷して都市で働くようになった現代においてこそ、本来的には、切実な響きを持って必要とされるべきものに他ならない。

吉田修一の作品が、現代の作家の中でも人気を集めているのは、このような意味で「故郷喪失の形式」を有しているからだと私は考える。

先に述べたように、吉田の作品が描く「あの日の風景」は、徹底的に郷愁を切り捨てた形で描かれていて、懐かしく、どこでもあるようで、どこでもない。言い換えれば、その風景には、「自我と世界との本質の違和」や「心情と行為との不一致のしるし」が刻まれているのである。

このように説明すると難しく聞こえるかも知れないが、「食い違う時間」を通して実感される世界との違和や不一致は、吉田修一の『横道世之介』など青春小説の中でもわかりやすく表現されている。

例えば世之介は、進学で東京に出た後、帰郷して迎えた一九歳の誕生日を、それ以前の誕生日と異なって孤独なものであると表現している。


自分が十九歳にならないとは思っていなかったが、あまりにも唐突だったので世之介はぽかんとしている。もちろんこれまでも十五歳になり、十六歳になり、十七歳になって十八歳にもなってきた。ただこれまでは毎回みんな（たとえばクラスメイトたちとか）と一緒に年を取る感覚があった。だが、なぜか今回の十九歳だけは夜の海を前にした見知らぬ土地の岸壁にいるせいか、たった一人で十九歳になったような気がしてならない。

『横道世之介』


この一節は世之介がはじめて付き合った元彼女の「さくら」と再会した場面でのモノローグであ

る。世之介は長崎の地元に残った「さくら」との距離を、一緒にドライブをしながら「食い違う時間」を通して実感している。

すでに世之介は長崎から遠く離れた都会で、地に足の着かないふわふわとした人生を歩み始めている。これとは対照的にさくらは故郷の「しがらみ」を受け入れたところで、地に足の着いた人生を歩み始めている。さくらは新しい恋人との時間を受け入れているが、帰郷した世之介の方は、「さくら」との思い出の時間の中を彷徨《さまよ》っている。

世之介にとって一九歳の誕生日に経験した「ドライブの時間」は、離郷と帰郷の狭間で、孤独に人生を歩み始めたことを、恋人との「食い違う時間」として自覚させるものであり、彼に成熟を促す特別なものとなった。

前出のデリダは、話し言葉を規定している「根源的な書き言葉」の性質のことを「原エクリチュール」と呼び、それを近代国家の教育制度を通して浸透した国語や標準語のような言葉では捉えられないような「痕跡」であると考えている。

それは先に述べたように、フロイトが「エス」と名付け、「マジックメモ」の喩えを用いて説明した「無意識的な手垢」やこの本で述べてきた「感情の訛り」と同義である。確かに標準語が浸透した現代でも「感情の訛り」は、デリダのいう「原エクリチュール（原初的な言葉）」のようなものとして、言い換えれば標準語を話している時でも無意識の内に堆積する、「感情のズレ」を記録するような「根源語（ブーバー）」として存在している。

それは「破片」の文脈で言えば、真吾兄の言動の背後にある「おいとわい（我と汝）の関係が持つ親しさ」であり、『東京湾景』や『さよなら渓谷』の文脈で言えば「男女別の秩序が生み出す残酷さ」である。吉田修一の作品の全体を通して言えば、「永遠に帰郷することのない『開放感』と、永遠に離郷することのない『喪失感』を両極とする『感情の訛り』」である。

そしてこのような「感情の訛り」は、現代文学が切り捨てるべきものではなく、現代文学を支える重要な条件の一つに他ならない。吉田修一は、それが彼にとって重要な小説と携わる方法であるかのように、上京した人間の「感情の訛り」を通して、多くの作品を発表している。

吉田修一という作家は上京した人間の自意識を通して、あるいは地方の生活者の自意識を通して、時に方言を多用しながら、現代人の無意識に染み込んだ「原初的な言葉」と対峙している。

現代私たちが当たり前のように使っている日本語は、一見すると標準化され、メディアを通して「訛り」も相応に矯正されている。ただその言葉を使う私たちの無意識の内には、どんなに国語教育が浸透し、メディアを通して標準語が浸透したとしても、変化しきれない「感情の訛り」が堆積している。

それは吉田修一の小説の文脈で言えば、先の『東京湾景』の「涼子」が、キオスクの仕事を離れた場所でも、小銭を数えるような生き方をしているように、あるいは『ランドマーク』の隼人が、自分たちの存在が忘れられ、自分たちが建てたビルだけが残っていくことに「せつなさ」を感じているように、都会に住む多くの現代人が、開放感と喪失感の狭間で「感情の訛り」を抱え、帰るべき故郷を失ったまま、長い人生を歩んでいるように、表現されている。

国語や標準語が浸透したことで、私たちは「感情の訛り」を表現するのに適した「訛りを帯びた言葉」を失い、その感情を分かち合う親密な人間関係を少なからず喪失してきた。

吉田修一が描く都市を舞台にした現代小説は、このような「二重の意味での喪失」の経験に根ざしている。

吉田修一の作品から感じられる「懐かしさ」は、地方と都会の生活をノスタルジーと共に結び付けるような「甘い幻想」ではない。それは時に地方と都会の生活の違いを際立たせ、都市生活者たちが当たり前のものとして抱いている価値観を揺るがし、国語や標準語に還元できない「こころ」の「裂け目」を露わにしている。

吉田が着目しているように、離郷と帰郷の間で揺れ動く都市生活者は、現代文学の主たる担い手である。彼らは都市の中で人々が抱く「開放感」と「喪失感」の狭間で、ちょうど『パーク・ライフ』で描かれる日比谷公園の「心字池」ように、「こころ」の裂け目を内側に抱えながら、都会の中を彷徨うように生きている。

吉田修一が描く「小説の風土」と「感情の訛り」は、その「こころ」の裂け目に、甘くて切ない感情を伴って染み込んでくるから、魅力的なのである。

おわりに

吉田作品の「風土」

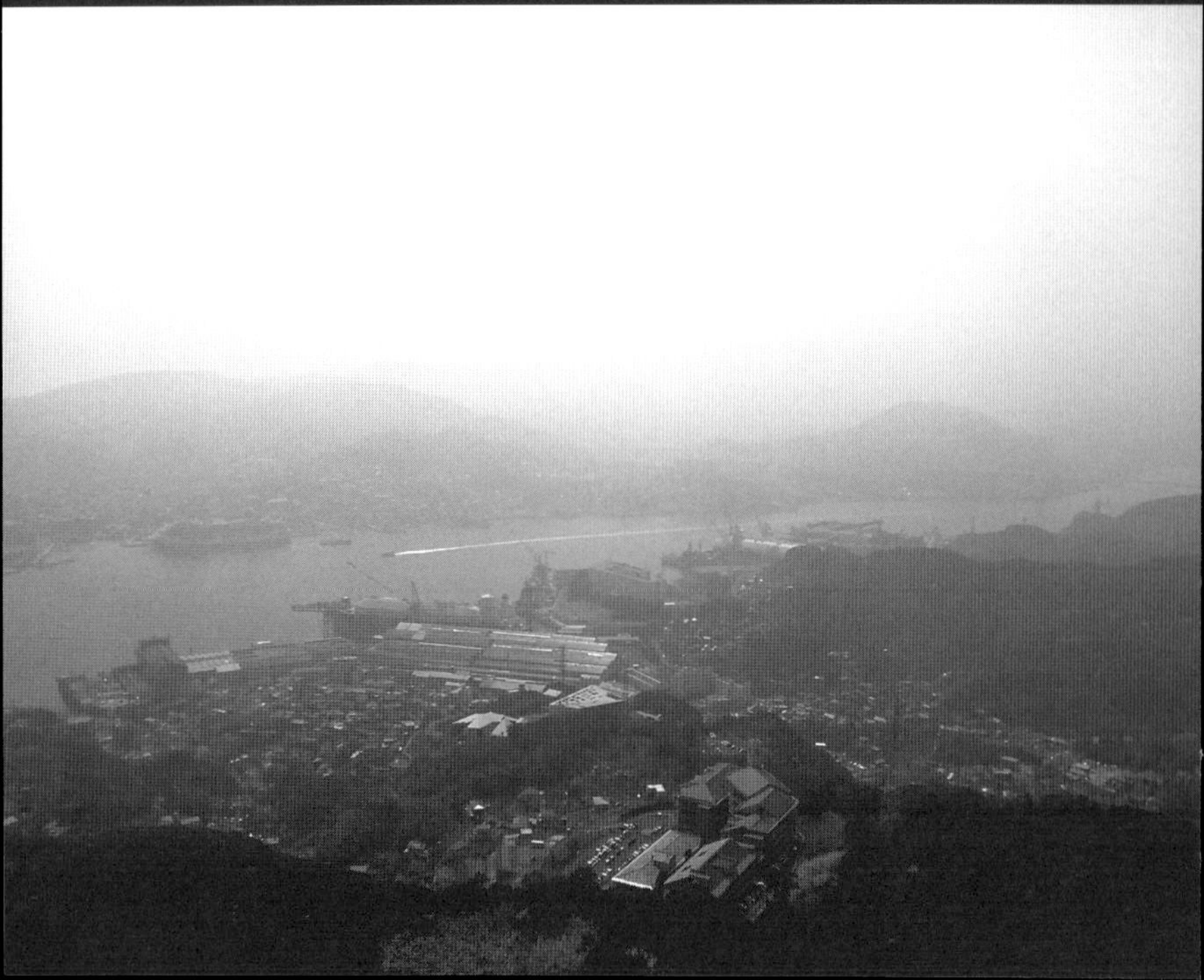

カナダの地理学者のエドワード・レルフは『場所の現象学―没場所性を越えて』の中で次のように述べている。「人間的であるということは、意味のある場所で満たされた世界で生活することである」と。つまりレルフによると、人間が存在して場所が生まれるのではなく、場所が人間の存在のあり方を左右するということになる。

言い換えれば、人間という一般的な存在があるわけではなく、地球上の気候や地政学的な条件が、人間の存在のあり方に影響を与えているのだ、と。これは和辻哲郎の風土論に通じるオーソドックスな考え方である。

その一方で、レルフは近代社会ではマス・メディアを介した画一的な情報伝達技術の発達によって、文化的かつ地理的な画一化が進行し、多様性を欠いた「没場所性」が世界を覆うようになったとも指摘している。

それは一般に知られているような食文化の上での「マクドナルド化」や、娯楽面での「ディズニーランド化」だけではなく、宗教上の「バイブルランド化（宗教文化の単純化）」や、歴史の上での「博物館化（歴史のロマンティック化）」、都市計画の上の「未来化（未来ばかりを追い求めて過去を顧みない風潮）」、再開発の上での「サブトピア化（交通網の発達と大資本による郊外化）」などの副作用を伴う。

「没場所的」な空間はすでにその利便性から人々に受け入れられ、世界を覆い、日本でも娯楽面でのディズニーランド化や、都市計画の上の未来化、大企業の活動に動員されるサブトピア化などが顕著に進行している。さして面白みのない画一的な景色や、愛着を持ち難いレディメイドの建造物は、すでに私たちの生活の一部と化している。

ただ現代文学というのは、「意味のある場所で満たされた世界」の中でのみ成立しているわけではない。

吉田修一も、お台場を舞台にした『東京湾景』や、三菱重工長崎造船所の巨大な工場の近くに住む祐一を主人公とした『悪人』など、人工的で画一的な景色を否定するのではなく、そのような場所で現代の人々が根を生やし、生活している現実を尊重しながら現代的な小説を記している。

エドワード・レルフは「没場所性」について悪い点だけではなく、良い点も数多く存在することを指摘している。要約すれば、「没場所化」の進展は、人々の居住空間の利便性を高め、衛生状態を改善し、情報伝達を効率化し、国際化や観光化や都市設計の標準化を促して、経済活動を活発にし、国境を越えた人々の結び付きを強めることに貢献している、と。

そもそも、このような「没場所化」に伴う利便性や快適性の追求を、無意識的な欲望のレベルで抑制することは、ある程度は人間が快適で安全な環境を求める「動物的」な存在である以上、難しい。

ただそれでも人間は、便利で快適な場所ばかりに住みたがるわけではなく、意味で満たされた場所に「根を生やしたい」という根源的な欲求を抱く「植物的」な存在でもあるとレルフは考えている。

もし私たちがその欲求を無視し、没場所性の力が野放しにされることを選ぶなら、将来は、場所がまったく問題にならない世界になってしまう。他方、もし私たちがその欲求に応えて没場所性を克服するなら、場所が人間のためにあり、場所が多様な人間の経験を反映し高めるような環境が育まれる可能性が存在する。

エドワード・レルフ／高野岳彦他訳『場所の現象学』

現代では社会科学的な意味で人間が「動物的」な存在であることが強調される傾向がある。人間を動物に見立てることは、データをとり、解析にかけてパターンを演繹するのに都合がいいのだろう。

しかし人文科学的な意味で人間は「植物的」な存在であり、非効率的で快適とは言えない場所にも住む意味を見出し、愛着を抱く存在である。そもそも文学は人間が「動物的」な存在であることよりも、土地に根を張って生きる「植物的」な存在であることに重きをおいた学問といえる。江藤淳がいうように、文学者にとって「人間は他の哺乳類よりも植物に似ている」のである。

レルフのいう「没場所性」が浸透した社会は、ミシェル・フーコーのいう「生政治」（環境管理型の権力）が浸透した世界でもある。つまり現代社会を生きる多くの人々は、厳しい規律訓練を通して、生業とする仕事や根を生やすべき「場所＝フロンティア」を探し、長い時間をかけて新しい環境に適応することで、未知のイレギュラーな進化を次世代に託すような「ワイルドな方向」を目指していない。

多くの人々は、空調管理と衛生管理の行き届いた社会インフラの上で、リスクの少ない仕事や生活を好み、既知の知識の中で最適化された進化を次世代に託すような「安全で快適な方向」を目指すともなく、受け容れている。

もちろん、これからも義務教育等で一定の規律訓練は必要とされていくだろうし、規律訓練の果てでワイルドなイノベーションを引き起こす人材も現れるだろう。また、これからも衛生的で利便性の高い社会インフラの普及は必要とされ、多くの人々は「最適化」された選択肢を求め、リスクが少なく、条件のよい仕事や住環境を好むだろう。

ただその一方でこれからも多くの人々は規律訓練に根をあげて、喜怒哀楽の「ノイズ」を発しながら、現実の世界を場当たり的に生きていくだろうし、時にテクノロジーの進化に馴染めず、非効率的な言動をとりながら、「最適化」とはほど遠い人生を歩むだろう。

また、どんなに社会インフラが快適で安全なものとして整備されたとしても、そこでも犯罪やテロなど人間臭い不快な事件や社会問題は生じるだろうし、リスクの高い仕事で一儲けを企む、血の気の多い人々が世の中から消えることもないだろう。

小説や批評を含めた文学はこのような「安全で快適な方向」に向かう現実に、意図するともなく、風穴を開けようとする「人間臭い欲望」に寄り添う学問に他ならない。そこでは非効率的ではあるがイレギュラーな進化が志向され、最適化された物語や論理というよりは、誤解をもたらすような様々な解釈の余地のある物語や論理が好まれる。

　個々の文学者が「ボデー・ビル」をはじめて「ポーズ」をとったり、「胸毛の濃さ」を誇り、「文学の復興」を訴えるような「パフォーマンス≠自己宣伝」とは関係のないところで、人々が言葉を「存在の家」とし、他の人々の「感情の訛り」を言葉を介して理解する必要に迫られる限り、文学はより切実に、人々に必要とされ続けるのだと思う。

　文学を必要とする風土は、一見すると「安全で快適な方向」に向かっている世界の足下にも確かに存在していると私は考える。


　そもそも現代を生きる私たちは、植物が「養分」を吸い上げるのと同じ意味で、その土地に根を生やして生活しているわけではない。現代は安価に作られた食べ物が、地理的な制約に関係なく、人々の胃袋を満たす時代でもある。

　例えばA・グプティルの『食の社会学』によると、世界一一九ケ国、三三〇〇〇店のマクドナルドにジャガイモを納入しているのは、北米のわずか「三軒の業者」であるという。この「三軒の業者」が世界中の冷凍ポテトの約八〇%を供給しているというから、食のグローバル化の進展は目覚ましい。地球上の人間は、消費するカロリーの相当な量をわずか「三軒の業者」に委託しながら生きているのだ。

　つまり現代を生きる私たちは足元にある土地から「固有の養分」を吸い上げて生きているという

よりは、いつの間にか大資本によって供給された「匿名の養分」に依存しながら生きている。江藤淳の「土が枯れる話」の内容を敷衍《ふえん》すれば、「匿名の養分」を吸って生きる私たちの生活が、地に足が着いたものというよりは、匿名性の高いものになる傾向があるのは当然といえるだろう。

そして世界中で土地に固有とされている食べ物の多くが、自然発生的に生まれたものではないように、私たちは「固有の養分」として創作された付加価値を消費しながら、程度の差こそあれ、均質化していく土地に根ざして生きることの空しさを埋め合わせている。

例えば一般にビールの本場と言えばドイツやベルギーが挙げられるが、ビールを生み出したのは古代メソポタミアのシュメール文明というのが定説である。このため正確には、現在のイラクこそがビールの「固有の産地」として相応しい。しかし「ビールはイラクに限る」というビール通の話は聞いたことがない。

日本食とされるもののルーツにも捏造《ねつぞう》されたものが多い。例えば納豆は、緑茶と同様に中国の雲南省で生まれたものというのが定説であり、タイやミャンマーなど東南アジアにも広く普及しているもので、日本に固有の食べ物というわけではない。日本で有名な水戸納豆も、明治二二年に水戸駅が開業した後に、水戸の痩せた土地でも小粒の大豆の生産が容易であるため、藁に包んだ納豆を「新名物」として売り出したものに過ぎない。

一般に「土地に固有」とされる多くの名物は「近代的な産物」なのである。

私たちは少なからず、このような創作された「土地に固有の価値」を養分として吸い上げることで、国家や共同体によって包摂される「ナショナルな自我」や「ローカルな自我」を埋め合わせながら生きている。それは駅前や国道沿いに、大資本による店舗が軒を連ねる前から起きてきた現象である。

吉田修一が小説の起点としてこだわる場所は、風景の均質化が進行し、駅前や国道沿いに似た店舗が軒を連ねる「没場所化」を前提とした「匿名性の高い場所」でもある。「パーク・ライフ」はその典型といえる作品で、ぼくと「スターバックスの女」が出会いを重ね、その関係が近付くに連れて、「心字池」のある日比谷公園は意味に満ちた場所となり、「没場所性」が克服されていく。

吉田修一の二〇一六年の短編集『犯罪小説集』の中の「青田Y字路」は、「パーク・ライフ」の風景描写よりも、更に匿名性・抽象性が高く、次のような日本の何処の田舎にでもあるような風景の描写から始まっている。

> 夏も深まり、稲は青々と育っている。青田に張った水も日を浴びてますます透き通り、稲は風を受け、一面に美しい青田波が立つ。
>
> この田園風景のなか、一本道が延びている。砂利敷きの一本道は夏日に白く輝き、そのきらめきに誘《さそ》われるように歩いていくと、大きな一本杉のあるY字路になる。
>
> Y字路を右に向かえば鬱蒼《うっそう》とした杉林で、左に折れれば、バブル崩壊で打ち捨てられた宅地造成予定跡地となる。
>
> 吉田修一「青田Y字路」

ただ、この日本の田舎のどこにでもありそうなY字路には、一〇年前にこのY字路で失踪し、未だに行方がわからない七歳の少女に関する看板がいくつも立っている。ある看板には、失踪時の少女の服装や外見を記したイラストと身長、体重、特技などの情報が記され、別の看板には「地域の安全をみんなの力で守りましょう！」、「地域の絆が子供を犯罪から守ります」というメッセージが書かれている。

Y字路にある一番大きな看板には「愛ちゃん、はやくもどってきてね。またいっしょにあそぼうね」という、同級生の寄せ書きが掲示されている。一〇年前の看板であるため、ペンキが雨風で剝がれたまま放置されているのが、傍目には痛々しく、不気味ですらある。

この町に暮らす男たちの誰もが、愛華を連れ去ったかもしれない容疑者だった。

当時、紡の父でさえ警察にアリバイを訊かれ、もちろん任意ではあったが指紋やDNAの提供を求められた。

あのころ、父だけではなく、この地区の男たちみんながいつも苛立っていたことを紡は覚えている。警察の捜査が進まないことで、住人たちは疑心暗鬼に陥《おちい》っていた。

「これだけ捜しても見つからないのだから、結局あれは行きずりの犯行で、犯人はどこか遠い場所にいるのだ」と思うことで、どうにか近所の人たちと朝の挨拶を交わせるような日々だった。

そしてその感覚は、徐々に薄れつつあるとはいえ、十年経った今でも、この土地に染み入るように残っている。

「青田Ｙ字路」

何処にでもありそうな青田の風景の中に、何処でも起こる可能性はあるが、現実にはその土地でのみ起こった事件の痕跡が刻まれている。Ｙ字路に並ぶ傍目には痛々しい看板は、そこに根を張って生きる人々の心の荒廃を反映している。この土地に住む男達は、愛華を連れ去った容疑者として一度は疑われ、「任意」とは言え、指紋やＤＮＡの提供を求められたのだ。

その時の苛立ちや、疑心暗鬼になった記憶は、一〇年経っても、「この土地に染み入るように」残存している。

それは部外者にしてみれば、凡庸な風景であり、以前にニュースで見たことのあるような事件の痕跡に過ぎない。Ｙ字路に立つ看板も、ペンキが剥がれていて、傍目にも見苦しい。しかしこの事件はその土地に住む人々にとって、深い傷跡を残す固有の出来事に他ならず、手書きの看板と共に、そのＹ字路の風景の中で記憶され続けている。

この作品で描かれる「青田Ｙ字路」の風景は、傍目には匿名的・抽象的なものに見えるが、その土地に根を張る人々にとっては「固有の重い意味」に満たされた場所である。

この短編で吉田修一が描いているのは、傍目には誰もがその事件が起きたことを容易に忘れてしまうが、実際に起これば、「ほらまた起こった」と後出しじゃんけんで指摘されるような犯罪である。

吉田修一は、「没場所性」を有するような「中途半端な場所」の風景の中で、恋愛小説を書くこともあれば、犯罪小説を書くこともある。吉田の小説の読者は、小説を読む行為を通して、他と取り替えのきかない経験をした痕跡として、「青田Y字路」のような「中途半端な場所」を、彼の作品に固有の風景として記憶する。

そして読者は現実の空間の中で、何処でも目にするような「Y字路」のような場所に立ち入ったとき、「青田Y字路」という小説内の場所での経験を、記憶として思い出し眼前の風景に重ねてしまうのである。

吉田修一が書く「犯罪小説」は、谷崎潤一郎が記した「犯罪小説」のように、日常の中に風穴を開け、その暗部に読者を引きずり込み、私たちの現実感を無意識のうちに侵食して、危機にさらす類いのものである。

吉田が書く小説の「悪」は、日本の地方にいくらでも存在する「青田Y字路」のような「没場所性」の高い土地に根を張り、長崎の「小島」の路地のように地中で複雑に分岐して、その勢力が及ぶ範囲を、どんどん拡げている。

吉田修一が描く「悪の根っこ」が、次にひょっこりと顔を出すのは、あなたの家の近くの「中途半端な場所」かも知れない。

人間は、交通や通信の技巧的な進歩に見合うほど、特定の場所から自由になったのだろうか。

どんな大金持ちでも、お金では解決できないような地縁や血縁に基づいた「しがらみ」に悩まされることがあるだろう。金持ちでも貧乏人でも、子供ができれば、大人と違って自由に動けない子供に合わせて行動する必要に迫られる。

つまり人間はどんなに「動物的」にワイルドに振る舞って見せても、「植物的」に土地に根を生やして生活をせざるを得ない、有限な存在なのである。

オンライン上で国境を越えたデータのやり取りが完結し、格安バスや格安航空会社で安価に物理的に移動できる時代であっても、多くの人々は限られた場所で、行動範囲の狭い子供を育て、同じく行動範囲の狭い老いた親族の面倒をみながら生活している。

現代文学が何の役に立つのか、問われて久しい。特に文芸批評の存在理由が問われて久しい。確かに文芸批評を含めた現代文学には、科学技術の進歩に貢献し、私たちの社会を最適化したり、効率化することは出来ないのかもしれない。

しかし文芸批評を含めた現代文学には社会の最適化・効率化の中でそぎ落とされてきた、様々な「ノイズ」を含む人間存在の意味について思考し、世界レベルで進行する「没場所化」の流れの中で、その意味に満たされた「居場所」を確保することの価値について、考えるヒントを与えることができる。

私たちは、現実空間がウェブ上に拡大し、SNS上でも多くの人々と関わる機会が増え、一見すると地縁や血縁の「しがらみ」から自由になったように見える。しかしその一方で、私たちは依然として限られた土地に根を生やし、限られた人間関係の中で喜怒哀楽を分かち合い、相互に承認欲求を満たし、寂しさや空しさを埋め合わせながら生きている。

吉田修一の作品は、このような現代的な地縁や血縁の「しがらみ」に立脚した上で、「植物的」に生きざるを得ない人間の存在の有り様を捉えている。

小説で描かれる場所が長崎の「小島」であれ、「軍艦島」であれ、新宿二丁目であれ、名も無き「Y字路」であれ、吉田修一という作家はコンクリートやアスファルトで覆われたその土地の「風土」を、作家らしく「訛りを帯びた言葉」に変換して吸い上げながら、限られた場所で限られた生を享受する人々の生理や、そこで分泌されるホルモンの一粒、一粒を、一文字、一文字の言葉で捉え、私たちに「小説」の形式を通して伝えてくれるのである。

初出

「吉田修一論　都市小説の『訛り』について」（「文學界」二〇一〇年九月号掲載）
「吉田修一論　現代文学の風土」前篇（「文學界」二〇一七年四月号掲載）
「吉田修一論　現代文学の風土」後篇（「文學界」二〇一七年五月号掲載）
※右記の原稿を大幅に改稿

参考文献

吉田修一著『最後の息子』、文藝春秋、一九九九
吉田修一著『熱帯魚』、文藝春秋、二〇〇一
吉田修一著『パレード』、幻冬舎、二〇〇二
吉田修一著『パーク・ライフ』、文藝春秋、二〇〇二
吉田修一著『日曜日たち』、講談社、二〇〇三
吉田修一著『東京湾景』、新潮社、二〇〇三
吉田修一著『長崎乱楽坂』、新潮社、二〇〇四
吉田修一著『ランドマーク』、講談社、二〇〇四
吉田修一著『7月24日通り』、新潮社、二〇〇四
吉田修一著『春、バーニーズで』、文藝春秋、二〇〇四
吉田修一著『ひなた』、光文社、二〇〇六
吉田修一著『女たちは二度遊ぶ』、角川書店、二〇〇六
吉田修一著『初恋温泉』、集英社、二〇〇六
吉田修一著『うりずん』、光文社、二〇〇七
吉田修一著『悪人』、朝日新聞社、二〇〇七
吉田修一著『静かな爆弾』、中央公論新社、二〇〇八

吉田修一著『さよなら渓谷』、新潮社、二〇〇八
吉田修一著『あの空の下で』、木楽舎、二〇〇八
吉田修一著『元職員』、講談社、二〇〇八
吉田修一著『キャンセルされた街の案内』、新潮社、二〇〇九
吉田修一著『横道世之介』、毎日新聞社、二〇〇九
吉田修一著『空の冒険』、木楽舎、二〇一〇
吉田修一著『平成猿蟹合戦図』、朝日新聞出版、二〇一一
吉田修一著『太陽は動かない』、幻冬舎、二〇一二
吉田修一著『路（ルウ）』、文藝春秋、二〇一二
吉田修一著『愛に乱暴』、新潮社、二〇一三
吉田修一著『怒り上・下』、中央公論新社、二〇一四
吉田修一著『森は知っている』、幻冬舎、二〇一五
吉田修一著『作家と一日』、木楽舎、二〇一五
吉田修一著『橋を渡る』、文藝春秋、二〇一六
吉田修一著『犯罪小説集』、KADOKAWA、二〇一六
吉田修一著『泣きたくなるような青空』、木楽舎、二〇一七
吉田修一著『最後に手にしたいもの』、木楽舎、二〇一七
吉田修一著『ウォーターゲーム』、幻冬舎、二〇一八
吉田修一著『国宝上・下』朝日新聞出版、二〇一八
吉田修一他著『秘密。——私と私のあいだの十二話』、メディアファクトリー、二〇〇五
吉田修一他著『あなたと、どこかへ。』文春文庫、文藝春秋、二〇〇八
吉田修一・李相日著『悪人　シナリオ版』、朝日文庫、朝日新聞出版、二〇一〇
吉田修一他著『とっさの方言』、ポプラ文庫、ポプラ社、二〇一二

吉田修一他著『いつか、君へ　Boys』集英社文庫、集英社、二〇一二
吉田修一他著『小説「怒り」と映画「怒り」――吉田修一の世界』、中央公論新社、二〇一六
ダ・ヴィンチ編集部編『文豪さんへ。近代文学トリビュートアンソロジー』、メディアファクトリー、二〇〇九
毎日新聞夕刊編集部編『私だけのふるさと――作家たちの原風景』、岩波書店、二〇一三
吉田修一、単行本未収録作品「コンセプチュアル・デイズ」（別冊文藝春秋、二〇〇三・二〇〇六）、「庭師の恋」（婦人公論、二〇〇七）、「りんご」（群像、二〇〇七）、「上海蜜柑」（群像、二〇〇八）、「乳歯」（新潮、二〇〇八）、「空の冒険」（翼の王国、二〇〇九・）、「ストロベリーソウル」（群像、二〇一〇）、「愛を誓う」（別冊文藝春秋、二〇一五）、「愛住町の女」（文學界、二〇一六）、「続　横道世之介」（小説BOC、二〇一六）「逃亡小説集」（野生時代、二〇一八）他
エイミー・グプティル、デニス・コプルトン、ベッツィ・ルーカル著／伊藤茂訳『食の社会学　パラドクスから考える』、エヌティティ出版、二〇一六
エドワード・レルフ著／高野岳彦、石山美也子、阿部隆訳『場所の現象学――没場所性を越えて』、ちくま学芸文庫、筑摩書房、一九九九
カズオ・イシグロ著／小野寺健訳『遠い山なみの光』、ハヤカワepi文庫、早川書房、二〇〇一
ジェルジ・ルカーチ著／原田義人、佐々木基一訳『小説の理論』、ちくま学芸文庫、筑摩書房、一九九四
ジークムント・フロイト著／竹田青嗣編／中山元訳『自我論集』、ちくま学芸文庫、筑摩書房、一九九六
ジークムント・フロイト著／中山元訳『エロス論集』、ちくま学芸文庫、筑摩書房、一九九七
ジークムント・フロイト著／高橋義孝訳『フロイト著作集3』、人文書院、一九六九
ジャック・デリダ著／梶谷温子訳『エクリチュールと差異・下』、法政大学出版局、一九八三
ジャック・ラカン著／宮本忠雄、竹内迪也、高橋徹、佐々木孝次訳『エクリ1』、弘文堂、一九七二
ジャック・ラカン著／佐々木孝次、三好暁光、早水洋太郎訳『エクリ2』、弘文堂、一九七七
ジャック・ラカン著／佐々木孝次、海老原英彦、葦原眷訳『エクリ3』、弘文堂、一九八一
テオドール・W・アドルノ著／渡辺祐邦、三原弟平訳『プリズメン――文化批判と社会』、ちくま学芸文庫、筑摩書房、一九九六
フィリップ・フランツ・フォン・シーボルト著／岩生成一監修、『日本』（第一～六巻）、雄松堂書店、一九七七-一九七九
フェルナンド・ペソア著／沢田直訳『不穏の書・断章』、思潮社、二〇〇〇

マルクス、エンゲルス著／服部文男監訳『「新訳」ドイツ・イデオロギー』、新日本出版社、一九九六
マルティン・ハイデッガー著／細谷貞雄訳『存在と時間』、ちくま学芸文庫、筑摩書房、一九九四
マルティン・ハイデッガー著／渡邊二郎訳『「ヒューマニズム」について』、ちくま学芸文庫、筑摩書房、一九九七
マルティン・ブーバー著／植田重雄訳『我と汝・対話』、岩波書店、一九七九
ミシェル・フーコー著／田村俶訳『監獄の誕生――監視と処罰』、新潮社、一九七七
ミシェル・フーコー著／慎改康之訳『ミシェル・フーコー講義集成〈8〉生政治の誕生(コレージュ・ド・フランス講義1978-79)』、筑摩書房、二〇〇八
レイモンド・チャンドラー著／村上春樹訳『ロング・グッドバイ』、早川書房、二〇〇七
浅羽通明著『時間ループ物語論』、洋泉社、二〇一二
東浩紀著『情報環境論集――東浩紀コレクションS』、講談社、二〇〇七
井原西鶴著『日本永代蔵』、岩波文庫、岩波書店、一九五六
井原西鶴著『好色一代男』、岩波文庫、岩波書店、一九五五
上野千鶴子著『近代家族の成立と終焉』、岩波書店、一九九四
江藤淳著『成熟と喪失――〝母〟の崩壊――』、講談社文芸文庫、講談社、一九九三
江藤淳著『文学と私・戦後と私』、新潮文庫、新潮社、一九七四
江藤淳著『アメリカと私』、文春文庫、文藝春秋、一九九一
遠藤周作著『沈黙』、新潮文庫、新潮社、一九八一
開高健著『日本人の遊び場』、朝日新聞社、一九六三
笠原和夫著『映画はやくざなり』、新潮社、二〇〇三
柄谷行人著『日本精神分析』、文藝春秋、二〇〇二
川端康成著『浅草紅団・浅草祭』、講談社文芸文庫、講談社、一九九六
国木田独歩著『武蔵野』、新潮文庫、新潮社、一九四九
小島信夫著『抱擁家族』、講談社、一九六五

島崎藤村著『破戒』、岩波文庫、岩波書店、二〇〇二
高田珠樹著『ハイデガー——存在の歴史』、講談社、一九九六
谷崎潤一郎著『細雪』上中下、新潮文庫、新潮社、一九五五
谷崎潤一郎著『鍵』、中公文庫、中央公論新社、一九七三
永井荷風著『荷風全集　第一三巻』、岩波書店、二〇一〇
夏目漱石著『三四郎』、新潮文庫、新潮社、一九四八
夏目漱石著『道草』、新潮文庫、新潮社、一九五一
夏目漱石著『それから』、新潮文庫、新潮社、一九八五
夏目漱石著『こころ』、新潮文庫、新潮社、二〇〇四
福田和也著『イデオロギーズ』、新潮社、二〇〇四
前田愛著『都市空間のなかの文学』、ちくま学芸文庫、筑摩書房、一九九二
丸山明宏著『紫の履歴書』、大光社、一九六八
村上春樹著『風の歌を聴け』、講談社、一九七九
村上春樹著『１９７３年のピンボール』、講談社、一九八〇
村上春樹著『騎士団長殺し　第１部 顕れるイデア編』、新潮社、二〇一七
村上春樹著『騎士団長殺し　第２部 遷ろうメタファー編』、新潮社、二〇一七
村上龍著『69　sixty nine』、集英社、一九八七
村上龍著『村上龍全エッセイ１９７６-１９８１』、『村上龍全エッセイ１９８２-１９８６』、『村上龍全エッセイ１９８７-１９９１』、講談社文庫、講談社、一九九一
村上龍／村上春樹著『ウォーク・ドント・ラン』、講談社、一九八一
柳田國男著『国語の将来』、講談社学術文庫、講談社、一九八五
吉本隆明著『初期歌謡論』、河出書房新社、一九七七
和辻哲郎著『風土人間学的考察』、岩波書店、一九三五

あとがき

　この本では、現代日本を代表する作家となった吉田修一の作品について、生まれ育った長崎の風土や、上京してからのミステリアスな生い立ちなどに着目して、詳細な分析を行った。この本は吉田修一の作品について論じた文芸批評であり、吉田修一の作品を通した文芸メディア論でもある。

　私にとって吉田修一という作家は、他の作家と取り替えのきかない存在である。本文で詳しく記したとおり、吉田修一という作家は、私にとっては生まれ育った場所が近く、長崎南高校の先輩ということもあって身近な存在である。身近だからこそ、私はこの本で彼の作品について、踏み込んだ分析を行い、彼の作品の「父性のゆらぎ」や「母性の不在」について、これまでの評論や書評で触れられてこなかった際どい論を展開した。吉田修一という作家については、これから様々な切り口の評論文が出ると思うが、この本のような「ネイティブ」らしい切り口で批評を展開する内容のものは出にくいと思う。

　また、この本では様々な文学者の作品と、吉田修一の作品を比較しながら、吉田作品の良さについて分析することに力を注いでいる。参照した主要な作家を挙げると、江藤淳、開高健、川端康成、丸山明宏（美輪明宏）、T・アドルノ、M・ハイデガー、S・フロイト、フィリップ・フランツ・フォン・シーボルト、夏目漱石、柳田國男、吉本隆明、P・マッカートニー、大木裕之、G・ルカーチ、M・フーコー、村上龍、村上春樹、永井荷風、カズオ・イシグロ、遠藤周作、レルフなど、実に多様である。(なお引用文には、読みやすさを考慮して筆者が適宜ルビをふっています。)参照する文学者が多様な顔ぶれとならざるを得なかったのは、本文中で指摘したように、吉田修一の作品が多様な顔を持つからである。

この本では単行本未収録の作品も含めて、吉田修一のほぼすべての作品について分析や言及を行っている。

この本で提示している論点は様々あるが、必ずしもすべての論点に同意して頂く必要はない。父性や母性に関する分析や、吉田修一が参照した作品に関する推測など、単行本化されていない作品やインタビューの発言内容を詳細に読み込んだ上での記述とはいえ、踏み込んだ主観的な解釈も少なからずあると思う。この本を吉田作品から独立した別の作品として受け止めてもらい、この本をきっかけとして吉田作品について認識を深める時間を、共有してもらえると嬉しい。

長崎で過ごした時間よりも、東京で過ごした時間の方が長くなって数年が経つ。私は未だに吉田修一の実家にも近い小島川の近くの路地裏を、ぐるぐると彷徨う夢を見ることがある。昼間に原稿を書いている時、大学で講義を行っているとき、書いている内容や話している内容とは関係なく、生まれ育った長崎の下町の路地裏を、ぐるぐると、缶蹴りやケイドロをやりながら走り回っていた頃の情景が思い浮かぶことがある。

本文でも触れてきた通り、吉田修一は二作目の「破片」や近作の『国宝』の中で、生まれ育った生家の近くの風景を詳しく描いている。特に「破片」では主人公が実家の酒屋の配達を手伝い、長崎の階段道を上り下りしていると、山の斜面の全体が「女体」であるかのような白昼夢に襲われて、長崎を離れたいと思うに至る描写がある。

私が吉田修一について長文の批評文を書こうと思ったのは、自分が白昼夢のように繰り返し思い浮かべてきた長崎の路地裏の風景を、この作家が文学作品として完成させていることに、強い関心を抱いたからである。

幼年期や青年期に過ごした時間は、成人した後の時間とは永遠に等価なものではあり得ないのだと思う。人は生まれ育った場所を離れて生きることは容易であるが、故郷の記憶や「しがらみ」は人を無意識のレベルで捕らえて、簡単には離さないのだと思う。

この本で私は、セザンヌの絵のような無骨な風景として、「小島」の町の風景を立ち上げるところから、吉田修一という作家を論じることを企図した。吉田修一が生まれ育った町、「小島」を、軍艦島が山の斜面に突き刺さったような町、と形容するところから私はこの批評文を書き始めた。本文を読んで頂ければ、この表現がこの本の核となる隠喩として機能していることが理解頂けると思う。

韓国の釜山に甘川洞文化村という場所がある。元々は朝鮮戦争の時に北朝鮮から逃れてきた難民が暮らしていた、山の斜面に沿った町である。吉田修一もエッセイの中でこの街のある釜山が長崎に似ていて好きだと記していた。

長崎の「小島」のように、この町には山の斜面に沿って路地が広がっているが、長らく交通の便と治安の双方が悪く、廃墟のような状態になっていたという。しかし空き家となった場所にアート作品が展示されるようになると、この町は徐々に注目を集めるようになり、現在は釜山を代表する観光地として賑わっている。

吉田や私が生まれ育った「小島」の路地も、将来、今よりも空き家が増えるようになり、軍艦島のような廃墟に近付いていく可能性は高いだろう。ただ長崎が観光地として人気を集めていることを考えれば、甘川洞文化村のような方法で、長崎の山の斜面の町を再建する方法もあると思う。

その時には「小島」を舞台に、LGBTQの時代を先取りした吉田修一のデビュー作を記念して、「レインボーカラーの最後の息子像」を、ちょうど軍艦島が山に突き刺さったように見える「小島」の先端に、「船首像」のように建てて欲しい。

もしその像が「小島」の中腹で、西日に怪しく照らされるなら、吉田修一という作家が切り開いた「ブルーカラー」の文学の海原は、「レインボーカラー」に輝いて見えるのではないだろうか。

この本を上梓するにあたり、左右社の小柳学社長と脇山妙子さんに大きなお力添えを頂き、また「文學界」掲載時の編集長の武藤旬さん、編集担当の清水陽介さん、中本克哉さんにお世話になりました。ここに記して感謝いたします。

二〇一八年八月　酒井信

酒井 信 （さかい・まこと）

1977年長崎市生まれ。長崎南高校、早稲田大学人間科学部卒業。慶應義塾大学大学院政策・メディア研究科後期博士課程修了。博士（政策・メディア）。慶應義塾大学助教を経て、現職は文教大学情報学部准教授。専門は文芸批評、社会思想、メディア論。著書に『平成人（フラット・アダルト）』（文春新書）、『最後の国民作家　宮崎駿』（文春新書）等。文芸誌と論壇誌に執筆多数。

吉田修一論
現代小説の風土と訛り

発行日　2018年9月30日　第1刷発行

著　者　酒井信

発行者　小柳学

発行所　株式会社　左右社
〒150-0002 東京都渋谷区渋谷2－7－6
金王アジアマンション502
TEL　03-3486-6583 ／ FAX　03-3486-6584
http://www.sayusha.com

装　幀　松田行正＋杉本聖士

印刷・製本　創栄図書印刷株式会社

JASRAC　出　189212-801

 ISBN 978-4-86528-210-8